普通高等教育“十四五”规划教材

新时代高校劳动教育教程

金志浩　李　川　王良印◎主编

中国石化出版社

内容提要

本书共5章，分别是劳动教育综述、劳动观、劳动精神、劳动法、劳动教育实践，每章内容对应不同的学习重点，具有相对的独立性。全书密切结合高校学生实际情况，从思想观念教育到精神引领再到具体教育实践，层层递进、步步引导；拓展阅读案例来源于实际，具有鲜明的思想性和显著的实践性，易于激发学生的学习兴趣。本书旨在引导大学生能够坚定理想信念，厚植爱国情怀，不断加强品德修养，增长知识见识，培养奋斗精神，从而促进学生树立正确的劳动观，崇尚劳动、尊重劳动，实现知行合一。

本书具有较强的理论性、时代性、操作性，既可作为高校劳动教育必修课程教材，也可作为社会各界人士进行劳动教育与实践的辅导读物。

图书在版编目（CIP）数据

新时代高校劳动教育教程 / 金志浩，李川，王良印主编．—北京：中国石化出版社，2022.2

ISBN 978-7-5114-6569-6

普通高等教育“十四五”规划教材

Ⅰ.①新… Ⅱ.①金… ②李… ③王… Ⅲ.①劳动教育－高等学校－教材 Ⅳ.① G40-015

中国版本图书馆 CIP 数据核字（2022）第 024597 号

中国石化出版社出版发行

地址：北京市东城区安定门外大街 58 号

邮编：100011　电话：(010) 57512500

发行部电话：(010) 57512575

http：//www.sinopec-press.com

E-mail：press@sinopec.com

北京柏力行彩印有限公司印刷

全国各地新华书店经销

*

787×1092 毫米 16 开本 12.5 印张 225 千字

2022 年 2 月第 1 版　2022 年 2 月第 1 次印刷

定价：38.00 元

《新时代高校劳动教育教程》编写委员会

主　编：金志浩　李　川　王良印

副主编：梁艳青　孙晓静　邵学军　王瑛玉
杨海霞　闫　强　张　丹

编　委：范玉斌　高　冰　巩常军　李　勃
李洪旭　刘　宁　刘廷轩　林　燕
李雨桐　马　林　孙珊珊　谭　林
王　宏　王　莹　于丰刚　杨国韬
余海军　于凌羽　郑烁今

前　言

劳动是人类为了满足自身物质和精神需要，有目的、有意识进行的实践活动，是人维持自我生存和自我发展的唯一手段。平凡孕育着伟大，劳动创造着价值，人类不仅在劳动过程中改造自然，而且改造自身，促进自身的不断进步和发展。劳动教育是中华民族的优良传统，是德智体美劳全面育人体系的重要组成部分，更是马克思主义教劳思想结合指导下的社会主义教育的本质特征。

党的十八大以来，习近平总书记关于劳动作出一系列重要论述，回应了新时代中国特色社会主义发展所面临的新使命、新课题，形成了“实干兴邦”的劳动实践观、“民族复兴”的劳动发展观、“崇尚劳动”的劳动价值观、“热爱劳动”的劳动教育观。2018 年 9 月 10 日，习近平总书记高屋建瓴，在全国教育大会上首次提出把劳动教育纳入培养社会主义建设者和接班人的总体要求之中，形成德智体美劳全面培养的教育体系，明确了新时代加强劳动教育的思想指引，引发社会强烈共鸣。

2020 年 3 月 20 日，中共中央、国务院印发《关于全面加强新时代大中小学劳动教育的意见》，具体阐释了新时代加强劳动教育的总体要求、重大意义、指导思想和基本原则，系统规划了劳动教育的体系构建、教育实践、支撑保障、组织实施等内容。强调劳动教育是中国特色社会主义教育制度的重要内容，直接决定社会主义建设者和接班人的劳动精神面貌、劳动价值取向和劳动技能水平。要全面贯彻党的教育方针，采取有效措施，探索具有中国特色的劳动教育模式，注重教育实效，实现知行合一，促进学生形成正确的世界观、人生观、价值观。

进入新时代，劳动教育被赋予新的时代内涵。与此同时，劳动教育存在诸多薄弱环节，面临许多亟待解决的问题，尤其是高校劳动教育值得格外关注。现今，由于轻视劳动的社会观念、追求应试的教育取向、社会分配制度的不当等原因，劳动教育在学校中被弱化、在家庭中被软化、在社会中被淡化的趋向日益严重。学生劳动机会少，劳动意识缺乏，出现了不珍惜劳动成果、不想劳动、不会劳动的现象，劳动的独特育人价值在一定程度上被忽视。因此，劳动教育必须回归本位，纠正偏颇认识，坚持以立德树人为根本，坚持理论教育与实践教育齐头并进。“童孙未解供耕织，也傍桑阴学种瓜。”引导学生懂劳动、善劳动，能明劳动育人之理，利动手实践之器。

基于当前的时代背景和高校育人的实际需要，沈阳化工大学劳动育人中心在前期广泛调研及意见征集的基础上，对劳动教育是什么、教什么、怎么教、如何体系化等深层次问题进行了深入的思考和交流，组织学校一线优秀师资完成了《新时代高校劳动教育教程》的编写工作。本书注重结合高校实际，从跨学科的视角出发，运用多学科分析的方法，以普及劳动科学知识、提高劳动素养为着眼点，将劳动科学发展和劳动实践需求两个维度相结合，通过对劳动教育理论发展的剖析、国际比较的呈现、最新政策的解读、具体实践的操作、典型案例的分享等，旨在引导学生崇尚劳动价值、追求劳动过程、尊重劳动主体，以辛勤劳动为荣、以好逸恶劳为耻，成为有理想信念、有过硬本领、有责任担当的建设者和接班人。

“衣沾不足惜，但使愿无违。”历时一年时间，本书终于呈现在大家面前。在编写过程中，我们站在前人的肩膀上，汲取养分，得到学校领导提纲挈领的指导，在此表示衷心感谢。

本书为高校大学生劳动教育必修课程的试用教材，在编写过程中可能存在一些不足和疏漏之处，在后期使用过程中将进行修改完善。同时，恳请学界同仁批评指正，提出宝贵意见和建议。

目　　录

第一章
劳动教育综述

第一节　劳动概述

一、劳动的概念

什么是劳动?

《中国大百科全书》中指出：劳动是人类特有的基本的社会实践活动，是人们所从事的有目的、有意识的实践活动。

《文史哲百科辞典》中指出：劳动既包括脑力劳动，也包括体力劳动。体力劳动是指以人体肌肉与骨骼的劳动为主，以大脑和其他生理系统的劳动为辅的人类劳动。脑力劳动是指以大脑神经系统的劳动为主，以其他生理系统的劳动为辅的人类劳动。每种劳动都不是单一的，都是有机地结合共同来实现人类有目的、有意识的实践活动。

马克思指出，劳动是人和大自然打交道的过程，在劳动的过程中，人类一方面为了满足自身的需要改造着大自然，另一方面，通过这个劳动的过程，也对自身进行了改造。在这个过程中，人类得以进化和进步，社会不断前行和发展，世界上任何一个民族任何时候都不能停止劳动，一旦停止就会灭亡。劳动是人与自然、人与人双重统一的体现。

恩格斯认为，人手的使用、语言和思维的产生都是在生产劳动中形成和发展起来的，劳动是整个人类生活的第一个基本条件，正是由于劳动，人才得以从动物界中分化出来，劳动创造了人本身。

高尔基说："劳动是世界上一切欢乐和一切美好事物的源泉"。劳动是价值和财富的源泉，劳动是对外输出劳动量或劳动价值的人类运动，劳动创造出人们需要的物质财富和精神财富，在这些过程中，人类得以全面自由发展，从而推动人和人类社会的发展。

通过分析以上关于劳动的阐述和观点，我们可以将劳动简单定义为：劳动是人类为了满足自身物质和精神需要，有目的、有意识进行的实践活动。劳动是脑力劳动和体力劳动有机结合的实践，人类不仅在劳动过程中改造自然，而且改造自身，因此促进人和人类的不断进步和发展。

二、劳动的特征

（一）传统社会劳动的特征

1. 劳动的自主意识性

劳动作为一种实践活动，是对自身生活有用的自然物质的占有，看起来这与自然界动物的活动没有什么区别，例如人类通过耕作获取食物，蜘蛛通过织网捕食猎物，蜜蜂通过建筑蜂房储存蜂蜜，燕子通过衔草筑巢繁殖后代等。然而，动物的这些活动，并不能称之为劳动，因为它是一种动物生存的本能。人的劳动和动物的本能活动最大的区别在于人的劳动行为具有自主意识性。

马克思说："蜘蛛的活动与织工的活动相似，蜜蜂建筑蜂房的本领使人间的许多建筑师感到惭愧，但是，最蹩脚的建筑师从一开始就比最灵巧的蜜蜂高明的地方，是他在用蜂蜡建筑蜂房以前，已经在自己的头脑中把它完成了。"人类的劳动在于不仅知道为什么去做，怎样去做，而且知道将会做成怎样，这就是人类劳动的自主意识。人具有意识，这种意识不是低水平的动物意识，而是对自身和外界具有清晰的看法，对自身行动做出选择的，调节自身与外部关系的社会意识，这些就是人类劳动和动物本能活动之间的本质区别。

2. 劳动的能动性

任何劳动都有能动性和受动性。能动性是指人们根据自己对自然规律的理解而改变自然的过程。受动性是指人们总是被这些规律所支配，不管人们是否认识这些规律，都必须按照这些规律来执行活动的过程。在某种意义上，这两个过程同时共存，也就是说人的这种劳动是人类有意识的活动形式，是依附于人而存在的运动形式。人不同于自然界的其他生物，因为他具有思想、感情，具有主观能动性，能够有目的地进行活动，能动地改造世界。人在劳动中的能动性主要表现在自我强化、选择职业、积极劳动这些方面，人类的教育和学习活动，是自我强化的主要手段，人可以自主择业，人们爱岗敬业、积极工作，创造性地劳动，这是人类劳动能动性的最主要的方面，也是发挥潜能的决定性因素。

3. 劳动的创造性

在人的活动中，只有那些能够创造出物质财富和精神财富的创造性活动，才能叫作劳动，而有些消费性的活动，如吃饭、睡觉、跳舞、旅游则不能称之为劳动。但舞蹈艺术家、舞蹈演员他们的跳舞又叫作劳动，因为他们的劳动创造出了精神财富。

（二）现代社会劳动的特征

劳动按不同的分类标准可分为脑力劳动和体力劳动；生产劳动、生活劳动和服务性劳动；具体劳动和抽象劳动；物质劳动和精神劳动；私人劳动和社会劳动等。随着生产力的高度发展，社会越来越现代化，现代劳动体现出下列特点：

1. 科技劳动所占比重越来越大

科技劳动是劳动者具有科技知识的一种复杂的高级脑力劳动。随着各行各业的发展，直接从事生产的体力劳动在社会劳动总量中所占的比重略有下降，而科技作用有了新的提升。科技劳动是从科学到技术到生产的劳动过程，这种劳动形式的连续积累、总结、发明、创造、学习、继承不是几个人或几代人决定的，而是世代相传所决定的。随着科学技术的迅速发展和科学理论的进步，人类文明取得了前所未有的发展。相对论、量子论、基因论、信息论等科学技术成果，为人类认识自然，为世界生产力发展和人类社会发展提供了新的知识和强大的推动力，同时也对人类政治、经济、文化生活的深刻变化产生了重要影响。现代大规模生产中科技水平不断提高，产品技术含量不断提高，科技人员比例不断增加，普通生产中科技含量也不断增加。农民在农业生产中不断加入高科技生产技术，他们使用的生产工具也向现代科学技术迈进。因此科技劳动的比重也在逐步增加。

2. 精神劳动比重越来越大

精神劳动是相对于物质劳动而言的。物质劳动主要通过体力劳动，并借助一定的生产手段，对劳动对象产生作用，生产出能够直接满足消费者生活需要的各种生产资料和物质产品。精神劳动是通过脑力劳动进行理性思维，明确客观事物的内在关系，直接满足消费者的心理需求，提供提高劳动能力的精神产品。随着生产力水平的不断提高，精神劳动在经济、社会可持续发展中起着越来越重要的作用。社会物质极大丰富，人们对精神的追求就会越来越高，精神劳动者要用自己的劳动创造有形的产品或者无形的产品，这些产品都具有满足人们精神需求的价值。现代精神劳动是以脑力劳动为基础，具有独特的发展趋势，并将成为社会生产劳动的主要形式和世界性的发展趋势。

3. 服务性劳动比重越来越大

服务性劳动是指在从事服务生产和经营活动过程中，劳动者运用特定的设备和工具，直接满足消费者对服务产品需要的劳动。历史上，服务性劳动是一种家庭内部的劳动，是一种自我服务。随着社会生产力的发展，人们对服务的需求扩大了，并在服务质量上提出了更高的要求，服务性劳动才从家庭劳动中分离出来，成为专门的社会劳动乃至形成专门的社会行业。起初，这种服务性劳动和物质劳动的分离是和商品经济的发展同步进行的，后来则出现了超前发展的趋向，以至成为社会专门的产业后，金融、保险、运输、咨询、信息以及技术等服务业迅速发展，成为社会商品经济发展的拉动力量，传统服务业也由此更趋兴旺发达。中国特色社会主义进入新时代，服务性劳动在社会总劳动中的占比越来越大。

三、劳动的意义

平凡孕育着伟大，劳动创造着价值。生活的美好，社会的进步，无不源于平凡艰辛的劳动。我们要正确认识劳动、了解劳动，崇尚劳动、尊重劳动，要懂得劳动最光荣、劳动最崇高、劳动最伟大、劳动最美丽的道理。

（一）劳动创造了人本身

如果没有劳动，也许世界上至今没有人类。在人从猿进化的过程中，劳动起着十分重要的作用。由于地球环境的变化，森林古猿被迫由树上生活逐渐下地生活，为了生存，为了在对自身生活有用的形式上占有自然物质，它们逐渐用前肢来摘取获取食物，用树枝或石块来防御敌害，用后肢走路。经过了几十万年，前肢才向手的方向发展，后肢才逐渐专门用来行走，手脚分工为直立行走创造了条件，而直立行走又反过来促进了手脚的进一步发展。森林古猿在运用树枝石头这些天然工具的过程中，逐渐学会了制造简单的工具，在运用这些工具的过程中，手便得到进一步的发展和改善，也进一步引起了身体其他器官的变化，产生了语言和意识，大脑得到了高度的发展，劳动使森林古猿演变成了人。

恩格斯在《劳动在从猿到人的转变过程中的作用》一文中，深刻阐述了劳动在人类发展中的历史地位和作用。恩格斯指出："动物物种不是一成不变的，而是不断从低级向高级进化。"人类产生和发展同样遵循这个规律。恩格斯把从猿到人的转变过程划分了三个阶段：直立行走、人手的形成和人脑的形成。直立行走使得手和脚的分工更加细化，扩大了古猿的活动范围并同时解放了手。而对手的解放，使得手的用处越来越多，功能越来越强，作用越来越大，并开始制造和使用最简单的工具，从而摆脱了动物本能式的只能使用天然工具的活动。由此可见，劳动和人手的形成是同一过程的两个方面，人手不仅是劳动的器官还是劳动的产物。人手形成以后，人们相互协作的机会不断增多，社会成员间的联系也更加紧密，语言器官随之发展，语言产生了。语言的产生也促进了人们思维能力的提高。所以，恩格斯说："劳动创造了人本身。"

（二）劳动创造了人类社会

在人从猿进化的过程中，劳动起到了非常重要的作用。随着劳动的不断发生和生产力的发展，逐渐出现了自然分工，形成了一定的生产关系，从而创造了人类社会。

马克思主义认为，教育与生产劳动相结合，不仅是提高生产力的一种方法，而且是造就全面发展的人的方法。在劳动的过程中，不仅劳动对象发生着改变，劳动者本身也在改变着，他们通过不断劳动练就新的品质，造就新的力量，产生新的交往方式、新的需要、新的语言，这又促使了新的劳动的进行。

英国古典政治经济学家威廉·配第说："劳动是财富之父，土地是财富之母。"劳动是创造财富的源泉，是社会文明进步的动力。没有劳动，社会生产将不能继续下去，劳动转化了社会的物质财富，同时也创造了人类的精神财富。

古罗马斗兽场、佛教瑰宝莫高窟、万里长城等这些文明古迹都是人类通过劳动完成的，这些古迹的建造凝聚了多少古人的汗水和智慧，展示了多么伟大的物质财富和精神财富，正是由于劳动能够创造出这么多的财富，社会才得以不断向前发展。

劳动，创造了人类社会。通过劳动，创造出人类社会的物质财富和精神财富；通过劳动，人类在改造自然的过程中也改造着自身，人的智力、体力得到开发，各方面的素质得以完善；通过劳动，生产力不断发展，形成新的生产关系，社会文明得以进步发展。

（三）劳动是揭开人类历史之谜的钥匙

所谓人类历史之谜，就是指对人类社会是如何产生、变化、发展问题的解答。劳动是人类社会产生的基础和前提，历史过程中决定性的东西归根到底是物质资料的生产和再生产，人类的历史首先是生产发展的历史。劳动是人与自然之间的物质变换过程，是以人自身活动来引起、调整和控制人与自然之间的物质变换过程。人在改变外部自然的同时，也使人自身得以改变和完善，劳动决定社会的产生、变化和发展，所以说，劳动是揭开人类历史之谜的钥匙。

（四）劳动对学生成长的作用

1. 劳动可以树德

通过劳动，可以培养积极向上的品性。在克服困难，付出汗水和劳动之后，不断地战胜自己，心灵会得到充实和丰盈，能够以更多的热忱去对待周围事物，体会战胜挫折的自豪感。通过劳动也可以体会团队作用，培养团结合作精神。

通过劳动培养勤俭节约、吃苦耐劳、勇敢诚实的良好美德。不论是体力劳动还是脑力劳动，都要做出努力、耗费精力，要做出劳动成果，需要有顽强的意志和毅力，因而可以培养人的自信心、责任心、情感和意志等思想品质。古时少儿黎明即起，洒扫庭院，通过自己动手劳动养成习惯，培养我能做、我会做的自信心、自强心。

通过劳动可以培养人的创造意识和精神。我们国家也非常重视劳动树德，“劳碌究是终身用，岁月莫要偷悄懒。”“但愿苍生具饱暖，不辞辛苦出山林。”“富贵本是无根水，尽须从它勤中取。”这些诗句都是古人对劳动的尊重，对劳动养成的勤劳节俭、努力奉献、大公无私等品格的赞颂。勤劳是中华民族的传统美德，培养人的劳动能力是各级、各类教育的职责所在。近年来，劳动教育被淡化、虚化和边缘化，在学校“德智体美劳”全面发展中，“劳”已成为素质教育的短板。教育部 2016 年 9 月发布的《中国学生发展核心素养》将劳动列为指导实践创新素养的主要方面，重点要求：尊重劳动，具有积极的劳动态度和良好的劳动习惯；具有动手操作能力，掌握一定的劳动技能；在主动参加的家务劳动、生产劳动、公益活动和社会实践中，具有改进和创新活动方式、提高劳动效率的意识；具有通过诚实合法劳动创造成功生活的意识和行动等。

通过劳动，认识到劳动是产生财富的源泉，从而培养起尊重劳动、热爱劳动、尊重劳动人民的品质。劳动没有贵贱之分，只要是劳动，就能为社会增加财富，就能为社会服务，从而养成劳动光荣、不劳为耻的思想品德。“锄禾日当午，汗滴禾下土。谁知盘中餐，粒粒皆辛苦。”这经典传颂的诗句就是对劳动人民最好的赞美，能够帮助人们养成珍惜劳动成果的良好品德。

2. 劳动可以增智

劳动是一切知识的源泉，劳动可以增长智慧。通过劳动可以增长见识、培养技能，可以提高人们的思维能力，促进智力发展。对于学生而言，通过劳动可以帮助学生更加深刻理解课堂上讲授的理论、概念、方法等知识，为这些知识提供真实情景的体验场所，体会其中的真理和奥妙，从而增加劳动技能。通过劳动可以实现学以致用，实现理论与实践的结合应用，帮助学生奠定理论基础，使学习效果更加夯实。

3. 劳动可以强体

劳动有助于增强体质，拥有健康的体魄。人们通过从事体力劳动可以平衡、调节全身的肌肉和力量，只要注意掌握疲劳程度，劳动锻炼是非常有益身体健康的，可以改善睡眠，可以强身健体。当下，很多大中小学生沉迷于手机和电脑的游戏、小视频等当中，长期保持低头看、躺着看等畸形姿势，导致骨骼关节变形，视力下降、散光等身体问题。劳动可以使他们抬头远望、舒展身姿，有利于身体的生长发育。人们通过从事体力劳动和脑力劳动，在付出心血和汗水的过程中，在欣赏劳动果实的时候，体会到劳动创造幸福的快乐，不仅强健了身体，心灵也得到充实与宁静。世界著名实业家稻盛和夫说：“我们从心底品尝到真正的快乐，就在工作之中。”

4. 劳动可以育美

在劳动的过程中，改造了自然，也改造了人自身，创造出了满足需求的物质财富和精神财富，创造出了美好的生活，创造出了美。同时，人类勤于劳动本身就是美德，劳动本身也是美的表现。高尔基曾说：“世界上最美好的东西，都是由劳动、由人的聪明的手创造出来的。”习近平总书记在全国劳动模范和先进工作者表彰大会上的讲话指出：“我国工人阶级和广大劳动群众用智慧和汗水营造了劳动光荣、知识崇高、人才宝贵、创造伟大的社会风尚，谱写了‘中国梦 · 劳动美’的新篇章。”实现中华民族伟大复兴，是新时代中国青年肩负的时代重任，也是新时代中国青年的奋斗方向和目标。只有把小我融入祖国的大我、人民的大我之中，与时代同步伐、与人民共命运，才能让奋斗有更崇高的价值，让青春有更亮丽的色彩。

5. 劳动可以创新

劳动可以增长智慧、增强技能，智慧和技能能够促进生产力的发展，给社会带来物质财富和精神财富；智慧和技能能够解决各种问题，带来科技发明及发现，解决技术创新等。因为劳动创造性的特征，所以，劳动必然带来创新，同时也极大地激励着人们对知识的继续探索，促进创新精神的形成。

拓展阅读

劳动教育　高水平人才培养体系的重要一环

教育部发布的《大中小学劳动教育指导纲要（试行）》（以下简称《纲要》）提出，实施劳动教育的重点是在系统的文化知识学习之外，有目的、有计划地组织学生参加日常生活劳动、生产劳动和服务性劳动，让学生动手实践、出力流汗、接受锻炼、磨炼意志，培养学生正确劳动价值观和良好劳动品质。

继中共中央、国务院发布《关于全面加强新时代大中小学劳动教育的意见》（以下简称《意见》）之后，2020年7月7日，教育部印发了《纲要》，《纲要》指出：劳动教育是新时代党对教育的新要求，是中国特色社会主义教育制度的重要内容，是全面发展教育体系的重要组成部分，是大中小学必须开展的教育活动。

在大中小学开展劳动教育，既要强调劳动教育在各学段间的连续性，又要看到各学段间的区别性。高等教育与基础教育有着本质区别。基础教育阶段更关注教育过程与教育自身，高等教育阶段更强调教育和社会之间的关系。因此，只有立足于高等教育与社会之间的关系，才能深刻认识新时代劳动教育在高等教育中的作用，进而构建德智体美劳全面培养的教育体系。

1.让“向内的教育”与“向外的教育”有机统一

有人认为，劳动教育不能和德智体美四育并列，因为其他四育是指向学生身心素质培养的，劳动教育不属于这个范畴。实际上，从育人和育才相统一的人才培养辩证法出发，必须将劳动教育视为高水平人才培养体系的重要一环。因为，完整的人才培养不仅要重视“向内的教育”，塑造学生的身体、精神和灵魂，培养学生的理想、信念和价值观，更要强调“向外的教育”，培养学生的核心技能、劳动技能，使其走上社会有一技之长，获得在社会中实现自我价值的本领，劳动教育主要就是这种“向外的教育”。完整的高水平人才培养体系，一定是“向内的教育”与“向外的教育”的有机统一。高等教育阶段作为大学生走向职场的最后一站，更应该重视“向外的教育”，通过劳动教育更好地培养适应社会发展与需求的高素质人才。因此，必须确立劳动教育是高水平人才培养体系重要一环的观念，将其纳入高等教育人才培养的全过程，融入思想政治教育、文化知识教育、社会实践教育各环节，并通过相应的学科体系、教学体系、教材体系、管理体系来支撑。

高等教育领域一直存在通识教育与专业教育之争，争论的实质涉及高等教育的适切性问题。通识教育重视内在适切性，强调高等教育要切合学生的内在需要，培养学生的理智和理性能力；专业教育重视外在适切性，强调高等教育要切合社会需求，培养学生的职业能力和谋生技能。劳动教育所具有的切合社会需求、培养职业能力和谋生技能的特点，使它具有专业教育的属性，但绝不能因此忽视它的通识教育属性。在一所高质量的大学里，一个经过充实的主修课目，将使学生从学习的深度走向广度，使他们不仅受到良好的技术训练，还受到最好的人文教育。因此，在承认劳动教育的专业属性的同时，我们还必须充分认识并发挥好劳动教育的通识教育属性。在高等教育阶段，劳动教育的最大特点是渗透性，与其他四育高度融合渗透，引导学生在知行合一的劳动实践中立德、增智、健体、育美、创新。所以，劳动教育应该是一种人人都需要接受的通识教育，是面向所有学生的全面国民素质教育的重要组成部分。

2. 劳动教育是破解“诺贝尔难题”的关键

2010年，3位英美经济学家因为成功解释了“为什么在存在很多职位空缺的时候，仍有许多人失业”的问题而获得了诺贝尔经济学奖。我国同样存在这种企业“用工荒”与大学生“就业难”并存的诺贝尔难题。大力推进劳动教育，切实加强高等教育与工作世界的联系，积极建构面向职场的专业教育，是破解“诺贝尔难题”的关键。事实上，在德智体美劳五育中，劳动教育是唯一直接通向劳动世界、工作世界的教育。其不同于其他四育的独特价值就是，在更广阔、更具体的社会背景下，引导学生将在其他四育中获得的知识、能力、素养，整合性地、创造性地运用于社会生产生活实践中，成为在劳动创造中实现个体价值与承担社会责任和谐统一的高素质人才。

以劳动教育联结高等教育与工作世界，首先需要以劳动教育重构高等教育目标，面对非传统就业形式及未来世界的不确定性，要通过劳动教育引导学生以积极的创新精神、创业态度应对工作世界的挑战。其次，要紧密对接未来劳动发展趋势和产业结构调整，积极布局学科专业体系，大力发展新工科、新农科、新医科、新文科、新理科，培养适应未来社会发展变化的复合型、创新型专业人才。最后，要大力推进高等教育人才培养模式改革，持续深化创新创业教育和产教融合，建立健全高等学校与行业骨干企业、中小微创业型企业紧密协同的创新生态系统。

3. 让劳动教育重新定义高等教育

目前，我国已正式步入高等教育普及化阶段。高等教育向创业转移是劳动教育的内在要求。《意见》最大的亮点是提出了创造性劳动的概念。创造性劳动是大学劳动教育区别于中小学劳动教育的核心特征。如其所言，“高等学校要注重围绕创新创业，结合学科和专业积极开展实习实训、专业服务、社会实践、勤工助学等，重视新知识、新技术、新工艺、新方法应用，创造性地解决实际问题，使学生增强诚实劳动意识，积累职业经验，提升就业创业能力”。普及化时代的高等教育必须根据工作世界的不确定性来“重新定义高等教育”，引导学生“以创业的心态就业”，培养学生的创业能力。

为了落实劳动教育《纲要》，可以将大学劳动教育界定为创新性学术计划。任何计划都包含一个完整的行动蓝图，大学劳动教育包括目标、实施和评价三个基本要素。适应全球科技革命和知识经济的需求，大学劳动当以培养科学精神、提升创新创业能力为己任。大学劳动教育的实施主要依托课程。在培养创业能力的目标指引下，大学劳动教育课程可以从三个维度进行顶层设计。第一，在教学计划中专门开设劳动教育通识课，这类课程主要由劳动教育通识课、劳动专题讲座等构成。第二，开设与劳动教育相关的实践课程，包括探究式、项目式、归纳式以及创新性劳动实践活动。第三，实现劳动教育与专业教育深度融合，推动大学课程从传统以知识传授为中心的课程体系向培养学生应对真实世界能力为中心的课程体系转变：一是要以通用能力为目标，着重培养学生的跨界整合能力、问题解决能力、社会交往和沟通能力等；二是要以实践为导向，在训练学生理论思维模式和学术问题解决方式的同时，培养学生的职业思维模式和现实问题解决能力，具备在学习世界和工作世界之间灵活转换的能力；三是要重视跨学科学习，为学生提供更多的跨学科学习的机会；四是要实现专业课程通识化，让运营管理、财税金融、法律与政策等传统专业知识领域课程逐步通识化。没有评价，就没有管理；没有评价，就没有改进。基于大学劳动教育的创造性特点，其评价方式需要进行创新，要大力引进协商性评价和形成性评价。

（来源：《光明日报》2020年07月28日14版　作者：周光礼，系中国人民大学习近平新时代中国特色社会主义思想研究院特邀研究员，中国人民大学教育学院教授。）

第二节　劳动教育的发展

一、古代劳动教育

（一）中国古代劳动教育

中国古代的劳动教育在不同时期有其不同的发展状态，比较典型的劳动教育时代主要有原始社会时期、夏商周时期、春秋时期、唐宋时期、明清时期。

1. 劳动教育的起源——原始社会时期

在原始氏族社会，由于社会发展水平很低，劳动者使用的是原始的石器手工工具，所凭借的是简单生产工具的经验，再者生产劳动力的教育内容十分贫乏，教育形式也十分简单，以至根本不需要专门的教育组织和独立的教育过程，只要在生产劳动过程中捎带进行即可。尽管如此，劳动教育却是原始社会教育的基础和首要构成部分。

原始社会在发展过程中产生了古代农耕文明，农耕文明不仅直接孕育了勤劳勇敢的中华民族，也直接影响了古代先民的生产活动方式，他们把不同种族先聚集起来，而后迁徙定居，日常劳动也是采用精耕细作的方式。在原始社会，劳动教育尚未从社会生活中剥离出来，人们通过最基础的劳动方式将自然资源转化成物质资源，这些物质资源就是古代劳动人民生活发展的物质基础。他们以一个民族中的部落或民族家庭社会组织为基本的生产劳动单位，通过各种劳动单位口耳相传的教育方式，将古代人自身既有的劳动经验和生活技能迅速传承应用下去，当时只是以这种简单的教育方式来维系生产关系，并迅速发展社会生产力。原始社会的劳动教育仅与脑力劳动融为一体，尚未发展成为独立的教育体系，仅有取火技术、渔猎手段、编织稻草手法、种植稻草方式等与人民生活息息相关的生产劳动。步入奴隶社会时，由于阶级制度的不断出现，他们将生产劳动分为两种，即体力劳动与脑力劳动，教育形式分为平民劳动者的教育与贵族劳动者的教育。平民劳动者的教育主要就是沿袭原始社会贵族阶级教育的一些基本特征，劳作的内容与这些平民生产者的日常生活息息相关，平民劳动者为了追求温饱，大多是从事一些现代农业和手工业。贵族劳动者为了巩固自身的统治地位，只对一些重要贵族世家子弟进行劳动教育，这些贵族享受的是一种阶级教育，其各种教学内容、方法、形式皆不脱离农业生产者的具体劳动，此时专门的社会教育活动场所——高等学校正式产生，贵族劳动者教育正式与平民劳动者教育分离，成为独立的国家社会教育机构。

2. 劳动教育的雏形——夏商周时期

夏商时期主要的劳动部门是农业，劳动主体为奴隶，在此时期奴隶已经学会种植粮食作物，畜牧业占有重要的地位，奴隶劳动也发展了手工业生产。商朝奴隶工匠把铜、锡、铅放在一起冶炼成青铜，铸造成工具、武器和器皿，这就是青铜器。

西周时期劳动生活是丰富多彩的。《诗经》作为我国最早的一部诗歌总集，收录了不少关于劳动的诗。《诗经·周南·芣苢》就描述了一群女子在田野间采摘芣苢时的欢快心情。诗中这样写道，“采采芣苢，薄言采之。采采芣苢，薄言有之。采采芣苢，薄言掇之。采采芣苢，薄言捋之。采采芣苢，薄言袺之。采采芣苢，薄言襭之。”《诗经》里展示的劳动生活是丰富多彩的，充满着对美好明天的憧憬和向往，让我们在诗句中感受着古人劳动的快乐、收获的幸福和对社会人生的态度。可以说，劳动创造了中国灿烂悠久的文明，劳动最光荣。

3. 劳动教育的盛行——春秋时期

春秋战国时期，墨子提出了劳动要和教育相结合的观点，是中国古代提出劳动教育的第一人。墨子出身贫寒，他在主张学习科学文化的同时，提出要学习工、商、农等行业的劳动技能。他认为，“士虽有学，而行为本焉。”虽然入仕应该学习，但行动才是根本。只有将所学知识应用于实践操作中，内化于心，外化于行，才能创造源源不断的生产力。西汉末年，我国出现了专门记载农业技能、农业生产的书籍《氾胜之书》，这为当时劳动教育提供了专业的理论指导。

墨子作为中国古代伟大的科学家，曾教育弟子说：“故圣人作诲，男耕稼树艺，以为民食。”“食者国之宝也。”“民无食则不可事，故食不可不务也。”在墨子看来，民不可无食，食必须通过劳动获得。

墨家学派不仅重视生产劳动，而且善于在生产劳动中发现科学原理，并据此做出大量创造发明，还教育学生将其运用于生产实践。墨子在《墨子·经下》云：“负而不挠，说在胜。”这里的“负”就是“担”或者说“衡木”的意思。“挠”原意是“曲木”，这里引申为“物体倾斜”的意思。“胜”有“胜任”“承受”等意思。整句话是说，用衡木担物，支点在中间，衡木就不会发生倾斜，这是因为两端物量相等，彼此平衡的缘故。这句话包含着杠杆平衡原理，墨子运用此原理发明了提水工具——桔槔，大大节省了劳动力。

春秋时期贤母的代表敬姜在教育儿子时说：“夫民劳则思，思则善心生；逸则淫，淫则忘善，忘善则恶心生。”指出了劳可培善和逸则生恶两种不同的品德培养功能。

4. 劳动教育的完善——唐宋时期

唐宋时期用诗词描绘劳动的场景有很多，“锄禾日当午，汗滴禾下土”（李绅《悯农》）最为经典流传。《悯农》对劳动场景的描写栩栩如生，引起后人产生深深的思考，诗句更是代代相传。它启发我们每一粒粮食都是农民伯伯辛苦劳作得来的，我们一定要珍惜粮食，切勿浪费。唐代著名诗人李白写过一首《炉火照天地》，诗中是这样描写冶炼场景的，“炉火照天地，红星乱紫烟。报即明月夜，歌曲动寒川。”将冶炼的场景描述得大气磅礴，荡气回肠，给人以振奋，也表现出李太白对劳动人民深深的赞美。陶渊明在《归田园居》中这样写道，“种豆南山下，草盛豆苗稀。晨兴理荒秽，带月荷锄归。道狭草木长，夕露沾我衣。衣沾不足惜，但使愿无违。”体现了田园生活的趣味和人们对劳作的热爱。白居易在《观刈麦》中写道，“妇姑荷箪食，童稚携壶浆，相随饷田去，丁壮在南冈。足蒸暑土气，背灼炎天光，力尽不知热，但惜夏日长。”描写出了古代农民用尽一切力量进行劳作的场景。

南宋诗人范成大在《四时田园杂兴》这首诗中描述了一段场景，“昼出耘田夜绩麻，村庄儿女各当家。童孙未解供耕织，也傍桑阴学种瓜。”他用清新的文字和笔调深情浅意地描写了夏日里一个村子中老少幼儿辛苦劳动的场景：农民男耕女织，日夜操劳，辛苦的同时也感受到了生活的乐趣。“童孙未解供耕织，也傍桑阴学种瓜”道出一个农村少年的独特天性和天真烂漫，极富当时社会生活中的美学艺术情趣，读出来更是令人身临其境，给人以极美的文化视觉享受。当今的学生们应当从古人的辛苦劳动中体会劳动的光荣，体会我国古代人对社会生活的巨大创造性，在辛苦劳动中不断发现自身的独特才能。

古诗词教育能够激发学生对自然、对劳动的热爱之情，让学生的双手变得灵巧，智慧得到发展，健康快乐地成长为一个热爱生命、热爱生活的人。

5. 劳动教育的活跃——明清时期

明代学者吕坤说：“一年不务农桑，一年忍饥受冻。”不勤劳务农，就缺衣少食。明末清初学者张履祥提出：“治生以稼穑为先，舍稼穑无可为治生者。”这些观点指出了农业劳动的基本价值。

明末清初的学者颜元认为：“养身莫善于习动，夙兴夜寐，振起精神，寻事去作，行之有常，并不困疲，日益精壮。”意思是劳作使人强健。清代学者汪辉祖在批判“幼小不宜劳力”观点时指出：“欲望子弟大成，当先令其习劳。”意思是古来成功的将相，没有一个是柔弱不耐劳苦的。劳动是理想生活方式。曾国藩在给儿子曾纪鸿的信中说：“勤俭自持，习劳习苦，可以处乐，可以处约，此君子也。”他教育儿子把劳动作为生活的一部分，在劳动中得到人生快乐，成就君子人格。

清朝时期，以顾炎武、黄宗羲、颜元为代表提出了经世致用的观点，主张教育要和实践劳动相结合。其中，颜元最具代表性，他倾向把义理的学习与实际结合起来，把

“实用”作为目的，反对将读书与习行分离。颜元还指出劳动教育对人德育、智育、体育有重要作用。例如，在德育方面，他指出“若化质养性，必在行上得知。”即劳动教育既能够使受教育者形成道德观念，又可以让学者修炼道德行为习惯。同时，他还指出，人如果不劳动，就会无所事事，产生邪念，这样更不利于受教育者良好德行的形成。在智育方面，颜元认为劳动教育的价值更大，他以学数学为例，指出“书房习数，入市便差，则学而必习，习又必行，固也。”即要将书本知识和社会劳动相结合，这样才能掌握更多的技能；在体育方面，颜元认为受教育者不要每天坐在书房中，否则只能使人精神萎靡、筋骨疲软，着重强调了劳动教育对人身体健康至关重要。

传统文化不仅包含对劳动价值的充分肯定，也有对辛勤劳动的积极倡导。对于劳动要耐得住艰辛、要坚持不懈的道理，中国古代多有论述。其中，清朝政治家曾国藩对辛勤劳动的论述最详，对现代人影响也较大。他这方面的主要观点如下：

其一是“勤”。古人关于勤于劳动的论述指不胜屈，政治家劝子侄勤于政事，学问家劝导儿孙勤于读书，贤母们教女儿勤于纺绩。明朝仁孝文皇后徐氏说：“农勤于耕，士勤于学，女勤于工。”清代政治家曾国藩在家书中反复阐释对勤的道理，勉励长子纪泽说：“家之兴衰，人之穷通，皆于勤惰卜之。泽儿习勤有恒，则诸弟七八人皆学样矣。”他认为，勤则家“兴”人“通”，惰则家“衰”人“穷”。人要做到勤，需持之以恒锻炼。

其二是“早”。这个概念是曾国藩在总结祖父星冈公家训思想时凝练出的，意思是“早起”。这是曾国藩关于“勤”思想的重要维度之一。他还对此概念加以发挥，“治家以不晏起为本。”“家中大小，总以起早为第一义。”在曾国藩看来，“少睡多做”，体现“一人之生气”。因此，他把早起作为耐劳苦教育的主要手段。曾国藩的这一观点，在之前的教育学著作中较为多见。南宋文学家叶梦得说：“每日起早，凡生理所当为者，须及时为之。”朱柏庐治家格言的第一句话就是：“黎明即起，洒扫庭除。”

其三，曾国藩将劳动谋生观点加以发展，提出：“卫身莫大于谋食。农工商，劳力以求食者也；士劳心以求食者也。”劳动是理想生活方式。曾国藩在给儿子曾纪鸿的信中说：“勤俭自持，习劳习苦，可以处乐，可以处约，此君子也。”他教育儿子把劳动作为生活的一部分，在劳动中得到人生快乐，成就君子人格。

（二）西方古代劳动教育

1. 萌芽时期

欧洲政治家莫尔是最早一批重视儿童劳动教育的思想家之一。在其著作《乌托邦》中，乌托邦人不分男女都接受教育，其中不仅包括书本上知识的学习，如音乐、天文、辩证等，还包括农业和手工业学习。由于“乌托邦人不分男女都以务农为业，因此他们无不从小学农，包括理论和实践。除了务农之外，每个人还得自己各学一项专门手艺。精通一艺后，想另学一艺，可得到同样的批准。”虽然莫尔提出了劳动教育，但其教育目的是为将来从事的职业做准备，尚未认识到劳动教育对人的自身全面发展的作用。而且，乌托邦是一个以小农业和家庭手工业为基础的理想国家，建立在此基础上的职业训练——劳动教育，本身是有局限性的。

莫尔认为，国家在社会分工合理的基础下，所有具备社会劳动能力和经济能力的未成年人和成年人，不论男女，都必须依法参加体力劳动。他解释道："当年美国的反乌托邦历史经验，利用事实证明了上述的社会情况。每年在大型工业城市以及附近各个农村聚居地中，各个年龄段只要具有劳动能力的，不管男女都必须依法参加体力劳动，准予这种劳动豁免的公民人数估计不到五百人。"在劳动时间上，他也做了恰当安排，关于劳动教育的内容，主要是学习农业知识，参加农业生产，同时还有学习手工艺。他说："除了我所说的每个人，其他人都必须要在从事传统农业外，先自学一种传统手艺作为专门技术职业。"手工业一般是"子承父业"，主要在一个家庭中进行学习。除此之外，莫尔还首次发文提出脑力劳动与其他各种体力劳动之间应该交替配合着进行。在他自己本人看来，有些工厂的工人"可享受免除做劳动的特权"，把全部空出的时间用于认真研究科学上。但如果他们中间的任何一个工人没有完成科学研究的任务，辜负了我们曾经寄托在他身上的美好期望，就会被重新分派到工厂继续做工。相反地，一名传统工人倘若在厂里利用闲暇时间，独自去研究一些学问并取得一定的成绩，那么他就可以完全脱离自己的传统工人身份，去专门做一些学问的研究。由此我们这也可以明显看出，莫尔较早前就已经提出了一种体力劳动和脑力劳动有机结合教育模式，提出了关于如何培养全面发展的职业工人的政策建议，这是他个人思想中最宝贵的一方面。

2. 文艺复兴至宗教改革时期

在文艺复兴时期，尤其是前期，劳动教育只是刚刚被提出，并没有得到大多数人的重视，人们更为看重的是古典文学、三艺等智力上的教育以及宗教教育和道德教育，后期增加了自然科学和本族语教育。而刚刚起步的劳动教育本身还有局限性，只是作为一种职业训练，这与文艺复兴时期重自由教育、轻职业教育的事实相矛盾，所以并没有产生很大的影响。

宗教改革时期，欧洲宗教改革运动发起人马丁·路德也认为在教育中应加入劳动的成分，"男童每天在学校应学习一至两个小时，其余时间则在家庭中学习手艺或其他喜爱做的工作，使学习和工作结合起来。女童每天在校应学习一小时，其余时间在家庭中劳作"。这可以算作是最初的教育与生产劳动相结合的说法，然而真正实践它的却等到了瑞士著名的民主义务教育家裴斯泰洛齐才得以完成。但是此时的教育与生产劳动相结合的看法只是机械的，学习课程的内容与手工劳动之间并不存在必要的联系，劳动也并非学习内容的实践。

3. 启蒙运动时期

启蒙运动鼎盛时期的一个重要劳动代表人物卢梭，他是较早提出素质教育培养"自然人与自由人”的一位近代教育家。卢梭认为，“自由人”其实就是一个能够完全依靠自己的体力劳动、能够自食其力的一个劳动人。卢梭的主要指导思想最早体现在《爱弥儿》一书中，他在这本书的第三卷主要论述了爱弥儿在青少年时期所接受的素质教育和劳动教育。卢梭高度评价了劳动式的教育，劳动式教育对于少年的健康成长具有极大的作用和社会价值，他本人认为劳动式的教育可以使青少年锻炼身体，并且他们的劳动技能也能够在劳动的过程中得到充分的锻炼，假如儿童不会用他的双手进行劳动，长大后他就认为自己是个可以靠着别人动手养活的社会寄生虫。他解释说：“担任劳动教育是整个社会的责任，也是不可能被豁免的社会责任。任何一个社会公民，无论他是贫或是富，是强还是弱，只要他不动手干活，那他就可以定义为社会流氓。”那么，到底该如何进行劳动教育呢？卢梭对爱弥儿的劳动教育，就是要服从自然的永恒法则，听任人的身心的自由发展，其手段就是主动生活和动手实践，主张采用实物教学和直观教学的方法，让孩子从生活和实践的切身体验中，通过感官的感受去获得他所需要的知识。与自然教育密切相联系的，卢梭还主张对儿童进行劳动教育和自由、平等、博爱的教育，使之学会谋生的手段，及早地养成支配自己的自由和体力的能力，保持自然的习惯。为此，卢梭提出了青少年学习应遵循的三条原则：第一，学习者必须依赖自己的能力，通过自主地学习得出结论；第二，要通过自己的观察、体验、理解、去发现并学习；第三，积极鼓励孩子在学习中的兴趣，通过这一阶段的教育完善孩子的思维，扩展孩子的能力，打稳基础更益于下一阶段的开展。由此可以看出卢梭对劳动教育极其重视。他认为，在儿童智力发展中，劳动教育是不容忽视的。一个人要生活在社会中，在很多方面都是要依赖别人的劳动，这也是为什么无论贫穷富贵都要为社会劳动的原因，否则与流氓和强盗有什么区别。不过卢梭认为在各个行业劳动中，手工劳动是最棒的劳动。因为手工业者凭自己的双手和技术谋生，不依赖土地，也不必依附于权贵，因而是最自由的。他主张要使儿童至少掌握一两门有用的手艺，养成劳动的习惯，适应社会的发展需要。当人们从青少年时期便学会了劳动技能，他会在成年后对生产劳动更加地热爱。卢梭的这些劳动教育思想不仅在当时的社会是积极的和进步的，对我们当今社会也同样具有很大的启发性意义。

亚当·斯密是英国古典经济学的主要代表，他提出了劳动是衡量一切商品交换价值的真实尺度，并在《国富论》中详细论述了职业劳动教育和家庭劳动教育对我国经济社会发展的重要意义。亚当·斯密把劳动价值论只看作是适用于早期原始社会的一种理论。他指出不同职业的劳动在难易、污洁、技能、训练、尊卑、风险、责任轻重、升迁可能、职业爱好等各个侧面均有不同，并且考察了在先进社会中，这些差别如何从产品价值或劳动报酬中得到补偿。他说明许多补偿实际上由人们的偏好和需求来决定，并不仅仅取决于劳动量的大小。因此，他多次建议，应该向儿童传授劳动机械的基本原理、知识，而不是只教儿童学习拉丁文。他解释说：“如果用几何学和机械学教育来完善儿童教育体系，那么这一阶级的文化教育，就会达到最完善程度。”这是他十分重视现代劳动者的社会价值和职业素质的根本原因。

瑞士民主主义教育家裴斯泰洛齐主张体育与劳动教育应紧密联系，关于体育的主要内容，裴斯泰洛齐把体育看成是人和谐发展教育的重要内容。他认为，体育是把所有潜藏在人身上的生理能量全部发挥出来。因此，从小就应通过抓、蹬、伸、举、拖、拉、走、跑、跳、转等各种活动发展儿童的体力，养成强健的体魄。裴斯泰洛齐关于劳动教育的主要内容是以体育为基础的。如果人的各种体力没有得到发展，那么劳动中各种习惯、技能的培养和训练都谈不上。当然，劳动教育还是儿童获得独立的生活能力，改善贫困状况不可缺少的手段。在劳动教育中，通过学习必要的文化知识，进行一定的职业训练，是使儿童获得幸福的重要途径之一。裴斯泰洛齐不是第一个提出教育与生产劳动相结合思想的人，但却是西方教育史上第一个将这一思想付诸实践的教育家，并在自己的实践活动中推动和发展了这一思想。裴斯泰洛齐将教育与生产劳动相结合，明确提出把学习与手工劳动相联系，学校与工厂相联系；以安排学习为主，参加手工劳动为辅，但又强调两者的联系与结合；提出“在学习和手工劳动能够结合以前，两者必须分别打好基础”；把学校与工厂结合起来并建立在心理学基础之上。但是裴斯泰洛齐的劳动教育思想具有一定的局限性，他认为富人家的孩子可以享有不接受劳动教育的特权，阶级观念仍然存在于当时的社会教育中，这种阶级观念在一定程度上阻碍了劳动教育的发展。

二、近代劳动教育

（一）中国近代劳动教育

鸦片战争的爆发打碎了天朝帝国故步自封营造的假象，炮火轰隆声中清王朝被西方列强无情地碾压，帝国主义国家在军事、政治、经济、文化等多方面嚣张地蚕食着这片疆土。殖民者的坚船利炮使中华民族备受磨难与耻辱，但它客观上也迫使中国封建社会开始解体，刺激并启动了中国社会的近代化。

众多阶级开始转变思想，地主阶级改革派：师夷长技以制夷，向西方学习。地主阶级的“洋务”思想：“中学为体，西学为用。”在不触动封建制度的前提下，学习西方先进的生产与科学技术，维护封建统治。农民阶级的“平均”思想：“有田同耕，有饭同食，有衣同穿，有钱同使，无处不均匀，无处不饱暖。”废除封建地主土地所有制，建立绝对平均的小农社会，具有空想性与落后性。

在现代教育领域，西学东渐之势日趋热烈，声光化电这些西方先进的科学文化教育内容严重冲击了中国千百年来被四书五经所固化的传统教学内容，以古代科举考试制为教育核心的封建教育体制由此走向消亡。洋务派代表主张“中体西用”“变器不变道”，李鸿章、左宗棠、张之洞等人先后创办了具有翻译、农务、工业制造轮船等教育内容的新式农业学堂用以培养农业专门人才。现代数学、物理、化学以及天文、地理、生物等各学科的农业基础知识被编译印制成书籍，以此提供给新式学堂各科教学人员使用。中国的资产阶级改良派人士笃信“农、商、矿、林、机器、工程、驾驶，凡人间一事一意者，皆有学。”康有为梁启超多次明确提出“废除八股，改革科举制度”，在规定的考试外，又开设考试经世致用学问的“经济特科”，选拔新政人才。筹备设立铁路、矿务、农务、茶务、蚕桑、医学等专门学堂。为近代劳动教育的起步起到极大的促进作用。

民国前期，中国极其纷乱动荡，然而中国近代大学教育却异军突起，大有不可阻挡之势。民国前期，蔡元培、马相伯、蒋梦麟、张伯苓、梅贻琦、张学良等人，既是教育家，又是大学校长，广采博收世界先进国家的劳动教育理念和办学经验，又结合了中国国情，经过理性思考和辨别，形成了近代劳动教育共同的理念。此时的劳动素质教育在教学思想与教育实践上都已经有了质的飞跃，一度发展成为我国制度化教育体系。民国时期，我国的劳动教育理念极大程度上受到了西方国家的影响，主要引进了以下西方先进劳动教育理念：蔡元培执掌北大，针对北大的官僚习气严重、学生读书为求利禄的局面，着手采用西方资本主义国家大学的劳动教育方针和制度，来代替北京大学那一套封建主义的腐朽东西。提出了大学以研究学问、实践操作作为培养人才为办学宗旨。引进西方幼儿劳动教育思想，重视女子教育并兼及学前劳动教育，使学前教育机构正式纳入学制系统。建立了民国的学前劳动教育。黄炎培在吸取西方先进国家劳动教育经验的同时，反思了中国自办新教育以来的问题和教训，在不断探索中逐步形成了自己完善的劳动教育思想。他认为劳动教育目的在于“使无业者有业，使有业者乐业”。“使无业者有业”即通过劳动教育为资本主义工商业发展培养人才，同时解决社会失业问题，使人才不至于浪费；“使有业者乐业”即通过劳动教育形成人的道德智能，使之胜任之职、热爱所职，进而有所发明创造，造福社会人类。根据劳动教育目的，他把其基本要求概括为“敬业乐群”。“敬业”即热爱自己职业、尽职尽责，有为所从事的职业和社会做出贡献的追求。“乐群”即有高尚情操和群体合作精神，有“利居众后，责在人先”的奉献精神。教育的要旨有三：首先微观是“为个人谋生之准备”；其次是“为个人服务社会之准备”；宏观是“为世界、国家增进生产力之准备”。针对教育目的和教育要旨，经过数十年的实践，他提出了“社会化和科学化”的教育方针和“手脑并用、做学合一”的教学原则。

中国教育家、思想家陶行知关于劳动教育发表过诸多论述，他认为劳动教育的目的在“谋手脑相长，以增进自立之能力，获得事物之真知及了解劳动者之甘苦。”关于劳动教育的方式，陶行知倡导“生活即教育、社会即学校、教学做合一”，他给晓庄师范题写过一副对联：“以教人者教己；在劳力上劳心。”“在劳力上劳心”可以说是陶行知教育思想的哲学根基，他提出“我们是主张在劳力上劳心，不是主张劳力与劳心并重”“真正之做只是在劳力上劳心，用心以制力。这样做的人要用心思去指挥力量，使能轻重得宜，以明对象变化的道理。这种人能以人力胜天工。”陶行知的劳动教育思想由“行是知之始、在劳力上劳心、以教人者教己、即知即传、六大解放”组成。行是知之始，是陶行知的哲学思想，认为认识来源于实践，实践是认识的基础。在劳力上劳心、以教人者教己、即知即传都是具体的教学方法。在劳力上劳心，即主张手脑并用；以教人者教己，即主张教学相长；即知即传，则是主张随学随教。

近代以来，从洋务运动“中学为体，西学为用”到康有为“托孔改制”，从三民主义到新文化运动，一些激进派提出全盘西化、“打倒孔家店”的口号，造成近代西学地位不断提高，知识分子层出不穷，社会劳动者的地位在西学文化的熏陶下不断提升，劳动教育工作取得了实质性进步。

（二）西方近代劳动教育

19 世纪初，欧洲现代人事管理之父罗伯特欧文提出了劳动教育体系，他主张儿童从三岁起就在公社的公共机关受教育，从事农业和工业劳动，消灭由于劳动而造成的畸形发展的现象。欧文强调教育与生产劳动相结合的重要性，儿童从幼小时起就要习惯于家务操作，观察成人的劳动。满六岁进小学，亲身参加适当的劳动。从十岁起，少年工人白天在工厂劳动，晚间上学，把工作与夜间的学习结合起来。在他的“新和谐村”中实行结合体、智的劳动教育，使十到十五岁的少年必须参加各种不同的生产劳动，这种劳动的时数以不妨害健康和学习为度。欧文对于生产劳动，所注意的是工厂工业的劳动而不是手工业的劳动。欧文强调青年一代应在“力学和化学力量的协助下”，在科学与技术结合的基础上进行劳动，这就把教育与生产劳动的结合提高到一个新的阶段。显然，欧文提出的教育与生产劳动相结合的问题，把生产劳动置于大工业基础上，无论在理论上或实践上，都比莫尔、卢梭等人前进了一步。欧文曾创办新拉纳克工厂的“新学校”，赴美后创办了“新和谐公社”。这些学校当中，有幼儿学校、日校、成人学校三个阶段，其中日校（针对五至十二岁的学生）是作为教育与生产劳动相结合的主要阶段。日校学生每天在普通学校学习五个小时，科目包括阅读、书写、语法、数学、力学、化学、解剖学、地理、外语、音乐、体操和军事训练等。之后，男生到农场、果木园或实习工厂中工作七个小时，女孩子学习家务和手工。学生在工业学校中要掌握一种或几种有实用价值的手艺。这段劳动教育主要仍是以职业训练为目的，辅之以普通课程理论。但他已不是将两者机械结合，而是在劳动中实践新习得的理论，真正把两者结合起来了。这种从工厂制度中萌发的教育制度，不仅促进了生产力的发展，更促进了人的全面发展。

19 世纪末 20 世纪初是一个教育大变革的时代，在欧洲表现为新教育运动，而在美国则是进步教育运动。欧洲的新教育运动兴起是以雷迪创办的阿博茨霍尔姆学校为标志的，之后陆续又有李茨的乡村寄宿学校、德末林的罗歇斯学校等新学校兴办。这些学校的课程设置中都特别重视手工劳动教育，这也为新教育运动整体思想中对劳动教育的强调奠定了基础。与先前许多教育家对手工劳动的看法不同，他们都一致地强调手工劳动的教育意义。学校手工、劳动课程一方面作为学术性课程和其他各项教育的补充，另一方面则是发展学生能力（特别是实践能力）的重要途径。手工、劳动教育的目的“不在于让学生获得谋生的技能和手段，而主要在于使学生通过手工劳动和体力劳动获得全面的发展。这以后，手工、劳动教育就与职业教育真正分割开了。

凯兴斯泰纳在新教育运动中是思想较为独特的一人，与其他教育家重视个人，培养“精英”不同，他的教育目的是培养国家的公民。当然，他并不是因此就反对个性的培养。他认为劳动教育的集体实施能够养成多种优良品格。首先是学生相互之间的关心体贴，这点在传统教育课堂上是不常发生的；其次是责任感的培养，这不仅仅针对领导人员，对于每一个劳动者，他们的劳动都会影响到全组的劳动质量。另外，手工劳动也可以创造文化财富，促进智力发展，但只有创造某些文化财富的劳动，被当作意志形成和提高判断力的常用手段，他才提供给学校新的教育因素，“促使儿童将其全部心理潜在的表达能力，变成准确反馈那些出于个人兴趣而自发感觉到的、看到的、想到的和感触到的东西的能力”。

美国的进步主义教育运动与欧洲新教育运动时间接近，彼此相互影响，因而互相之间也有相近之处。新创立的学校制度中，手工、劳动同样占据着重要的地位。进步主义教育的核心论点就是以儿童为中心。所有的教育理论、制度都旨在儿童的解放。杜威是进步主义理论的代表人物之一。他的教育课程论在以经验论为基础之下，要求学生从做中学，从经验中学，主张把课程知识转换为活动。杜威反对传统教育将系统知识直接灌输给学生，认为所传授的知识若不能融化加入学生已有的经验中去，这种知识便纯属字面空谈，他的“教育即生活”思想，在一定程度上也是指在生活中，在实际的劳动中获取经验和知识。杜威指出，“学校各种形式的实际生活的目的，主要不是在于它们的自身，或者在于厨工、缝纫工、木工和泥水工的专门技能，而是在于它们在社会方面能与外部生活相联系；同时在个人方面能反映儿童关于动作表现和做某事的愿望的需要，是关于建设的而不是被动的和顺从的。”

法国哲学家傅立叶在教育史上的突出贡献，就是提出了教育与生产劳动相结合的思想。他说：“我们现在的教育是把科学和劳动分开的，而在协作制度下，科学和劳动永远是结合在一起。在这里，儿童将同时从事农业和工业生产，以及科学和艺术的活动。”为了实现这种教育和生产劳动相结合，傅立叶精心设计了一系列具体的办法。他提出儿童从两岁起就接触劳动，三岁进入小工厂，法郎吉有专门适合儿童的小工具和小型生产项目，并且要求儿童从小就能对社会作出贡献，例如男孩打扫马厩、清除污物，女孩美化环境等。教育工作者的任务，在于借助合理的引导把儿童的全部才能都引向生产劳动和正当的学习上。这样，儿童“到十五岁时，将会差不多熟悉他的法郎吉和邻近法郎吉内的农业、工业、科学和艺术的一切部门”。他明确指出和谐制度下的教育是与生产劳动相结合的，并试图通过这种办法，使人的体力和智力获得全面发展。这种观点，无疑是难能可贵的，对于我们今天纠正一些学校忽视劳动教育、片面追求升学率的倾向，仍然具有借鉴意义。

德国教育家凯兴斯泰纳从进入帝国主义时代德国资产阶级的利益出发，研究了劳动人民子女的教育问题，即所谓“公民教育”和“劳动学校”的问题。他的“公民教育”和“劳动学校”都是针对国民学校的，所完成的是同样的两项任务，即性格训练和劳动训练（训练能干的双手的职业教育），以便把学生培养成德国“有用的国家公民”，即把学生培养成既能为资产阶级创造利润又不惊扰主人安宁的伶俐劳动者。凯兴斯泰纳关于工人子女不需要更多的科学知识和关于他们倾向体力劳动的观点是资产阶级的反动观点，应该批判。但他系统地研究了儿童的劳动教育，他注重培养儿童的劳动兴趣，培养他们科学的思考方法和熟练的技艺，以及后来试办的夜课制的两年制继续教育，对培养熟练工人都积累了不少经验。后来人们把德国的职业技术教育看作德国工业发展的两大支柱之一，不能说和凯兴斯泰纳的努力没有关系。凯兴斯泰纳的教育思想对后来的职业技术教育的发展有重要影响，他的有益经验很值得我们研究借鉴。

马克思、恩格斯站在无产阶级的立场，从维护最广大人民利益的角度出发，阐述劳动教育的相关内容，为新时期高校加强劳动教育提供理论基础。马克思、恩格斯关于劳动教育的核心内容是生产劳动要和教育相结合。水有源，木有根，针对资产阶级对无产阶级无情的压迫，无产阶级及其子女难以享受教育的情况，马克思、恩格斯提出要建立专门职业技术学校进行综合技术教育，并强调将生产劳动与教育相结合，是无产阶级教育的原则。现代工业的发展使马克思深刻认识到教育要和生产相结合的重要性，他提到，“资产阶级在它不到一百年的阶级统治中所创造的生产力，比过去一切世代创造的全部生产力还要多，还要大。”可见技术发展、工业化水平进步是创造巨大生产力的关键因素。为促进技术发展、工业化进步需要培养高水平、高素质人才，使其充分掌握和熟练运用先进的科学技术，而掌握这些技术的人才需要靠教育来完成，因此必须将教育和生产劳动相结合。正如马克思强调儿童参加生产是符合规律的，儿童为了生存，要脑体结合。“未来教育对所有已满一定年龄的儿童来说，就是生产劳动同智育和体育相结合，它不仅是提高社会生产的一种方法，而且是造就全面发展的人的唯一方法。”恩格斯同样提出受教育者“负有使命同自己从事体力劳动的工人兄弟在一个队伍里肩并肩地战斗”，即受教育者要有工农相结合的思想，要重视受教育者的劳动教育。基于此，马克思、恩格斯劳动教育思想为中国劳动教育同智育、体育相结合提供理论基础。

三、当代劳动教育

（一）中国当代劳动教育

1. 新民主主义向社会主义过渡时期的劳动教育

1949 年新中国成立后，国家开始恢复生产力的发展，以毛泽东同志为主要代表的中国共产党人团结带领全党全国各族人民，迅速完成了对旧中国教育制度的“坚决改造”，向工农敞开教育之门，保障广大人民群众享受教育的基本权利。毛泽东同志曾提出：“教育必须为无产阶级政治服务，必须同生产劳动相结合，劳动人民要知识化，知识分子要劳动化。”这一概念既包含了教育又包含了生产劳动，为我国劳动教育注入了新的内涵，推动了我国生产力与教育的同步发展。

首先，新中国成立初期，我国对劳动教育与劳动实践进行了初步的探索。劳动教育的目的是培养学生自己学习、自己研究，用自己的头脑来想，用自己的眼睛来看，用自己的手来做的精神。但当时劳动教育理论不完善，劳动实践的发展也出现严重阻碍。1955 年 4 月，教育部要求，除着重培养学生的劳动意识之外，还应注重进行“综合技术教育”，这一明确指示是新中国成立以来劳动教育探索理论与实践并行的开端。

其次，我国对劳动教育形式进行了初步探索，提出了“劳动技术教育”的形式，劳动技术教育是传授基本的生产技术和生产技能、培养劳动意识和劳动习惯的教育。1955 年 5 月，国家再次聚焦新中国成立以来劳动教育的具体实施，并在全国教育会议上确定了全国中小学“基本生产技术教育”的具体实施步骤。由此，通过劳动教育的具体实施，大家开始利用较规范的劳动形式探索和认识世界。

最后，利用劳动教育初塑社会文化。新中国成立初期，受传统观念潜移默化的影响，轻视劳动的现象普遍存在。国家积极推行劳动教育，希望可以重塑社会文化，避免新中国社会恢复发展时期民众普遍出现迷失情绪，增强对国家政权的认同感和为国家建设服务的责任感，使民众形成与社会发展相匹配的积极健康的劳动文化观念。从 1954 年开始，在党中央的领导下，中学毕业生开始参与劳动生产，加深了劳动教育的文化熏陶，培养了一批有担当的社会主义建设者。

新中国成立后，国家建设百废待兴，为了满足农业和工业生产需求，为了适应政治和经济发展需要，劳动教育广泛开展。《中国人民政治协商会议共同纲领》将“爱劳动”列为国民五项公德之一，提倡通过劳动教育鼓舞民众从事劳动创造的热情，表扬在劳动事业中的先进创造，组织人民群众都去参加生产劳动，并且在劳动中改造自己。1954 年颁发的《中华人民共和国宪法》规定：“劳动是中华人民共和国一切有劳动能力的公民的光荣的事情。”在中国共产党坚定的领导下，全国人民以火一样的热情投入到轰轰烈烈的国家建设和社会发展中，劳动热情空前高涨，全社会逐步形成重视劳动的风气，在大中小学开设劳动技能课程、生产实践课程，以此加强劳动教育，使学生在受教育中掌握基本劳动知识，1955 年，城市知识分子离开城市，到农村定居和劳动的“上山下乡”运动火热地开展了起来，为以后参加工作、建设祖国打下坚实基础。但因为当时社会生产力比较落后，学校的实际教学条件受到制约，劳动思想虽然有所进步，但是在劳动教育的活动开展方面还需进一步加强。

这一时期，国家对劳动教育进行了崭新的探索，完成了劳动教育体系的初步构建。然而，政策的实施过程中，存在区域、课程不平衡问题，人们还未形成劳动的普遍认识和劳动习惯，劳动教育制度的落实还存在很大瓶颈。

2. 社会主义建设探索时期的劳动教育

1956 年，社会主义改造完成后，我国开始全面进入社会主义建设时期，劳动教育在曲折中发展。1958 年，全国文教领导小组组长陆定一在《红旗》发表《教育必须与生产劳动相结合》一文中指出："教育与生产劳动相结合的方针，必然提高教育的质量……劳心与劳力分离的方针，是同社会主义革命不相容的。"由此可见，要实现教育与生产劳动的结合，要同轻视体力劳动和主张劳心与劳力相分离的错误观点进行斗争，进行劳心劳力相结合的劳动观的教育。但是，这一正确的教育方针却受到了"大跃进"的影响而没有全面地贯彻下去。1966—1976 年，中国经历了十年"文化大革命"，这段时间的劳动教育可以用停滞不前甚至倒退来形容，当时在"以阶级斗争为纲"的思想的错误指引下，劳动教育被异化为反动阶级进行阶级斗争的工具，严重偏离了正确方向。1976 年教育事业迎来了新的发展机遇，1978 年 3 月颁布的《中华人民共和国宪法》规定："教育必须为无产阶级政治服务，同生产劳动相结合，使受教育者在德育、智育、体育几方面都得到发展，成为有社会主义觉悟的有文化的劳动者。"

这一时期的劳动教育，一是政治色彩浓厚，劳动情感态度异位，劳动教育的政治意义、经济意义和认识论意义都被提升到前所未有的高度，被更多地作为阶级斗争的武器，偏离了马克思主义"教育与生产劳动相结合"的教育初心；二是勤工俭学盛行，劳动教育培养形式异化，在实际教育中大量学校采用以劳代学、勤工俭学的方式，用单纯的体力劳动代替系统的科学文化知识学习，造成知识分子大量流失，造成社会主义建设诸多方面停滞发展；三是教育课程安排较为详尽，初现体系化迹象，印发了《全日制中小学暂行工作条例（草稿）》《国务院关于全日制学校的教学、劳动和生活安排的规定》《关于实行全日制中小学新教学计划（草案）的通知》等文件，这一时期的劳动教育虽然被过度强化，但形成了规范化的课程体系，客观上为劳动教育课程体系化建设奠定了基础。

3. 社会主义改革开放后至党的十八大前的劳动教育

（1）稳步发展阶段

党的十一届三中全会后，伴随着全党工作重心的转移，劳动教育回归本来，迈向稳步发展阶段。1987 年颁布的《关于改进和加强高等学校思想政治工作的决定》再次强调了知识分子和普通劳动者相结合、脑力劳动和体力劳动相结合的重要性。总之，经济社会的发展使劳动光荣的理念再次被重视，对学生的劳动教育也不再局限于对其劳动技能的培养，智力教育和素质教育变得越来越重要，劳动教育在新时期发展中也被赋予了新的内涵。 1981 年通过的《关于建国以来党的若干历史问题的决议》指出："坚持德智体全面发展、又红又专、知识分子与工人农民相结合、脑力劳动与体力劳动相结合的教育方针。"21 世纪以后，劳动教育的重要性也越来越显著，劳动观教育所面临的形式与目标要求也相应地发生了变化，劳动教育已经不再局限于劳动技能的掌握了，劳动观的教育也被重视起来。

（2）改革发展阶段

1978 年的改革开放开启了新时代，教育的改革也随之进行。这个时期的教育方针根植于经济快速发展的大背景下，为国家的全方面改革建设服务，与国民经济快速发展相契合。国家对“文化大革命”时期的教育破旧立新，重新规定了教育的阶级属性。邓小平同志多次在全国工作会议上指出，要在新的社会背景下，研究如何在批判继承的基础上更好地贯彻落实教劳结合的教育方针，如何更好地让教育为经济建设添砖加瓦。

首先，推动体脑结合，加快精神现代化建设。“坚持德智体全面发展、又红又专、知识分子与工人农民相结合、脑力劳动与体力劳动相结合”教育方针的提出，使脑力劳动受到重视，从而使劳动教育的内在情感得到熏陶，外在功能拥有强有力的精神支撑。其次，开设劳动技术教育课，增强社会现代化建设本领。《教育部关于普通中学开设劳动技术教育课的试行意见》提出要通过课程教学形式使学生在思想上重视劳动，在行动上掌握基本的劳动知识，推动了改革开放初期技能性与思想性、建设性与服务性、创造性与重复性的融合。最后，劳动教育与社会主义建设相互渗透，促使现代化建设方向。1985 年《中共中央关于教育体制改革的决定》指出：“教育必须为社会主义建设服务，社会主义建设必须依靠教育。”1992 年试行的《中华人民共和国义务教育法实施细则》通过法制形式强调，义务教育的实施务必以国家的教育方针为标准，坚持社会主义现代化前进方向，实行教劳结合的形式。教育不再是社会建设的附属品，而是影响社会建设的重要方面。

（3）重大转型阶段

1993 年 11 月，中国共产党第十四届三中全会隆重召开，社会主义现代化建设步伐加快，劳动教育迎来了学科化向综合实践化发展转向的过渡时期。1993 年《中国教育改革和发展纲要》指出，当前的教育工作任务是要进一步提高劳动者素质，推动形式上和技能上的劳动教育的开展，由此拉开了劳动教育现代化转型的序幕，推动劳动教育逐渐走向规范化和制度化。

首先，由单一学科转向综合实践活动。“坚持教育与社会实践相结合”的提出推动了劳动课程形式的重大转变，存在已久的单独设科模式被整合，被各领域的综合实践活动所取代，劳动教育有了更深刻的内涵。其次，由重视集体劳动转向重视个体发展。从《全日制普通高级中学课程计划（试验）》可以明确看出这一时期从关注集体转向关注个体，开始尊重学生的个性化发展，充分发掘学生自身特长，人的主体性地位逐渐受到重视，在劳动教育的推行中也更注重个人体验与情感培养。最后，教育培养由“应试”转向素质。1993 年提出“以提高国民素质为根本宗旨，培养学生的创新精神和实践能力为重点”，1999 年 6 月中共中央国务院作出全面推进素质教育的决定，注重人的全面和谐发展，为劳动教育注入了新的时代内涵和现实意义。

（4）整合发展阶段

2001 年，《国务院关于基础教育改革与发展的决定》发布，赋予了劳动教育更加丰富的内涵与要求，推动了劳动教育迈入整合发展阶段。

首先，推行综合实践活动课程，实现课程形式整合发展。《决定》中强调“教育与生产劳动、社会实践相结合”，整合发展是这一时期劳动教育最显著特征。2001 年颁布的《基础教育课程改革纲要（试行）》指出，全国中小学要普遍设置综合实践活动必修课程，内容包括信息技术教育、研究性学习、社区服务与社会实践以及劳动与技术教育等。综合实践活动课程的设置充分发挥了学科和实践相结合的优势，引领资源整合和综合素质培养，踏入劳动教育发展的新里程。其次，“教育为人民服务”，着眼课程价值整合。这一阶段，劳动教育的推行坚持以培养个人意识与能力为落脚点，将丰富的资源整合在每个个体，以人为本，重视劳动价值体现和人的主体意识，注重“唤醒个体劳动意识的内在自觉，推进劳动价值的自主建构”。最后，注重劳动情感培养，充实课程精神建设。“加强劳动教育，培养学生热爱劳动、热爱劳动人民的情感”丰富了劳动教育新的内涵。“劳动技术教育是现代社会人文精神与技术理性相融合的现代教育形式，是促进学生未来发展的先进文化。”劳动教育不再只是技能和习惯的培养，还有思想品德和精神世界的塑造，劳动教育的内涵越来越丰富，人格培养机制也越来越健全。

4. 新时代的劳动教育

中国特色社会主义进入新时代，在新的历史方位指引下，以习近平同志为核心的党中央站在新的历史高度，立足于我国基本国情和社会环境的实际需要，坚持以马克思主义为指导思想，逐步形成了习近平新时代中国特色社会主义劳动思想体系，强调以人民为中心的发展思想，突出劳动教育在促进人的全面发展中的重要地位。

（1）习近平新时代中国特色社会主义思想关于劳动的重要论述

第一，在时代发展中践悟劳动最光荣。习近平总书记指出：“人类是劳动创造的，社会是劳动创造的。”我们依靠劳动已经在 2020 年如期全面建成小康社会，还要在 21 世纪中叶建成富强民主文明和谐美丽的社会主义现代化强国。梦想和目标确定之后，还需要勤奋不辍和持之以恒的劳动，在实践中体会劳动促进社会进步。习近平总书记指出我们所处的时代是催人奋进的伟大时代，伟大时代需要伟大实践，我们要在坚持辛勤劳动、艰苦奋斗、真抓实干的过程中树立劳动最光荣的意识。

第二，在民族复兴中感悟劳动最崇高。习近平总书记在 2013 年全国劳动模范代表座谈会中就提出了“空谈误国、实干兴邦”论断，这一论断充分表达要想在时代的浪潮中屹立不倒、不断进步，只有脚踏实地劳动。劳动是通向民族复兴的必经之路，只有通过全国各族人民辛勤劳动、诚实劳动、创造性劳动，才能实现中华民族伟大复兴的愿景。习近平总书记在 2015 年劳动模范和先进工作者表彰大会上讲话时，最后用了一句铿锵有力的话向全社会发出了动员与号召——“以劳动托起中国梦！”由此可见，我们应当在民族复兴的道路上通过劳动继续前进，真正去感受劳动最崇高。

第三，在社会需要中领悟劳动最伟大。习近平总书记立足于唯物史观，提出人类是由劳动创造的，社会是由劳动创造的，突出了劳动对于社会发展的重要性，强调了不管社会怎么变化，人类发展的历史告诉我们劳动不仅创造人类，还是我们社会发展的最基本条件。习近平总书记指出：“劳动关系是最基本的社会关系之一。要最大限度增加和谐因素、最大限度减少不和谐因素，构建和发展和谐劳动关系，促进社会和谐。”正是因为劳动创造，我们拥有了从站起来、富起来到强起来的社会转变。

第四，在教育学习中解悟劳动最美丽。党的十九大报告进一步提出，要“弘扬劳模精神和工匠精神，营造劳动光荣的社会风尚和精益求精的敬业风气。”习近平总书记在多次讲话中都阐述了劳动模范和劳动精神的重要作用，号召我们要学习劳模精神和工匠精神。当代青少年生活在物质较为丰富的时代，因此他们在劳动观方面存在着诸多的问题，加强对青少年的劳动教育才能保证社会主义的建设后继有人，使得青少年在劳动中实现自己的人生价值，懂得依靠辛勤劳动才能创造美丽生活。

（2）新时代对劳动教育的完善

第一，突出了劳动教育是培养全面发展人才的基础性工作。劳动教育的历史演进呈现出鲜明的社会发展特色，始终围绕着人的全面发展。劳动教育的目的就是培养出具有劳动知识、劳动技术素养、劳动精神、劳模精神、工匠精神的德智体美劳全面发展的社会主义建设者和接班人。在全国教育大会上，习近平总书记进一步指出：“要努力构建德智体美劳全面培养的教育体系，形成更高水平的人才培养体系。”明确提出五育并举、全面育人的教育方针，体现了育人与育才的有机统一，突出了在培养人的全面发展上劳动具有的重要位置。

第二，发挥了劳动教育对落实立德树人根本任务具有重要作用。习近平总书记在2018年北大师生座谈会上指出：“要把立德树人的成效作为检验学校一切工作的根本标准”“要把立德树人内化到大学建设和管理各领域、各方面、各环节，做到以树人为核心，以立德为根本。”党的十八大以来，以习近平同志为核心的党中央全面加强教育工作的领导，推动落实立德树人的根本任务，劳动教育已经明确被纳入新时代人才培养体系。由于劳动在育人中发挥着塑造健全人格、磨炼顽强意志、锤炼高尚品格的重要作用，所以，要让劳动教育充分发挥作用，实现立德树人的根本任务。

第三，强调了劳动教育是培养创新能力的重要途径。习近平总书记指出，“我们所处的时代是催人奋进的伟大时代，我们进行的事业是前无古人的伟大事业，全面建成小康社会，进而建成富强、民主、文明、和谐的社会主义现代化国家，根本上靠劳动、靠劳动者创造。”新时代是改革创新的时代，是人才强国的时代，创新人才的培养离不开劳动教育。目前我国处于教育现代化的关键时期，人才是第一资源，创新是第一动力，而劳动就是创新发展的源泉。习近平总书记提出新时代必须秉持着劳动创造财富、劳动促进进步的理念，要求我们必须在劳动中激发创新活力，夯实创新能力。

（二）西方当代劳动教育

1. 美国："家庭－社区－企业"一体化教育模式

美国的劳动教育主要分散在家庭和学校的日常活动中，旨在培养一个人的劳动习惯、劳动态度和尊重劳动的精神，而不是仅当作一个阶段性的任务。在家庭中，凡与孩子自立有关的一切事情，父母都最大限度地让孩子自己去解决，如整理自己的物品，打扫自己的房间，帮助父母分担家务等。在学校里，教师会因地因时地安排各种培养学生劳动习惯的活动，如鼓励学生寻找或把自己喝过的饮料瓶等可回收的垃圾积攒到一定数量后换取某种小礼物，或让学生参加学校、社区的植树以及各种手工制作等志愿服务。

社区服务能够成为美国人的生活方式、习惯甚至是自觉行为，与从小就开始的劳动教育密不可分。美国各个学校都会因地制宜地开展社区志愿服务活动，如与残疾学校的儿童联谊，为弱势群体捐献生活物品，为疗养院制作手工品；为康复期家庭提供服务，清洁社区，回收废物等活动。美国中小学不评三好学生，但一个孩子如果有服务精神并做得很好，学校通常会给他发一个"好公民"奖。通过培养学生与他人协同学习、互助工作的技能，使学生变得更加具有同情心和责任感。

20 世纪 70 年代末，美国超过一半的学区开展了以生计教育为特色的劳动教育。80 年代初，随着美国基础教育质量严重滑坡，倡导将普通教育与职业教育相结合的生计教育受到了批评和阻碍，美国的教育再次回归重视英语、数学、科学、历史、地理、外语、社会研究等课程。但生计教育倡导培养学生技术素养的理念被不同程度地继承下来，并一直影响至今。现今的劳动教育课程着眼于将学生的劳动教育纳入生涯教育的一部分，企业提供专项课程，劳动教育从传统的手工、体力类课程转向计算机维修技术、文字信息处理、商业资料分析、计算机辅助绘画设计等众多偏重脑力劳动的课程。

2. 德国：以"技术教育"为核心的教育模式

劳动教育是德国中小学至大学课程的重要组成部分，同时也是学生素质教育的重要组成部分。德国劳动教育以"技术教育"为核心内容，在基础教育阶段把劳动技术教育视为学生未来职业规划和社会生活的重要准备，不仅致力于培养学生的劳动观念，养成良好的劳动习惯，更加强调技术的学习，与职业定向存在更密切的关系。学生在劳动教育中不仅要掌握基本的劳动知识与技能，使学生理解现代工业信息化社会的具体生产过程，如从原材料生产、产品制造过程以及市场营销过程等；还让学生深刻理解人与自然、人与社会、劳动与社会的内在联系，为日后的职业生涯做准备。

德国在中小学均设立了劳动课程，具有与其他课程同等的地位，学校的劳动课程包含劳动技术课和劳动社会课等，其劳动课程层次分明、内容丰富。在德国，小学劳动教育的课程名称不一，一般叫“常识课”，除开设自然常识课，还在专门的功能室进行手工活动，手工活动有编制、纸艺、陶艺等。中学的劳动教育一般由“劳动学课”和“操作课”组成，操作课分为家政、办公技术和职业指导三大类。除此之外，德国的劳动教育还会安排学生去企业或工厂进行实习，增强劳动课程的实践性。

德国的劳动教育更倾向于生计教育，承担着对个体进行“社会－经济化”的重要功能。随着科技的发展，德国的劳动教育将多个学科的内容进行整合，其课程内容涉及科技、职业、家政、经济等多个方面，课程实施形式丰富，涵盖了多种校外实践形式。如德国柏林卡尔罗斯施密特高的“施密特数字制造者”车间、卡尔罗斯环保纸制品商店以及柏林的生产者学校等劳动教育基地，旨在为学生在校内外提供便捷的劳动教育。通过全面塑造学生的劳动能力、劳动意识和劳动态度，不仅可以帮助学生认识劳动世界，还培养学生的劳动技术能力，为职业选择奠定了基础，为将来的生存和发展打下良好的基础。

3. 日本：以健全、完善的立法体系著称

日本的国民教育体系一直紧随西方国家的脚步，但又不失本国特色。1947 年日本颁布的《教育基本法》中以法律形式规定了劳动教育的原则、目标、方法和内容。2006 年修订的《教育基本法》中提出了“关注职业和生活的关系，培养重视劳动的态度”。在此基础上，日本制定的《学习指导要领》要求各学校必须加入关于劳动教育的课程设置，形成学校的劳动教育政策，并要求学校为学生普及日本劳动基本权利、劳动基准法以及劳动雇佣条例等劳动政策。

日本教育主管部门规定各地区学校要根据学生的学龄规律因地因时灵活安排劳动项目，劳动教育内容涉及清洁美化环境卫生、社区志愿服务、家事、农技、工程技术劳动等多个方面。其组织形式偏向多元，有劳动知识理论课、劳动技能实操训练课、生产劳动兴趣小组等。同时，劳动教育内容要尽可能地联系学科教学，以此加深学生对于学科知识的理解。从 1978 年开始日本劳动教育课依托全面系统的理论课程和各类实践活动，建立了融合开放的青少年劳动教育体系。目前劳动教育和职业规划课程紧密联系在一起，成为“劳动观”和“职业观”培养的重要途径。

在日本，劳动教育教学生像成人一样自理和劳动。从幼儿园开始，孩子们就要学习自理，掌握基本的生活本领，同时培养孩子耐心、细心和爱劳动的习惯。如用针线缝制布袋、抹布、垫子；自己淋浴、擦身、换衣；自己完成校园环境的打扫任务、在学校养小动物、毕业时清洗课桌椅等。部分条件好的学校会规划一片小花园或小菜园，条件受限的学校会用花盆种植绿植，也有些学校会在政府规定的公园里、河堤边上做种植教育。

4. 芬兰：传统与现代的有机结合

芬兰有着令世界瞩目的先进教育体系，素有尊重劳动的传统，是世界上首个将劳动教育纳入中小学必修课程的国家。芬兰注重教育与生活、社会需要的结合，基础教育阶段尤其关注教育与生活的连接，其劳动教育相关课程主要有手工课、家政课和综合课程。

手工课是芬兰义务教育阶段的必修课程，有以针织、缝纫、布艺等为代表的“轻手工”课程，和以木工、金属、电子等机械设备为代表的“重手工”课程。根据学龄规律授课时间从四十分钟到两小时不等，在中小学阶段学生可以自由选择两类手工课的其中一门或两门。芬兰手工课不仅为了培养学生的动手能力，更注重培养学生的综合素质。在此过程中教师会指导学生如何将本国传统工艺与现代科技相结合，既发展学生的动手能力，又发展学生全局统筹和设计的能力；既让学生了解到不同材料、工具、设备的性质和特点，更让学生学会合理利用材料、安全利用工具，形成可持续发展的意识和理念。

芬兰的家政课是国家规定初中阶段的必修课程，每周至少一小时。家政课程主要包括健康饮食、家务料理、家庭消费三方面的内容，侧重学生生活能力的培养。该课程可以促进学生在日常生活的知识、能力、态度等方面的发展，让学生学会可持续性地生活，保证身心健康，更关注培养学生创造能力和可持续发展的决策与行动能力。在促进学生掌握家庭常用技能的基础上，培养学生的经济头脑、理性消费的理念和行为，让学生最终成长为有经济意识的消费者，积极参与家庭生活和社会生活的个体。

此外，芬兰劳动教育特别注重过程评价。教师会将学生的课堂表现计入电子档案，该档案将成为学生日后升学和就业的重要评价参考，而且芬兰特别重视传统手工技艺的传承，鼓励广大青少年利用科技手段设计、制作和记录传统手工艺品。

拓展阅读

劳动最光荣　创造最伟大

人类社会发展的进程表明，劳动是促进人全面发展的重要手段。正如《先驱》杂志所言，共产党的骨子是劳动者，劳动者是将来社会的主人翁，将来社会上的人都应当是劳动者。在不同历史时期，中国共产党带领人民群众开展了特色鲜明的劳动实践，培育出“崇尚劳动、热爱劳动、辛勤劳动、诚实劳动”的劳动精神。

“隔行如隔山，职业不分贵贱，不要瞧不起任何一项技能。”代表中国获得世界技能大赛珠宝加工项目铜牌的胡凡说，“有些企业不认同技能人才，要和本科生、硕博生一样，改变技能工人的社会地位，打通个人晋升通道，让社会公众看到学习技能的好处。”中国劳动关系学院劳动教育学院副院长曲霞认为：“要通过劳动教育让孩子知道劳动不会过时。不是说机器取代了人，人就不用劳动了。未来，人要在更高的层次上劳动，人需要在劳动中创造新的东西。”

2018 年 4 月 30 日，习近平总书记在给中国劳动关系学院劳模本科班学员的回信里，再次强调“劳动最光荣、劳动最崇高、劳动最伟大、劳动最美丽”。他指出，全社会都应该尊敬劳动模范，弘扬劳模精神，让诚实劳动、勤勉工作蔚然成风。

我们的根扎在劳动人民之中

劳动，是共产党人保持政治本色的重要途径，是共产党人保持政治肌体健康的重要手段，也是共产党人发扬优良作风、自觉抵御“四风”的重要保障。

早在建党初期，中国共产党就成立了中华全国总工会的前身——中国劳动组合书记部，通过了《八小时工作制》《罢工援助》和《全国总工会组织原则》等重要决议案和《第一次全国劳动大会宣言》。早期党组织还通过创办劳动补习学校、工人俱乐部、组织工会活动等，唤醒工农群众的阶级意识和政治觉悟。

抗日战争时期，在军事和经济的双重压力下，中共中央提出“自己动手”“丰衣足食”的号召，动员广大军民开展大生产运动。1941 年春，八路军第三五九旅开进南泥湾实行军垦屯田，成为全军大生产运动的一面旗帜，使昔日荒凉的南泥湾变成了“陕北的好江南”。

新中国成立后，广大青年劳动者投身社会主义建设事业，用双手创造伟大的“人间奇迹”。1954 年 1 月，北京建工胡耀林等 18 名团员青年，在北京展览馆工地举起全国第一面青年突击队旗帜。胡耀林青年突击队成立后，仅用 11 个月就完成了原定 478 个工日才能完成的施工任务，成为新中国建筑史上的一个奇迹。1962 年的塞罕坝，迎来了 127 名毕业生，这群大学生和其他工人一起，吃黑莜面、喝冰雪水、住马架子、睡地窨子，顶风冒雪、垦荒植树，在“祖国最需要的地方”绽放最美的青春。

改革开放以后，在新科技革命形势下，生产劳动的内涵从简单的体力劳动延伸扩展到脑力劳动。邓小平同志指出：“科学技术叫生产力，科技人员就是劳动者。”“汉字激光照排之父”王选、“摘取数学皇冠上明珠的人”陈景润等科技工作者成为人们争相追随的劳动榜样。

中国特色社会主义进入新时代，实现中华民族伟大复兴的中国梦，要靠各行各业人们的辛勤劳动。习近平总书记在知识分子、劳动模范、青年代表座谈会上勉励广大劳动者，党和国家事业空间很大，只要有志气、有闯劲，普通劳动者也可以在宽广舞台上展示自己的人生价值。

传承劳动精神，热爱是最好的老师

1995 年出生的胡凡，是一位珠宝加工界的高手。2017 年，在阿联酋阿布扎比举行的第 44 届世界技能大赛上，当时 22 岁的他作为中国首次参赛的珠宝加工项目代表获得了铜牌。

胡凡的家乡在湖南益阳，从小他就表现出较强的动手能力，曾把家里的电视机、收音机都拆开重装过。2014 年，他以美术特长生身份参加高考，却最终放弃了本科院校的录取机会，来到深圳技师学院学习珠宝加工。胡凡说，除了兴趣使然，从事汽车技术近 40 多年的父亲，也让胡凡在生活中耳濡目染，看到了掌握一门技能的好处。“一项拿得出手的技能也可以创造价值、改变人生。”

同样受家庭影响的，还有航空工业沈阳飞机工业（集团）有限公司标准件中心钳工方文墨，他的手工加工公差仅有 0.003mm，相当于头发丝的二十五分之一，被冠名“文墨精度”。他的家中，姥姥、姥爷和父母都是航空工业沈阳飞机工业（集团）有限公司的职工。“兴趣是最好的老师，我干这行受家庭影响很大，家里人对工人没那么多刻板印象。”方文墨说。

每项工作背后都有不为人知的故事。20岁摘得第45届世界技能大赛家具制作项目银牌的“小木匠”吴晋卿回忆道，“当时在制作木质别墅的企业上班，在户外组装房子时，路人会觉着年轻人怎么干这种风吹日晒的活。”

吴晋卿坦言，选择木工的想法很实际，“上个职业学校，两三年就可以出来挣钱。”不过，吴晋卿表示，技术工人的待遇虽然很高，像不少实木家具厂，年薪都在15万元左右，但从业者依旧是四五十岁的人居多，年轻劳动力短缺。“记得当年苏州组装木质别墅，就直接铺了一层板纸，买套被褥靠着墙睡在地上。”在吴晋卿看来，“父母们可能想让孩子坐办公室。”做木工活时要用到锯、锤、凿、铲、刨、钻、锉等工具，需要人反复练习，“一不小心就磨出血泡，我手上就有很厚的茧和一些伤疤，小伤在所难免。”

“木工要很严谨，是做减法，错了无法弥补，不可能从头再来。”吴晋卿提到，在参加世赛时，单一零件的尺寸精度为 ±0.5mm，两个及两个以上零件组合到一起的尺寸精度为 ±0.9mm。“特别是榫卯配合，要求表面光滑，没有毛刺、刀痕、破损，榫头（榫）能够匀速地装配进榫槽（卯），榫卯拆卸时，榫头拔出会发出像开红酒一样的声音。”

技术的升级迭代，正快速改变制造业的面貌。在珠宝加工行业，越来越需要懂数控、会编程的复合型人才。但胡凡不认为技术会颠覆业态，“智能设备是在行业基础上延伸发展，职业教育是最基础的，打好基础就业面才会宽一些”“珠宝消费者看重情感需求，纯手工打造不是机械可以替代的”。胡凡说，“珠宝加工设计要考虑立体效果、空间关系，还有客户需求、产品特色和工艺审美等。”此外，做鉴定营销，如果对戒指背后的工艺不甚了解、知识浅薄，那么就无法向客户介绍珠宝的特色和价值。

在吴晋卿看来，来自人社系统的政策支持比较重要，“优秀的年轻人进了企业，要保证有较好的薪资待遇，对技能工人的评价机制也要适时调整，让他们也能获得职称评定。”

“改善技能工人的生活条件，活跃年轻人的工作氛围，年轻人才会对企业有归属感。”吴晋卿说。

方文墨告诉中青报·中青网记者，“在人才储备这一块，职业教育要加强校企合作，引进有经验的师傅进行教学，职业教育不能太学术化，要离实践近一点。”

“能不能让越来越多更优秀的技能人才，像运动员那样免试进入知名高等学府学习，让他们有更好的平台去提升自己，这样的激励作用会非常大。”

开展劳动教育，哪些难点需要突破

近年来，一些青少年出现了不珍惜劳动成果、不想劳动、不会劳动的现象，劳动教育面临被淡化、弱化的危险。中国劳动关系学院劳动教育学院副院长曲霞认为，教育部对劳动教育的内容作了非常清晰的规定，“现阶段的劳动教育形式，首先是学校必须开设劳动教育必修课，比如中小学、职业院校和普通高校，对应有不同的必修课时要求和教学内容要求。”

“其次要广泛开展校内外劳动实践，比如社会实践、社会调查、社区服务等，高等学校也可安排劳动月，集中落实各学年劳动周要求。”曲霞表示，高校其实一直有各种劳动实践要求，当前最关键的就是要对这些劳动实践进行教育性转化。

“第三个就是校园文化建设，比如杰出校友报告会，校园风尚摄影、Vlog展览，让劳动模范进校园，都是很接地气的教育方式。”曲霞说，劳模向学生分享他们的工作经历，会让学生们觉着劳模并非不可接近，而且能感同身受地认可“劳动创造幸福”的价值观念。在曲霞的教育观察中，学校开展劳动教育，难点是如何协调多个部门的力量，解决劳动教育课程师资紧缺问题。在校园外，需要国家出台办法，逐步规范和学校接洽对接活动的社会实践机构或企业。

面对师资紧缺问题，曲霞建议，可以通过教育部或人社部等牵头，成立或认定一些机构专门培训师资，或出台规范的认证方案，由几家培训机构按照方案来培训教师，之后教师持证上岗。在课程建设上，也可以出台课程方案，指导教师备课教学。“劳动教育课程不仅是课堂教学，老师还得花大量精力指导学生实践，如果还是发论文、评职称这些考核评价的‘指挥棒’，势必会让老师陷入疲惫。”曲霞指出：“要建立健全劳动教育教师的评价与激励体系，畅通劳动课教师的职业发展通道，普通高校、职业院校，抑或中小学校等都要有所考虑。”

时代在变化，劳动教育课程也要立足时代需求、与时俱进。曲霞认为，随着产业升级迭代，出现了很多新的劳动样态，要让学生看到劳动的未来图景，让青少年了解他们感兴趣职业的演变过程。同时，要让劳动教育符合新时代青年的志趣。“不是教师觉着劳动教育是什么样的，而是让学生说出自己的想法，尊重他们的创意。”

在从事劳动教育的过程中，曲霞尤其感觉到，劳动光荣、创造伟大这句话必须落到实处。“教育是社会大系统中的子系统，劳动教育同样如此，如果社会不尊重劳动者，或者劳动者的社会地位和薪酬待遇不能得到保证，那么老师在课堂上讲得再多，也难以有说服力，学生会认为你说的是空话。”

在职业教育领域，劳动精神的传承同样不可忽略。湖南省教育科学研究院研究员欧阳河认为，“职业教育门类很广泛，劳动教育中常说的工匠精神，应该对应到不同行业门类中，在不同行业，工匠精神应具体地体现为职业精神。”

欧阳河说，要引导社会树立尊重技能人才的社会氛围，提高他们的待遇，让他们愿意从事这个职业、行业。学校教师则要起到表率作用，体现出精益求精的追求，“职业教育本身就是劳动教育，工匠精神要贯穿整个教学活动，不能割裂课堂和实践的关系，要在劳动过程中渗透这种精神，而不仅是在课堂上空洞地讲。”

职业教育通过培养大国工匠，欧阳河认为，还是要做到对职业教育与普通教育一视同仁、同等对待。“我们国家对职业教育重要性的认识是很顶尖的，但实际投入上依然要加强，在办学经费上，职业院校和普通高等学校仍有不小的差距。”

（来源：《中国青年报》2021年09月23日03版　中青报·中青网记者　白毅鹏。）

第三节 劳动教育的培养

一、劳动教育的目标

劳动教育是中国特色社会主义教育制度的重要内容，它直接决定着社会主义建设者和接班人的劳动精神面貌、劳动价值取向和劳动技能水平。劳动教育以习近平新时代中国特色社会主义思想为指导，全面贯彻党的教育方针，落实全国教育大会精神，坚持立德树人，坚持培育和践行社会主义核心价值观，把劳动教育纳入人才培养全过程，贯通大中小学各学段，贯穿家庭、学校、社会各方面，与德育、智育、体育、美育相融合，紧密结合经济社会发展变化和学生生活实际，积极探索具有中国特色的劳动教育模式，创新体制机制，注重教育实效，实现知行合一，促进学生形成正确的世界观、人生观、价值观。

（一）培养学生的劳动品德

随着经济的发展、社会的进步，现在的学生不需要再经历“苦”和“穷”的煎熬，他们大多数在物质丰富、信息发达的环境中长大，他们在全家老少的宠爱甚至溺爱中长大，有的学生出现不重视劳动成果、不想劳动等不良现象。因此，对学生进行劳动教育是非常重要和必要的。在全国教育大会上，习近平总书记强调“培养德、智、体、美、劳全面发展的社会主义建设者和接班人”。劳动教育已被确立为教育全面发展的重要组成部分。

通过劳动教育可以培养学生辛勤劳动、诚实劳动、创造性劳动的优良劳动品德。毛泽东同志指出：“社会主义制度的建立给我们开辟了一条到达理想境界的道路，而理想境界的实现还要靠我们的辛勤劳动。”中国民族有勤于劳动、善于创造的传统，不同时代都涌现出了大量的劳动模范，比如“宁愿一身脏，换来万家净”的时传祥、“拼命也要拿下大油田”的王进喜……他们用辛勤的劳动给人们带来激励，引领社会大众投身社会主义建设。劳动要诚实，不偷奸耍滑，不投机取巧，尊重劳动纪律、诚实劳动是优秀的劳动品德。习近平总书记在全国劳动模范代表座谈中发表重要讲话：“人世间的美好梦想，只有通过诚实劳动实现；发展中的各种难题，只有通过诚实劳动才能破解；生命中的一切辉煌，只有通过诚实劳动才能铸就。”诚实劳动彰显劳动价值。大中小学开展多种形式的劳动教育，能够形成倡导辛勤劳动的氛围，克制好逸恶劳的惰性，养成辛勤劳动的品德；劳动教育能够引导学生明白只有通过诚实劳动才能换取价值，学生学习掌握科技知识，要靠认真努力地学习来获得科学文化知识，要靠诚信考试来证明自己的知识掌握情况，将来走入社会更多地从事脑力劳动，无论是做学术科研还是管理项目团队，只有诚实劳动，才能带来真正的成就、周围的认可、事业的成功。劳动教育能够引导学生努力学习，掌握更多的科学文化知识，开展创造性劳动，解决工作和生活中的技术难题，做出创新性的劳动贡献。一些学校在劳动教育环节中，将劳动课与科技课、手工课和发明兴趣小组结合更容易培养学生创造性劳动的品德。以“杂交水稻之父”袁隆平、数学家陈景润、“天眼之父”南仁东等为代表的知识分子劳模激励人们不断开展创造性劳动。

（二）引导学生养成正确的劳动价值观

价值观是人们关于什么是价值、怎样评判价值、如何创造价值等问题的根本观点，是基于人的一定思维感官所做出的认知、理解、判断或抉择，也就是人认识事物、辨别是非的一种思维或价值取向。劳动价值观是人们对劳动的根本看法和态度，是人生观、价值观、世界观的重要组成部分。让学生形成正确的劳动价值观是劳动教育的核心目标。劳动教育的目的就是让学生了解劳动在人类日常生活中的重要作用，让“劳动最光荣、劳动最崇高、劳动最伟大、劳动最美丽”的观念深入人心。

劳动教育让学生懂得，劳动最光荣。是劳动推动历史前进、拉动社会发展、实现时代进步。习近平总书记多次强调“劳动没有高低贵贱之分，任何一份职业都很光荣”“努力让劳动者实现体面劳动、全面发展”“让劳动光荣、创造伟大成为铿锵的时代强音”。

劳动教育让学生懂得，劳动最崇高。劳动不仅生产人们生活所必需的产品，而且使人与人之间建立起社会关系。劳动不仅创造了人本身，而且创造了幸福生活。蔡元培提出“劳工神圣”开启了中国社会现代“劳动”观念的觉醒，人们对劳动有了新的认同，对劳工、劳动地位的推崇促使人与人之间实现了现实的平等。高尔基指出“只有人的劳动是神圣的”。

劳动教育让学生懂得，劳动最伟大。劳动不仅创造了世界，而且“劳动创造了人本身”，劳动培养造就人才，劳动是财富的源泉，也是幸福生活的源泉，劳动使得人类得以生存和繁衍，劳动使人神圣，劳动最崇高，劳动平凡又伟大。

劳动教育让学生懂得，劳动最美丽。世界上最美好的东西都是劳动创造的，劳动是幸福的源泉，劳动者在创造美好事物的同时，其自身也被美所塑造，劳动美的外延合乎逻辑地从劳动产品之美向劳动者内在之美延伸。“民生在勤，勤则不匮。”人世间一切美好生活、美好事物都是由劳动创造的，没有不劳而获的果实，没有坐享而成的幸福。劳动教育让学生懂得劳动最美丽、劳动者最美丽、奋斗者最美丽的价值观理念。我们国家领导人为外卖小哥点赞、各级劳动模范表彰大会以及对劳动者的宣传都是时代对劳动和奋斗的崇尚。

（三）引导和培养学生端正劳动态度、养成劳动习惯

“尊重劳动”是对待劳动的基本态度，包含对劳动者的尊重、对劳动资料的节俭、对劳动过程的体贴、对劳动成果的爱惜等。李大钊说过，“我觉得人生求乐的方法，最好莫过于尊重劳动。一切乐境，都可由劳动得来，一切苦境，都可由劳动解脱。”无论是体力劳动还是脑力劳动，都值得尊重。作为人类文明进步的阶梯，一切创造，无论是个人创造还是集体创造，都值得鼓励。热爱劳动是对劳动的情感，是中华民族的传统美德。通过劳动教育的多种方式，例如“名人与劳动”演讲比赛，讲讲朱德的扁担、邓小平做钳工，学习“自己动手、丰衣足食”的延安精神，学习“爱岗敬业、争创一流”的劳模和工匠精神，引导和教育学生养成尊重劳动、热爱劳动、珍惜劳动的正确劳动态度。教育学生养成良好的劳动习惯，从身边做起，从小事做起，让学生从小就明白自己的事情自己做，亲身参与家务劳动，亲身参与社会劳动，只有亲自体验了劳动的苦和累，才能更加珍惜劳动成果。旧中国，十年九旱，人们长期为吃饭问题困扰，如今，人们温饱完全解决，甚至有很多过度消费、铺张浪费的行为，令人担忧。“历览前贤国与家，成由勤俭破由奢。”“一粥一饭，当思来处不易；半丝半缕，恒念物力维艰。”劳动教育让学生感受到参加劳动是学习需要、生活需要，并在劳动中获得成就感、幸福感，帮助学生养成劳动习惯。让学生从小养成热爱劳动、热爱创造的习惯，这将对学生一生有益。

（四）帮助学生提高劳动技能

劳动教育要帮助学生培养和提升劳动技能，引导学生既能从事体力劳动又能从事脑力劳动，既能进行简单劳动又能进行复杂劳动，既能做重复性的劳动又能做创造性的劳动，加强理论与实践的结合，知行合一，提高社会适应性，使自身高质量发展，做社会主义建设事业的时代新人。中小学时掌握基本劳动能力，大学时应掌握专业劳动能力和创造性劳动能力。高等学校劳动教育通过围绕创新创业比赛实践、结合学科和专业开展实习实训、专业服务、社会实践、勤工俭学等，帮助学生提升专业知识技能，培育精益求精的工匠精神，成为高素质的技术人才；同时引导学生重视新知识、新技术、新应用，创造性地解决实际问题，不断培养创造性劳动能力，提升社会综合实践能力，成为高素质创新型人才，促进“中国制造”向“中国智造”转变。

（五）帮助学生开启职业启蒙

开展职业启蒙教育，对改变人们的职业认知，培养孩子的职业兴趣，促进其进行职业选择具有重要的作用。职业启蒙教育不是对学生进行过早分流，也不是刻意培养学生某方面的职业技能，而是通过初步的职业体验让学生了解这个世界上存在哪些职业以及这些职业的相关要求是什么，并让学生随着年龄的增长，逐步发现和培养自己的职业兴趣，为未来的专业或职业选择奠定基础。职业启蒙教育可以促进学生平等对待每一种职业，树立正确的职业观念，在今后的学习生活中不断评估自身能力与职业要求的契合度，从而选择适合自身兴趣与能力的教育类型、专业方向和发展路径。高校通过专业实习、实习实训、社会实践、助理助管助教等劳动教育方式可以帮助学生树立正确的职业观，培养职业认知，引发职业兴趣，做好职业选择。

二、劳动教育的内容

2018 年 9 月 10 日，习近平总书记在全国教育大会上号召：“要在学生中弘扬劳动精神，教育引导学生崇尚劳动、尊重劳动，懂得劳动最光荣、劳动最崇高、劳动最伟大、劳动最美丽的道理，长大后能够辛勤劳动、诚实劳动、创造性劳动。”劳动教育成为教育工作者特别关注的内容。

劳动教育是马克思主义劳动教育观的重要组成部分，马克思主义强调劳动在人类社会发展中的基础性作用。“整个所谓世界历史不外是人通过人的劳动而诞生的过程。”人类社会的发展史是通过劳动改造自然、改造人的自然存在的历史，劳动作为最基本的实践活动，是人的本质力量的显现。马克思主义高度重视劳动在人的全面发展中的重要作用，认为未来社会是“以人的全面、自由发展为基本原则的社会形态”，劳动是“自由、自觉的生命活动”，是人们对美好生活的第一需求。

（一）劳动教育内容的分类

劳动教育包括生活劳动教育、生产劳动教育和服务性劳动教育，是素质教育的一个重要组成部分，与生活息息相关。

1. 生活劳动教育

劳动教育来源于生活，取之于生活，与生活融为一体，息息相关。劳动在人类的生存发展中具有基础性、根本性的作用与价值。人作为一种现实的、肉体的自然存在物，必须通过劳动来满足自身的生存需要。正如马克思所说，劳动是整个人类生活的第一个基本条件，以至我们在某种意义上不得不说劳动创造了人本身。劳动在人类社会发展和教育活动中具有重要的作用。苏联教育家苏霍姆林斯基认为，“劳动教育是对年轻一代参加社会生产的实际训练，同时也是德育、智育和美育的重要因素。”这同样表达了劳动教育在学生的物质生活与精神生活中的重要作用。劳动教育的首要特征就是本质自然性，这就从根源上决定了劳动教育在人的全面发展过程中的重要价值，同时证明了劳动教育作为学科结构的有机组成部分，对新时代全面育人体系的建构是必不可少的。自然经济时期的劳动性质是维持人的物质生存需要的必要劳动，生产能力和成果能否满足生存需要是生活的主要矛盾，不同的劳动方式造就不同的生活，生活劳动教育可分为劳动习惯教育、劳动技能教育和劳动精神教育。

培养学生劳动意识和习惯，有利于践行社会主义核心价值观和开展公民道德建设。立德树人是教育之本，是教育的核心。以学校劳动教育为例，最现实的是要与美丽校园建设结合起来，我们固然不能把美丽校园建设完全交给学生去做，但学生不应该是旁观者和单纯的享受者，建设美丽校园学生不应该缺席。至少，每一间教室的窗明几净、地面清洁，离不开同学们的维护付出。让劳动成为习惯，人人文明，校园和谐，学生只有自觉维护校内外环境，参与劳动，体会到劳动的艰辛，才会感恩父母的付出，倍加珍惜自己和他人的劳动成果，从中感悟到“我为人人，人人为我”这句话的真谛。这样也能够促进学生培养爱岗敬业、吃苦耐劳和团队合作的精神，养成耐心细致的工作作风，为将来走向社会奠定基础。

劳动技能教育的目的不仅使学生初步掌握基本的劳动技术知识和技能，同时培养学生养成关于劳动的正确思想，形成良好的劳动习惯的。1981 年 4 月，中华人民共和国教育部颁发的关于《全日制六年制重点中学教学计划（试行草案）》的说明指出：“中学阶段开设劳动技术课，进行劳动技术教育，使学生既能动脑，又能动手，手脑并用，全面发展。”劳动技术教育是把劳动教育与工农业生产、社会服务性劳动的技术教育结合起来，既有利于促进学生德智体等方面的全面发展，也为他们将来的就业准备一定的条件。

伟大的时代需要伟大的精神，伟大的精神来自伟大的人民。中华民族历来就有勤劳勇敢、自强不息的优良传统，辛勤劳动、诚实劳动、创造性劳动的理念和劳动最光荣、劳动最崇高、劳动最伟大、劳动最美丽的价值观。中华人民共和国历史上涌现出了一大批热爱劳动的先进典型，像不怕苦不怕累、艰苦奋斗的铁人王进喜；“高标准、严要求、行动快、工作实、抢困难、送方便”的纺织工人赵梦桃；带领团队埋头苦干二十余载，建成五百米孔径射电望远镜（FAST）的中国天眼之父南仁东；把高铁干成中国名牌的于延尊等。在他们身上、在长期的劳动实践中沉淀的精神，是社会发展的动力源泉。

生活劳动教育以陶行知先生为代表。在中国现代教育中，陶行知先生是最早提出教育与劳动生活相结合的人，他认为的生活教育理论的核心内容为“生活即教育，社会即学校，教学做合一”。通过陶行知先生的观点我们可以知道，“做”是连接生活和劳动的桥梁，是“劳力”与“劳心”的结合，动手与用脑相结合形成了生活劳动教育。关于陶行知生活教育理论，我们可以看到劳动教育思想在某种程度上是其生活教育理论的基石与核心。现代教育目标的五大方面之一的劳动教育是人的全面发展的必然要求。深入分析陶行知的劳动教育思想，挖掘其内涵与特点，有助于我们加深对其生活教育理论的理解。

陶行知先生提出的观点主要在以下几点：手脑并用、在劳力上劳心、用心以制力以及“行－知－行”。其中手脑并用是具体目标之一，在劳力上劳心是理论基础。陶行知曾说：“劳动教育的目的，在谋手脑相长，以增进自立之能力，获得事物之真知及了解劳动者之甘苦。”要想达到这样一种目的，则“非师生共同用手做事不可”“中国教育革命的对策是使手脑联盟，结果是手与脑的力量都可以大到不可思议”。

在传统的教育下，中国的教育方式是教育与生产劳动、社会活动相脱节，“教用脑的人不用手，不教用手的人用脑，所以一无所能。”将中国的教育导向了歧路。当时的中国分为了两个极端，一个极端是“劳心者”，而另外一个极端就是“劳力者”，顾名思义就是只用脑和只用体力。这种传统的教育方式已经严重威胁到国家的危亡，而要挽救危亡，必须做到教劳心者劳力，教读书的人做工，教劳力者劳心，教做工的人读书。

“行是知之始”，行才是知识的来源，也是创造的基础。“行动是老子，知识是儿子，创造是孙子。”行动是一切的基础，只有通过行动才能实践，我们在实践中得到知识，学到技能，再去创造。陶行知对教育作出如此定义：“教育是什么？教育是教人发明工具、制造工具、运用工具。生活教育教人发明生活工具，制造生活工具，运用生活工具。”这不仅阐明了陶行知生活教育的内涵，也道出了陶行知劳动教育所遵循的逻辑“行－知－行”。

2. 生产劳动教育

教育与生产劳动的结合是指教育过程与生产工作过程之间不可分割的关系和有机结合，生产劳动是人与自然的交换过程，这种交流是有效的，不受社会存在形式的影响。只有这样，才能有效地促进人的全面发展。科学意识教育、科学知识教育和科学精神教育都是生产劳动教育。关于劳动教育的内涵或定义，马克思曾指出：“教育同生产劳动相结合是提高社会生产的一种方法，教育同生产劳动相结合是改造现代社会的最强有力的手段，是造就全面发展的人的唯一方法。”《中国百科大辞典》中记载：“劳动技术教育是全面发展教育的重要组成部分之一，由劳动教育和技术教育两方面组成，劳动教育是以劳动实践为主，结合进行思想教育。”由此可见，对于教育起源和教育实践，劳动是很重要的。

马克思虽然没有对生产劳动教育作出准确的定义，但他多次提出“教育与生产劳动相结合”的思想，并对劳动教育的内涵进行了阐释。马克思在《资本论》中说：“毫无疑问，工人阶级在不可避免地夺取政权之后，将使理论的和实践的工艺教育在工人学校中占据应有的位置。”马克思在此基础上提出了综合技术教育思想，这对教育与生产劳动相结合具有重要意义。习近平在纪念马克思 200 周年诞辰大会上的重要讲话中指出：“实践的观点、生活的观点是马克思主义认识论的基本观点，实践性是马克思主义理论区别于其他理论的显著特征。”实践的地位是马克思主义哲学的根本地位，实践是推动人类历史发展的主力军，因此，所有的社会生活实际上都是实践。哲学家用不同的方式解释世界，这一切在于改变世界。

毛泽东指出：“苏维埃文化教育的总方针在什么地方呢？在于以共产主义的精神来教育广大的劳苦民众，在于使文化教育为革命战争与阶级斗争服务，在于使教育与劳动联系起来，在于使广大中国民众都成为享受文明幸福的人。”他还说：“我们的教育方针，应该使受教育者在德育、智育、体育几方面都得到发展，成为有社会主义觉悟的有文化的劳动者。”1954 年后，党中央又多次强调教育必须与生产劳动结合的要求，提出要在学校开设生产劳动课程等主张并实施。

改革开放以来，历任党和国家领导人都强调了劳动在人才培养中的重要性。邓小平同志认为：“现代经济和技术的迅速发展，要求教育质量和教育效率的迅速提高，要求我们在教育与生产劳动结合的内容上、方法上不断有新的发展，更重要的是整个教育事业必须同国民经济发展的要求相适应。”2006 年，胡锦涛同志指出：“全面实施素质教育，核心是要解决好培养什么人、怎样培养人的重大问题，这应该成为教育工作的主题。”党的十七大确定了培养德智体美全面发展的社会主义建设者和接班人的目标。党的十八大报告指出，要强调尊重劳动，营造劳动光荣、创造伟大的社会氛围。党的十八大以来，在充分继承马克思主义劳动观和中华优秀传统文化的基础上，习近平总书记在不同场合，围绕中国梦、劳动、劳动者、劳模精神等内容，对劳动作出重要论述。在党的十九大报告中，习近平总书记指出，要“建设知识型、技能型、创新型劳动者大军，弘扬劳模精神和工匠精神，营造劳动光荣的社会风尚和精益求精的敬业风气”，从而把劳动上升到了工匠精神的更高层面，而这种精神的实质就是职业道德、能力技术和品质素养的全面体现。

教育与生产劳动相结合是现代大生产对教育提出的必然要求，教育与生产劳动相结合是新时代立德树人的有效载体。现代大生产的特征是生产越来越成为知识密集型、科学密集型生产，因而要求劳动者必须掌握普遍的文化知识、系统的科学基础知识与综合技能知识。劳动者只有通过教育才能提高智力水平，特别是提升创新精神和创造能力，从而不断适应社会生产、产业升级的需要。新时代、新局面、新作为，习近平总书记指出：“伟大梦想不是等得来、喊得来的，而是拼出来、干出来的。我们现在所处的，是一个船到中流浪更急、人到半山路更陡的时候，是一个愈进愈难、愈进愈险而又不进则退、非进不可的时候。”

贯彻落实习近平总书记的重要教育思想，要借助社会力量，大力开展合作教育，循序渐进、因材施教，让“劳动最光荣、劳动最崇高、劳动最伟大、劳动最美丽”的观念深入人心，夯实并充分彰显劳动教育在培养德智体美劳全面发展的社会主义建设者和接班人中的基础作用。

3. 服务性劳动教育

黄炎培认为：“各级教育，应于训练上一律励行劳动化，使青年心理上确立尊重职业之基础，且使获得较正确之人生观。”实践出真知，劳动出才干。强化劳动教育，立德树人引领劳动教育和有关实践活动，不仅能使学生感受劳动的力量，也能实现人生理想。服务性劳动教育具有普通教育的特征、价值教育的属性，具有强烈的时代特征与社会属性，是开展素质教育的有效载体，也是学生参与服务性劳动成长成才、深化思想政治教育的需要。服务性劳动在人才培养中起着重要作用，通过公益课程，学生在劳动过程中体验到协作的乐趣，了解社会，增长知识和技能，养成正确的社会认知和人生观。

服务性劳动教育包括校内公益活动、社会公益活动以及国家公益活动。校内公益活动比如校园卫生保洁和绿化、社团等培养学生提供服务，主动参与公共活动的习惯。社会公益活动比如学校定期组织的农业生产活动、工业体验等实践活动，利用劳动教育实践基地、综合实践基地和社会资源培养学生活动组织能力和奉献精神。国家公益活动比如鼓励和支持学生以不同形式参加救助受灾群众、救济贫困人士、残障人士等，支持学生“下基层、进农村”的锻炼，开展“支边教育”等教育扶贫活动。

除了在规定的课时中落实，更重要的是在日常生活中持续开展，整合家庭、学校、社会力量广泛开展。学校要引导家长在日常生活中不包办代替，鼓励孩子自己的事情自己做，做好生活自理的同时自觉承担家务劳动，主动为家人服务，参与家庭事务管理。当地共青团、妇联、社区等要为学校开展校外劳动实践搭建平台，利用好志愿中国、志愿汇等网络平台，为学生提供参与公益活动、志愿服务的机会，引导学生坚持开展服务性劳动，在为他人、为社会奉献中不断完善自己。政府部门要调动各类企事业单位开放劳动实践场所，并为学生开展劳动提供必要指导，让学生能在实际岗位劳动中了解真实的职业劳动，体会各种工作的快乐和辛苦，促使学生在真实的生活中培育新时代的世界观和价值观，自觉加入建设新时代现代化强国的热潮中。

（二）新时代劳动教育的内容

新时代劳动教育立足于人的整体性，融合多学科知识，对人、社会和自然进行整合，将理论知识有机融入现实社会，对学生健全人格发展起着重要作用。学生在系统的文化知识学习之外，有目的、有计划地参加劳动实践，出力流汗，实现知行合一，获得身心全面发展。新时代劳动教育要加强纵向衔接，大中小学一体化系统设计；促进横向贯通，独立设课与学科渗透教学有机结合；拓宽实施渠道，强化家庭、学校、社会综合实施；深化产教融合，创新劳动教育模式；依据各地实际，因地制宜常态实施。

基础教育（这里指中小学教育）阶段的劳动教育具有教育作用的基础性、教育内容的进阶性、劳动资源的融通性等特点。中小学生具有好动好问的本能，乐于体验和探索，热爱劳动、喜欢劳动。通过加强劳动教育，可以帮助学生德智体美劳全面发展，为绘就美好人生打下坚实基础。

中小学生正处于“拔节”“孕穗”期，是学生成长中未成熟的主体。由于年龄的特征，劳动教育内容的设置应具有科学性和进阶性。小学低年级以劳动意识启蒙为主，强调学生对自己的日常生活进行自理；小学中高年级重在培养学生的劳动习惯，教导学生为家长分担力所能及的家务，并适当参加一些校内外的公益劳动等；中学阶段要注重增加劳动知识、技能的要素，逐步加大劳动中的技术含量，养成认真负责、吃苦耐劳的劳动品质和职业意识。从小学到中学，劳动教育内容强调从简单到复杂、由个体到群体、由易到难的层次性。自己的事情自己做，别人的事情帮助做，集体的事情主动做，艰难的事情尽力做，一定程度上体现了基础教育阶段劳动教育的进阶性。

高等教育是面向职场的教育，职业属性很强。因此，作为教育体系中的重要内容，高校的劳动教育不仅要培养学生的劳动观念、劳动技能，还需要以学生的职业发展为导向，积极搭建劳动实践平台，培育学生走向职场的职业精神，尤其是新时代劳动者应当具备的创新精神、奋斗精神、实干精神、担当精神。强化创新创业实践，激发创新精神。要主动创造条件让学生参与创新创业实践的全过程，从产品开发、项目验证、市场推广到公司创建、创新创业成果落地，学生通过全流程的身心参与、手脑并用，唤醒内心深处的创新意识，激发创造潜能，提升创新能力，为今后的职业发展奠定基础。要注重创设艰苦劳动场景，让学生以体力劳动为主、手脑并用，实实在在地干活，实实在在地出力流汗，在劳动实践中培育攻坚克难、锐意进取的奋斗精神；提升实习实训成效，锤炼实干精神；拓展志愿服务项目，砥砺担当精神。树立正确择业观，主动到艰苦地区和行业工作，把自己奉献给国家最需要的地方。端正工作态度，踏实敬业、认真负责，在行动中体现自身的价值。

作为中国特色社会主义教育系统的重要组成部分，新时代劳动教育从目标定位、内容体系、实施方法、保障机制等方面进行了系统的建构，形成了一个全员、全方位、全过程育人的劳动教育新格局。新时代劳动教育的价值是培养有崇高理想的时代新人，加强对劳动精神、劳模精神、工匠精神的培养教育，使学生树立正确的劳动价值观。充分发挥其价值导向和综合育人功能，努力使学生在劳动实践中树立劳动意识，培养劳动情怀，养成热爱劳动、崇尚劳动、尊重普通劳动者的习惯，在劳动体验中涵养德行、升华人格。理解新时代、适应新时代，才能引领新时代。站在新的历史方位，精准把握新时代劳动教育的内涵、特征和价值，增强劳动教育的实效性，促进学生在热爱劳动的氛围中成长，使其成为新时代的佼佼者。

三、劳动教育的形式

劳动创造人，劳动创造美好生活。2020 年颁布的《中共中央国务院关于全面加强新时代大中小学劳动教育的意见》（以下简称《意见》）指出："劳动教育是中国特色社会主义教育制度的重要内容，直接决定社会主义建设者和接班人的劳动精神面貌、劳动价值取向和劳动技能水平。""加强政府统筹，拓宽劳动教育途径，整合家庭、学校、社会各方面力量。家庭劳动教育要日常化，学校劳动教育要规范化，社会劳动教育要多样化，形成协同育人格局。"综合而言，开展劳动教育应以家庭劳动教育、学校劳动教育以及社会劳动教育等为主要形式。

（一）家庭劳动教育

《意见》指出："家庭要发挥在劳动教育中的基础作用。注重抓住衣食住行等日常生活中的劳动实践机会，鼓励孩子自觉参与、自己动手，随时随地、坚持不懈地进行劳动，掌握洗衣做饭等必要的家务劳动技能，每年有针对性地学会一到两项生活技能。家庭要树立崇尚劳动的良好家风，家长要通过日常生活的言传身教、潜移默化，让孩子养成从小爱劳动的好习惯。"但是，在当今社会下，很多孩子从小生长在温室下，在父母的疼爱中成长，更有甚者是在溺爱中成长，我们无法去过多批判，这个时代造就了这样的家庭环境，但是我们却要引以为戒。树苗需要风吹雨打才能茁壮成长，孩子也亦然。我们培养的不是衣来伸手、饭来张口的人，不是经受不住任何打击、怨天尤人的人，而是要让孩子们积极参与到家庭的建设当中，参与家务劳动等，不仅要改变观念认知，更要付诸在实践中，让孩子参与其中，让孩子明白，父母终究会老去，他们终究会长大成人，会走向社会，会面对风吹雨打和无数挫折，生活不是永远一蹴而就，也不是永远康庄大道。

一是家务劳动要有利于孩子身心健康。美国哈佛大学的学者们在进行了长达二十多年的跟踪研究后，得出一个惊人的结论：爱干家务的孩子与不爱干家务的孩子相比，失业率为 1∶15，犯罪率为 1∶10，离婚率与心理患病率也有显著差别。由此可见，参加家务劳动不仅仅是孩子为父母分忧的一种方式，更重要的是它关系到孩子今后的就业成才和生活幸福。因此，我们要创设良好的条件，让孩子热爱家庭劳动，促进自身身心健康发展。家长应该让孩子从整理衣物、扫地清洁等简单的家务劳动做起。

二是家务劳动不能被简单化。父母与孩子共同成长，是陪伴也是共同进步，在建设家庭的过程中，需要父母与孩子共同努力。孩子在初学阶段，父母在旁边指导，但有的家长把家务都推给孩子，自己则在一旁玩手机、看电视，这同样是不可取，这样无疑会让孩子觉得家务劳动是个负担，不能体验到劳动的快乐。所以在家务劳动中要争取放平父母和孩子的位置，要同等对待，在这样的劳动教育下才能培养孩子正确的价值观。

三是深度挖掘家务劳动的育人价值。家庭是孩子成长的港湾，是成长的基础环境，父母是孩子成长中最重要的人，而家务劳动具有重要的育人价值。孩子在劳动过程中收获的不仅是劳动知识和技能，更是良好的劳动习惯、良好的劳动精神。父母要带给孩子正确的观念，重视孩子的家务劳动，学习成绩固然重要，但劳动也是孩子成长过程中重要的一环。在孩子的成长过程中，要让孩子主动去劳动，主动去规划劳动，掌握劳动技巧，学习如何与他人相处和合作，享受在劳动中的快乐，增强孩子独立的意识，培养孩子的能力。适当的家务劳动会培养孩子的自主意识，在未来的生活和工作中更加自信自强，具有合作探究的精神，不管未来生活中是否有狂风暴雨都能积极地面对。

家庭劳动教育要体现在日常生活中，在生活中体验劳动实践，孩子在持续的家庭劳动中思想会得到升华，养成良好的习惯，培养高尚的劳动精神。家长要尽可能开拓思维、创新方式、创造条件，给孩子营造一个良好的家庭劳动教育环境与氛围，让孩子能够自主地参与到劳动当中，在劳动中感受快乐和幸福。帮助孩子树立正确的价值观，在未来的生活中使孩子更加自信地接受学校与社会带来的无限挑战，给孩子提供无限的机遇和可能。

（二）学校劳动教育

一是构建学校劳动教育课程体系。《意见》指出："整体优化学校课程设置，将劳动教育纳入中小学国家课程方案和职业院校、普通高等学校人才培养方案，形成具有综合性、实践性、开放性、针对性的劳动教育课程体系。"高校要结合劳动教育理论性与实践性相统一的本质要求，积极构建具有综合性、实践性、开放性的劳动教育课程体系，要求学生既要重视劳动教育内容的学习，也要在自身劳动实践中不断提升对劳动价值的理解和认同。同时，积极开展课程思政建设，深入挖掘各类课程中蕴含的劳动教育元素，把劳动教育元素有机融入专业教育，打造显性劳动教育与隐性劳动教育课程协同育人模式。

二是创建崇尚劳动的校园文化环境。高校是育人的重要机构和场所，要成立劳动教育工作专门机构，广泛开展校园技能大赛、劳动文化节、劳动活动周等校园活动，建立科学化的劳动教育教学情境，推进学生的学习和参与度，引导学生培养自己的劳动实践技能、劳动习惯，以及尊重普通劳动者、珍惜劳动成果的意识；大力开展与劳动有关的兴趣小组、学生社团等活动，引导学生利用自己的专业特长和实践技能开展各类劳动实践活动。

三是明确学校劳动教育的任务安排。学校要针对不同的劳动项目，分门别类，明确具体的任务，这样有助于在教学过程中有目的进行教学。学校可以从多方面入手，比如在公益劳动、实践大赛、校园卫生清洁、文明宿舍创建等各方面给予学生明确的任务安排，让学生明确掌握自己应该做什么，怎样去做，需要达到的目标等，使学生的劳动过程更加充实，能够更加深刻了解劳动教育的意义。

四是注重学校劳动教育过程性评价。在实践中，静态、量化的评价是劳动教育的主要评价方式，但劳动过程是需要个体持续不断努力的实践过程，静态的、量化的评价往往不能反映劳动过程的全貌，而且也无法起到完整有效的激励作用。因此，加强过程性评价，将参与劳动教育课程学习和实践情况等均纳入学生综合素质档案，充分利用互联网信息技术手段，动态管理，不仅有利于发挥激励功能，还有利于引导学生对劳动过程开展积极的反思，从而更好地把握劳动技能，增进劳动情感。

（三）社会劳动教育

《意见》指出："社会要发挥在劳动教育中的支持作用。充分利用社会各方面资源，为劳动教育提供必要保障。"学校作为劳动教育实施的责任主体，要内外兼顾，在做好学校劳动教育的同时，也应关注社会劳动教育。社会是一个丰富的世界，它包罗了世间的千变万化，社会也是一个更加广阔的天地，学生不仅需要通过校内的资源环境进行学习，也要在校外这个多姿多彩的世界里体验和感悟，学生走进自然、走进社会，在自然和社会中感受实践带来的魅力。

一是去农村体验农业生产劳动。农村不同于城市，它有山川、溪流、田野，可以在硕果累累的秋日体验收获的喜悦；可以在万物复苏的春天里去播种、浇水、施肥；可以在漫天野花的夏日，吹着徐徐凉风，感受农村生产的魅力；也可以感受和调研新农村的振兴发展，为我国脱贫攻坚取得的伟大成绩赞叹，为那些奋战在脱贫攻坚一线的同志们所激励。农村的生产生活值得学生去学习、去体验、去感受，学生在参加农村生产劳动的过程中，感受到劳动的艰辛和不易，同时也可以学到很多基础知识和基本能力，激发学生们创造更好未来、为社会积极贡献的爱国情怀。

二是去工厂体验工业生产劳动。工业生产劳动过程是对农业生产劳动成果或自然资源的再加工、再生产、再制作的过程。例如，学生进入制面加工厂，可以看到制面的全部过程，包括原料从进厂到上流水线到压成面饼再进一步分割、除菌、装袋等一系列的过程。再比如进入服装厂，学生们可以感受到面料选择、设计、裁剪、缝制的整个过程。诸多生产环境可以让学生感受劳动人民的生活，了解处在不同行业的人的劳动状态，了解科学技术是第一生产力的深刻内涵，了解传统手工工人工作的不易，了解现代自动化企业的高科技，了解并尊重工人的劳动成果，亲身体验科学技术创新、劳模精神养成、工匠精神培养等。

三是去商业和服务业领域体验实习实践活动。商业和服务业在社会发展进程中极其重要。每个城市都有超市商场等，在商业实践中，学生可以通过进入商品零售市场，去学习商品零售过程中如何与人沟通交往，如何去推销产品，如何与客户进行后续沟通，以及如何留住客源、提高业绩等实际的问题。在服务业的实践中，酒店餐饮店等是一个很好的场所，可以参加酒店房间卫生清扫、菜品推介、点餐服务等工作。提前进入商业和服务领域开展与年龄相称的力所能及的劳动，对学生更直观地认识商品交易活动、人与人的交往交流活动都有积极的促进作用；同时，对于学生积极进行自我职业生涯规划、感知自我职业兴趣、发现自我职业发展潜能方面都有积极的意义，避免学生不了解某些劳动而产生歧视、逃避心态，甚至出现眼高手低的情况。

开展社会劳动教育须将社会劳动纳入学校整体教育工作计划，多样化、多类型地推进。例如，北京理工大学附属中学每年都会组织学生开展为期一周的学农活动，通过开设农业与生产、农业与生活、农业与创意、农业与文化等课程，让学生进一步认识和体验农业生产，培养学生的自立自理能力、动手能力，增强合作意识、集体观念及人际交往能力等。山东、江苏等地高校在校外建立劳动教育基地，定期带学生去接受劳动教育都是很好的例子。

拓展阅读

加强劳动教育　促进全面发展

习近平总书记在全国教育大会上发表了重要讲话，提出“培养德智体美劳全面发展的社会主义建设者和接班人”，并对我国教育方针作了全面阐述。

习近平总书记在教育方针中强调劳动教育，丰富了教育方针的内涵，“要在学生中弘扬劳动精神，教育引导学生崇尚劳动、尊重劳动，懂得劳动最光荣、劳动最崇高、劳动最伟大、劳动最美丽的道理，长大后能够辛勤劳动、诚实劳动、创造性劳动。”这对学生的全面发展具有重大意义。

劳动教育对一个人的发展极其重要，是一个人得以发展的基础。

首先，劳动能使儿童的肌体充满活力，改善肌体的各种生理素质，包括呼吸、血液循环、新陈代谢等机能，促进儿童的身体发育。

其次，劳动，不论是体力劳动还是脑力劳动，都要做出努力、耗费精力，要做出劳动成果，需要有顽强的意志和毅力，因而可以培养儿童的自信心、责任心、情感和意志等思想品质。从小培养儿童的自信、自强就要从劳动教育开始。过去许多家训里讲，黎明即起，洒扫庭院，就是培养儿童自己动手的习惯，养成我能做，我会做的自信心、自强心。

第三，认识劳动是产生财富的源泉，从而培养起尊重劳动、热爱劳动、尊重劳动人民的品质。劳动没有贵贱之分，只要是劳动，就能为社会增加财富，就是为社会服务。从而养成劳动光荣、不劳为耻的思想品德。

第四，劳动是创造的基础。孩子在劳动中既要动手，又要动脑，是一种创造性活动。2015年我们参观了芬兰教育，发现他们非常重视儿童的劳动教育，认为劳动是培养儿童创造能力的基础。一个孩子在木工车间一学期要做成一件产品，如小板凳、小书架，他要自己设计、自己制作，在老师的帮助下克服困难。这就培养了他的创造意识和精神。我们访问了一所教育学院，那里设有教育技术实验室，我们以为是先进的信息技术设备，看了才知道，原来都是木工、金工、缝纫、刺绣等手工车间。他们要求师范生都有这些劳动手艺，将来能够去教学生，在劳动教育中培养学生的创新思维和创造能力。

因此，劳动教育不仅能培养学生的生活技能，而且能促进人的体力发展和智力发展，培养学生的创新精神和实践能力，养成尊重劳动的思想品德。许多学校老师怕学生参加劳动而影响知识的学习，影响升学率。其实劳动不仅能提高学生的智力，而且把教育和劳动结合起来，体脑结合，能够提高学习的效力。

当今时代是创新的时代。创造新的知识、新的技术，不是凭空想出来的，而是在艰苦的劳动中创造出来的。这里说的劳动既包括脑力劳动，也包括体力劳动。所以，劳动创造财富，劳动创造新的思维，劳动也促进了人类进步。培养学生热爱劳动、尊重劳动、热爱劳动人民，树立劳动光荣而幸福的情感十分必要。

教育工作者要认真学习习总书记讲话，领会讲话的精神，并在学校中贯彻落实，加强劳动教育，帮助学生实现全面发展。

（来源：《人民日报》2018年10月18日17版　作者：顾明远，系中国教育学会名誉会长、北京师范大学资深教授。）

第二章
劳动教育理论

第一节　马克思主义劳动观

马克思主义劳动观的诞生，是人类劳动学说史上的一座里程碑。马克思认为："全部人的活动迄今为止全部都是劳动。"马克思主义劳动观第一次全面阐述了劳动在人类社会发展史上的决定性作用，由此揭示了人类社会发展的一般规律。

一、马克思主义劳动观概述

（一）劳动创造世界

物质是世界的本原，物质、精神、文化都是这个世界的组成部分，劳动是人类生存在这个世界的基本原则。马克思认为人和动物的区别在于人是有目的性、有意识地活动，这种活动具有创新性与能动性。构成人类赖以存在的现实世界的关键要素之一就是劳动，但这种劳动不是抽象的劳动，而是人们生活中的具体生产劳动。个人怎样表现自己的生活，他们自己就是怎样。因此，他们是什么样的，这同他们的生产是一致的。人在劳动过程中通过自己的认识与需要逐渐创造并改变世界，人们通过劳动在创造这个世界的同时也在为人类自己服务。人类劳动的过程就是实践，通过实践人们再去认识这个世界，不断地去创造世界。

人类在实践中认识到世界要远比自己认识的大得多。马克思认为世界就是劳动的结果，因为通过劳动，人和世界的关系渐渐发生改变，从有自在意义的自然界变为与人有关系的世界。

世界是怎样的也同样与人类如何通过劳动创造这个世界有关系，每个国家、民族的相互关联和一个民族的生产力息息相关。一个民族生产力的自我分工会形成商业与农业的不同，也同时会造成农村与城市的分离、地域利益的不对等。在分工的不同阶段形成了不同的所有制形式。第一个阶段为部落所有制。那时的人类依靠传统的捕鱼、狩猎、农耕生存，这个阶段分工不明确，社会结构只局限于家庭范围的扩张。第二个阶段为公社所有制与国家所有制。这样的所有制是几个部落通过占领形成一个城市，这个阶段分工比较发达。第三个阶段为封建的或等级的所有制。随着封建制度的发展，封建时代的所有制的主要形式，一方面是土地所有制和束缚于土地所有制的农奴劳动，另一方面是拥有少量资本并支配着帮工劳动的自身劳动。

（二）劳动创造历史

马克思认为，人类只有劳动才是构成人类历史的基础，才是解开人类发展历史的密钥。“历史破天荒第一次被置于它的真正基础上；一个很明显的而以前完全被人忽略的事实，即人们首要必须吃、喝、住、穿，就是说首先必须劳动，然后才能争取统治，从事政治、宗教和哲学等等——这一很明显的事实在历史上的应有之义此时终于获得了承认。”这表明只有劳动才是认识历史的正确途径，人们通过劳动来生产物质从而来维持人们每日的日常生活，是形成历史活动的一个基本必要条件。人类的历史包括物质的历史、财富的历史及精神的历史等，其实人本身也是一个历史，人类若不通过劳动创造历史，则一个国家将会灭亡。所以马克思认为，生产力是人类历史的最终决定力量。

从古至今，历史的形成都是从阶级的对立面和不断的斗争中产生的，同时统治阶级和被统治阶级一直都是对立存在的。人类的发展总是要通过不断的艰苦的劳动，原因在于在以前的很长时间内，生产力不是很发达，历史的进步的权利掌握在了少数有特权人的手里。广大人民群众要不断通过自己的劳动来改善自己的生活，同时还要为领导者生产生活资料。马克思把人类的历史变化分为三个过程，即前资本主义阶段、资本主义阶段和共产主义阶段。然而贯穿于三个阶段的则是生产力。在每一个历史时期形成的思想是由当时这一历史时期的经济与生活条件间接影响的。

在最原始的状态中，人类的生产力只在很小的范围内进行，当有独立性后形成了社会物质变换。当到了共产主义社会，人才摆脱了自然经济条件下对“人的依赖关系”，也摆脱了商品经济条件下对“物的依赖性”，实现了自由的发展。一切的社会历史问题应该从劳动中理解，历史是劳动的发展史，劳动是历史的基础，劳动的发展变化决定历史的发展变化，哪一种劳动实践是劳动实践的主要方式，哪一种劳动就是社会进步的决定性力量。

在历史的进程中，人的主要劳动成果都是生产物质资料，马克思区别对待劳动决定历史与经济决定历史，强调劳动对历史起决定性作用。劳动者是社会的主体，人民群众创造了历史，生产力是影响社会发展的决定力量，而人民群众则是生产力中最重要的决定因素，所以也是历史的主体。

（三）劳动创造人本身

有关于人的起源，从古至今说法不一，可以归为以“神”为起源的唯心主义论和以进化论为代表的唯物主义论。唯心主义认为人是从上帝或从有意识的超越性存在中出现，唯物主义认为人是从世界是已经存在的某种生物进化而来。赫胥黎通过对人、猿、大猩猩的身体解剖、生活行为特性、生理结构特征、性器官截图等，获取了人类与类人物种的相似，进一步确证了达尔文进化论。猿类从在攀援时手脚做着不同的活动，从攀援到直立姿势行走，迈出了从猿类过渡到人类决定意义的一步。

劳动不仅仅创造了世界和历史，也同时创造了人类自己。马克思指出，“劳动是整个人类生活的一个基本条件，而且达到这样的程度，以致我们在某种意义上不得不说：劳动创造了人本身。”人与劳动的关系中，没有劳动，人就不能产生和存在，当然也不会得到说明。劳动并不是人类独有的活动，是所有动物通过后天学习、积累经验所形成的结果。著名的“叠箱”实验验证了这个观点，当把香蕉挂在高处时，猩猩徒手够不到，但当猩猩将几个木箱叠放起来再去摘高处的香蕉时就轻而易举地取得了香蕉。这类的劳动是动物后天形成的，区别于人类有意识的劳动。

正是因为劳动，人逐渐学会直立行走。手部肌肉逐渐进化，手变得自由了，并且不断通过劳动产生新的技能，手部的进化对于机体部位也会产生直接的反作用，这表明手的形成也是劳动的成果。随着手的逐渐发展，人类对劳动的支配也在加强，在每一次接触新鲜的事物中，人类的眼界也在扩大。大量研究表明，动物的前肢较后肢相比较为发达，通常动物会利用前肢来进行劳动，例如猩猩会使用自己的前肢来获取食物。这使得猩猩由于劳动逐渐向人类转变，这期间只形成了“外形”意义上的人类，但还缺少语言与意识的存在。从另一方面来说，劳动使社会中的成员更加紧密联合起来，协作也共同加强，并且人类也同时意识到了协作劳动的好处。

在进化过程中，劳动产生了语言。不同动物、物种之间的交流都存在自己的独有方式。在自然进化过程中，动物听不懂人类说话或感觉不到人类说话被认为是一种缺陷。当动物通过人类的驯养后，动物自身的听觉会变得敏锐，容易学会任何一种语言。经过人类的驯养并通过大量的实验证明，动物的发音系统可以朝着某个声音方向发展。但人类在相互交流中需要精准的言语表达，只通过动物简单的喊叫已无法满足人类的进步，这使得人类使用自己的器官如手、舌头、喉咙来表达自己的想法，逐渐在进化中产生了语言。

劳动形成了人类自己的意识。当语言与劳动结合在一起，猿类的大脑也在默默地向人类的大脑演化。由于劳动过程中会接触到新的事物、新的世界，大脑也因此获得了更多的信息，在劳动实践过程中，由于外界不断刺激大脑，大脑也同时协调大脑最密切的工具发育起来。例如狗的嗅觉比人类敏锐，但是狗却不能识别被人类当作各种特定标志的不同气味的百分之一的气味。关于触觉，马克思认为，在猿类的最初阶段，通过劳动促使人的进化本身形成了。大脑和为它服务的器官使得人类有了意识，意识形成了抽象思维和推理能力，形成的能力反过来也会促进劳动的形成。

人类从猿到人的进化中是通过生物本身一些从简单至复杂动作来改变自己的。劳动是人与世界发展的源头，人若想活在这个世界，首先一个特点就是要劳动，只有劳动才能获得生命所需要的物质。人类最初劳动的意义在于对生存的需要，满足这个需要后逐渐上升至对自我精神的需要，劳动是伴随着人类社会的进步而发展起来的，并通过劳动来处理社会中各种复杂的人际关系，使得人类变为社会关系的加和。“劳动创造人本身”

是历史唯物主义的典型应用，对唯物主义和无神论具有奠基性意义。

二、马克思主义劳动观的时代弘扬

（一）示范与传承

1. 劳动模范是劳动精神的最高示范者、引领者

劳动模范是民族的精英、人民的楷模，是最美的劳动者。劳动模范身上呈现出的“爱岗敬业、克己奉公，艰苦奋斗、勇于创新，淡泊名利、甘于奉献”的劳模精神，是伟大时代精神的生动体现。新中国成立以来，广大劳动工作者用辛勤汗水和智慧为我国发展做出了巨大贡献。劳动模范和先进人物为坚持中国道路、弘扬中国精神、凝聚中国力量做出突出示范效应，他们以高度主人翁责任意识、卓绝的劳动创造、忘我的拼搏奉献精神，为全国各族人民树立了学习的榜样。劳动模范和先进人物所代表的劳动精神是推动时代前行的动力之源。

2. 工人阶级是劳动精神的主要承载者、实践者

工人阶级是我国的领导阶级，是坚持和发展中国特色社会主义的主力军，是中国精神的主要承载者，是坚持中国道路、弘扬中国精神、凝聚中国力量的主要实践者。新时代，他们同样是引领劳动光荣的社会风尚、精益求精的敬业风气的根本，要进一步增强工人阶级的自豪感与使命感，万众一心、众志成城，大力发扬爱岗敬业、拼搏奉献精神，大力弘扬劳模精神和工匠精神。

3. 青年学生是劳动精神的主要学习者、传承者

中华民族勤劳的基因代代相传，青年学生是祖国的未来、民族的希望，也是我们党的未来与希望。要从小培养他们的辛勤、诚实、创造性的劳动精神，要教育引导青年学生树立崇尚劳动、尊重劳动，懂得劳动最光荣、劳动最崇高、劳动最伟大、劳动最美丽的观念，长大后能够辛勤劳动、诚实劳动、创造性劳动，为实现中华民族伟大复兴的中国梦而不懈奋斗。

（二）发展与弘扬

实干兴邦，实干首先就要做到脚踏实地，必须牢固树立“劳动最光荣、劳动最崇高、劳动最伟大、劳动最美丽”的观念。一切劳动无论是体力劳动还是脑力劳动，都值得被尊重，任何时候要尊重劳动、尊重人才。

1. 劳动最光荣

人民是历史的创造者，是决定党和国家前途命运的根本力量。人民群众用劳动创造了人类历史，勤劳勇敢智慧的中国人民创造了灿烂的中华文明。新时代大学生树立起辛勤劳动、诚实劳动、创造性劳动的观念，当代大学生肩负着中华民族伟大复兴的伟大使命，应该引导大学生弘扬劳动精神、崇尚劳动、尊重劳动。劳动是人类的本质活动，劳动光荣、创造伟大是对人类文明进步规律的重要诠释。

随着经济的快速增长，有些大学生出现了不喜欢劳动，甚至鄙视体力劳动的现象，例如部分学生认为环卫工人比不上科技工作者，殊不知我们走在干净舒适的大街上，明亮整洁的商场里都是因为环卫人在默默付出，他们坚守岗位，是城市里的一道靓丽的风景线，他们用汗水擦亮整个城市。在当今社会，只有分工不同，没有高低贵贱之分，每个人都是平等的，劳动使我们人类生存有了最基本保障，有了劳动才有了我们美好的生活。

习近平总书记指出，树立正确的人生观，培育和践行社会主义核心价值观，着力提高人才培养质量，弘扬劳动最光荣、技能宝贵、创造伟大的时代风尚。

2. *劳动最崇高*

卡莱尔曾说："任何一项劳动都是崇高的，崇高的事业只有劳动。"没有劳动人民的辛勤劳动就不会有今天的经济与文化，也不会有今天社会主义建设的伟大成就。随着社会的进步，劳动的形式也随之变化，如从手工作业变为机械作业，从机械作业变为电气化作业。造福劳动者是社会主义社会的根本要求，劳动者既是财富的创造者也是劳动结果的享受者，劳动人民是这个国家的主人。我们要时刻把"坚持崇尚劳动、造福劳动者"作为社会主义奋斗的目标。

造福劳动者是中国优秀传统的时代弘扬。杂交水稻之父袁隆平被誉为新中国成立以来贡献最大的农学家，他八十几岁的高龄仍然奋斗在科研场上，为解决中国的吃饭问题做出了重大的贡献。袁隆平的杰出成就不仅属于中国，更为世界和平和社会进步树立了丰碑。袁隆平热爱祖国，造福人类的高尚品德是当代中国人学习的楷模，也是新世界呼唤的时代精神。

劳动是财富的源泉，也是幸福的源泉。劳动是中华民族的传统美德，劳动是中国共产党人的本色，劳动是消除卑劣和罪恶的消毒剂。当代大学生应该树立崇高理想、弘扬崇高精神、建设崇高国家，为实现崇高理想付出行动，以坚毅和崇高的精神来建设我们伟大的祖国。

3. *劳动最伟大*

越是伟大的事业，越需要人们付出辛勤的劳动。青年学生应该明确劳动的本质，应该以劳动创造人类文明、劳动推动社会发展为起点来达到人的全面发展的目标。

劳动改变命运，书写历史。新中国成立后人民当家做主，劳动者将命运掌握在自己的手里，中国共产党人带领我国劳动人民筚路蓝缕、风雨兼程地攻克一个又一个难关，不仅建立了社会主义制度，也开创了中国特色社会主义的伟大事业。回望历史，如果没有中国共产党带领中国人民站起来、富起来、强起来，就不会有中华民族的美好前景。劳动最伟大，艰苦奋斗再创业，必将夺取中国特色社会主义的伟大胜利。

劳动创造幸福，成就事业。巴尔扎克曾说："生活的花朵只有付出了劳动才会绽开。"劳动之花是靠我们自己双手打拼出来的，只有付出了劳动才会得到回报。劳动使人类生活变得充实，同时也获得了快乐，人生没有捷径可选，只能通过辛勤的劳动获得属于自己的幸福感、成就感和获得感。劳动创造了党和国家事业的幸福，中国共产党成立百年华诞，离不开我们共产党人坚守初心的默默坚持，离不开广大人民群众的努力拼搏，正是因为有了我们的劳动付出才会有今天的美好时代。

劳动开创未来，实现复兴。当代的中国，劳动精神不应该褪色，如何让“中国制造”变为“中国智造”是新时代青年学生应该思考的问题。要充分发挥工人阶级主力军作用，依靠诚实劳动开创未来。用充分相信劳动者是建设国家、实现中国梦的中坚力量，在中华民族伟大复兴的关键时刻，主人翁意识、劳模精神是实现中国梦的重要保障。

4. 劳动最美丽

“劳动最美丽”是马克思主义劳动美学理论中国化的最新成果。所谓“劳动最美丽”，在本质上是劳动者基于其劳动实践而实现的美的创造，并通过各种美的劳动形式，彰显劳动者的本质力量和劳动美的价值。

“劳动最美丽”可以用“劳动美”加以概括，可以理解为劳动主体在对象化的劳动实践活动中，通过改变、改造劳动客体而产生的满足主体需要的获得感，以及在这基础上因为劳动所获得的心里愉悦，被肯定的、普遍的社会意义。“劳动最美丽”的理念既是新时代重要的价值取向之一，也是对劳动者根本的价值要求，更是对全社会的价值要求，即尊重劳动。

“劳动最美丽”升华了劳动的价值与地位的认识，“劳动最美丽”的思想是和新时代中国特色社会主义“五大建设”及创新、协调、绿色、开放、共享发展理念相联系的，和实现伟大梦想必须进行伟大斗争、建设伟大工程、推进伟大事业相应。

拓展阅读

劳动是马克思“改变世界”的第一支点

“哲学家们只是用不同的方式解释世界，而问题在于改变世界。”纵观马克思的一生，他对“发掘和运用彻底的理论—说服人—掌握群众—改变世界”的践行，是从哲学、政治经济学和科学社会主义三个维度展开的，而劳动是其根基所在。在此意义上，劳动是马克思“改变世界”的第一支点。

劳动是马克思对传统哲学展开批判的立足点

马克思将以往的哲学划分为“旧唯物主义”和“唯心主义”两大阵营，并立足于“实践”展开批判。在马克思看来，实践是一种对象性的、现实的、感性的活动，是现实个体在现实世界中现实存在的根本方式。一方面，“人只有凭借现实的、感性的对象才能表现自己的生命”；另一方面，实践是人们根据自己的目的去认识世界、理解世界、解释世界、改变世界的现实的感性活动。但以往的哲学没有认识到人的实践活动的根本性意义，或从客体方面，或从主体方面去把握人与世界的关系，各执一端，片面阐释，造成对人的割裂。

旧唯物主义只是从客体或直观出发去理解世界，认为世界本身就是作为客体的存在形式，人们对世界的认识只是世界对人的映射，是人对世界的直观反映。“从前的一切旧唯物主义者”不但没有从主体能动性方面来把握人，更没有认识到人的主体能动性正是通过人的具体实践活动来践行的，在带有目的的具体劳动过程中，人本身与自然、社会、他人具体地、现实地、辩证地统一为一体。唯心主义遵循抽象的主体性原则，把世界看作是人的精神世界、概念世界、意识世界，认为人只有通过主观意识才能把握世界的精神实质。唯心主义者认为，抓住了精神本体，就掌握了整个世界；只有按照精神的意志，人的存在才是有意义的。但对于人这种自然存在物，脱离了人的现实和感性实践活动的精神，又怎么能够满足人的具体的生活需要呢？可见，唯心主义片面夸大意识能动性，却使这种能动性丧失了客观现实基础。

马克思从实践的观点出发对传统旧哲学进行批判，而马克思实践哲学的基石正是“劳动”。劳动作为一种有意识的生命活动，是人“维持肉体生存的需要的手段”的感性活动，是与动物本能且被动地适应自然活动的根本区别所在。劳动是实践活动的最基本表现形式，本身就包含在人的实践活动中，实践的其他形式均从劳动中产生出来。马克思通过实践来批判传统哲学，而要更为深入地把握实践，就必须深入到对劳动的理解中去。

劳动是理解和把握唯物史观的逻辑起点

马克思指出：“全部人类历史的第一个前提无疑是有生命的个人的存在。”“第一个前提”，一方面是说它是历史的前提，因为没有这些前提，就无所谓人类社会历史；另一方面，“有生命的个人”，不是“他们自己或别人想象中的那种个人”，不是单纯直观感觉到的个人，更不是抽象的、超越历史的个人，而是“从事活动的，进行物质生产的，因而是在一定的物质的、不受他们任意支配的界限、前提和条件下活动着的”“现实的历史的人”。从事物质生产实践活动的现实的个人，通过具体的劳动不断生成着自己，使自己成为自然的人、社会的人、历史的人、有意识的人。

人，首先是自然的人，现实的个人通过“劳动这种生命活动、这种生产生活本身”与自然“持续不断地交互作用”。其次，人是历史的人，“人们为了能够创造历史，必须能够生活。但是为了生活，首先就需要衣、食、住以及其他东西。因此第一个历史活动就是生产满足这些需要的资料，即生产物质生活本身”，人们通过现实具体的劳动生产物质生活，不断创造历史，使自身成为历史的人。第三，人是社会的人，“人的本质不是单个人所固有的抽象物，在其现实性上，它是一切社会关系的总和”，这个“社会关系”是指“许多个人的共同活动”，人们在共同实践劳动过程中生成“社会关系”、生成自身。第四，人是有意识的人，但这种意识不是纯粹游离于现实的存在，它从一开始就受到物质的“纠缠”，正是在人的现实具体的劳动过程中，人的意识得以展开并不断践行。

可见，作为全部历史第一前提的“现实的个人”，通过具体物质生产劳动创造历史，展现与自然、社会、他人以及自身之间多重关系的丰富内涵。可以说，现实的个人正是通过劳动不断地生成自身，劳动是真正理解和把握唯物史观的逻辑起点。

劳动是破解资本增殖秘密的钥匙

马克思认为，“一切劳动，……就相同的或抽象的人类劳动这个属性来说，它形成商品价值。

一切劳动，……就具体的有用的劳动这个属性来说，它生产使用价值”。也就是说，具体的劳动形成商品使用价值，抽象的劳动构成商品价值。“商品中包含的劳动的这种二重性……是理解政治经济学的枢纽。”马克思以唯物史观为武器，科学提出劳动二重性原理，并在此基础上创立了剩余价值学说，揭开资本增殖的秘密。

马克思指明资本运行的总公式是 G（货币）$-W$（商品）$-G'$（货币），其中 $G'=G+\Delta G$，ΔG 是原预付货币额的增殖额，即剩余价值。资本家购买劳动力的目的是发挥劳动力的使用价值，生产出新商品，但这个新商品不仅包括劳动力以及其他生产资料的原有价值，更包括由劳动带来的新价值，即劳动力的出卖者通过具体劳动为资本家生产出具有某种使用价值的商品，通过抽象劳动为资本家创造出大于劳动力自身价值的价值，即剩余价值。在劳动二重性理论基础上，马克思对价值增殖过程中起不同作用的资本进行划分，即作为“不变资本”的生产资料和作为“可变资本”的劳动力，并以剩余价值率直接呈现资本家对工人的剥削程度，从而形成完整、科学的剩余价值理论。

劳动二重性理论不仅贯穿《资本论》商品价值构成理论、资本有机构成理论、社会再生产中两大部类关系的理论等部分，也为解开资本主义社会其他经济现象之谜提供了钥匙。例如，在资本主义社会存在工资假象：“工人的工资表现为劳动的价格，表现为对一定量劳动支付的一定量货币”，资本家支付给工人的工资，就体现着工人劳动的价值，这是等价交换，并不存在剥削。马克思在劳动二重性基础上区分了劳动与劳动力，阐明工资不是劳动的价值或价格，而是劳动力的价值或价格的转化形式。因为，劳动不是商品；劳动不是独立存在的，不能被出卖；劳动是价值的实体和内在尺度，但是它本身没有价值。把劳动看作商品，不仅违背价值规律，也与资本主义生产资料私有制自相矛盾，从而揭示出资本主义的工资实质上就是对资本主义剥削关系的掩盖。

劳动是人实现全面自由发展的根本途径

在《政治经济学批判（1857—1858 年手稿）》中，马克思将人类社会发展划分为三个阶段，即人的依赖关系、以物的依赖性为基础的人的独立性、人的全面发展和自由个性阶段。在第一、第二阶段，人的劳动仅仅是人的谋生手段，是为获得物质利益以满足生存需要，人的劳动对象、劳动产品包括劳动本身都是异化于人的外在力量，人受到外在必然性的统治。对剩余价值秘密的揭露，已经科学地向世人证明资本主义的唯一目的就是实现资本的无限增殖，而增殖得以实现的唯一来源就在于剥削工人劳动创造的超过劳动力价值的价值。

马克思认为，共产主义“是以每一个个人的全面而自由的发展为基本原则的社会形式”“在那里，每个人的自由发展是一切人的自由发展的条件”。但这种自由绝不是抽象的、想象的、脱离于人的具体实践活动之外的概念式的“绝对自由”。“自由而全面的发展”存在于人的具体实践活动中，存在于人与自然、社会、他者以及自身的不断交换、沟通的现实中。共产主义对于现实存在的人来说，不是“应当”如何，而是实践，是现实的人为了实现自身全面而自由的发展，破除束缚人、剥削人、压迫人的一切思想上和现实中的障碍，从而不断改变世界，创造适合人类生存的具体实践。对于生活在资本主义生产关系中的具体的现实的无产阶级而言，要实现自身全面而自由的发展，必须通过自己的革命，砸碎锁链。而当人类进入共产主义社会，人的劳动成为人的第一需要，劳动不仅是人的自由全面发展的前提条件，也是根本途径。只有在自由劳动和劳动自由中，人才不再受到外在必然力量的控制，按照人本身的尺度去改变世界，驾驭并支配自己的劳动，从而在劳动中实现自身自由、自觉的全面发展。

（来源：《光明日报》2019 年 11 月 22 日 11 版　作者：贾丽民，系天津市中国特色社会主义理论体系研究中心天津师范大学基地研究员。）

第二节　习近平关于劳动教育的重要论述

在中国共产党第十九次全国代表大会上，习近平提出："中国特色社会主义进入了新时代。"这一重大判断的提出，是以马克思主义时代观为理论指导，是从中国共产党和我国事业发展的全局视野，代表着中国共产党从十八大甚至是改革开放四十年以来取得的历史性成就和历史性变革。这个新时代，是继往开来、承前启后、是在新的历史条件下继续夺取中国特色社会主义伟大胜利的时代。深刻理解这一重大判断的科学性，对精准把握当代中国的历史方位，以坚定自信的姿态开启新时代中国特色社会主义建设的伟大征程，具有重要意义。习近平新时代劳动观不仅承继了底蕴深厚的传统文化，而且融合了有序更迭的新时代以来的现实境况，还含纳了未来可期的美好展望，散发着独特的文化魅力、价值伟力和生命张力。习近平新时代劳动观蕴于其脑中所思、心中所想、实践所为，以系列讲话、重要报告、专题发言、会见交流为载体，经过多年的凝练、传播、实践、检验，已日臻丰赡，发展成内涵深邃、时代性强、覆盖面广的观念体系。

一、劳动创新

（一）创新劳动造福人民，造福社会

创造性劳动重在打破循规蹈矩、因循守旧、故步自封的落后状态，敢闯敢试、敢于突破、开拓创新。"中国制造、中国创造、中国建造共同发力，继续改变着中国的面貌。"从猿人举起第一块石器开始，直到今天科学技术所创造的奇迹，创造性劳动如影随形。习近平总书记指出，"人类是劳动创造的，社会是劳动创造的。"若不是在劳动过程中创新性地改造劳动工具，人类很可能还处于猿猴状态，甚至在弱肉强食中已然走向灭亡，而社会则可能依旧处于混沌未开的初始模样。习近平总书记还鲜明地指出，"正是因为劳动创造，我们拥有了历史的辉煌；也正是因为劳动创造，我们拥有了今天的成就。"不可否认，中国的崛起和人民生活水平的提升，都是得益于创造性劳动。因此，我们必须"要坚持创新是第一动力……实施创新驱动发展战略，完善国家创新体系，加快关键核心技术自主创新，为经济社会发展打造新引擎。"自新中国成立以来，中国的劳动形式发生了翻天覆地的变化，从开始创业的手提肩扛，到云时代的大数据共享；从顽强拼搏的"铁人精神"，到世界一流的"载人航天精神"；从都市劳动者的日夜奔波，

到网络时代足不出户创新创业等质的变化，这些都说明劳动创造让劳动不再是原始落后、简单低级的代名词。面对日益激烈的国际竞争、社会竞争，以及“大众创业、万众创新”的时代背景，习近平强调：“必须把创新摆在国家发展全局的核心位置，不断推进理论创新、制度创新、科技创新、文化创新等各方面创新。”广大劳动者要提升自己的素质，锤炼自身锐意进取、敢于创新的精神品质，争做知识储备丰富和创新能力突出的劳动者，努力在改革开放中开新路、创新业，这是圆梦的最佳途径和最好方式。在如何推进创造性劳动方面，习近平总书记指出：“要把握创新特点，遵循创新规律……坚持面向经济社会发展主战场、面向人民群众新需求，让创新成果更多更快造福社会、造福人民。”在思想文化日益进步的今天，没有创新创造元素的劳动，已经渐渐失去社会竞争力和物质生命力，劳动者需要拥有足够的科学技术知识，进行创造性和创新性劳动，以此来提高劳动质量和劳动效果，赋予劳动以新的时代意义，使劳动能够持续闪耀光辉。

（二）创新发展推动人才资源进步

创新意识促成人才素质结构的变化，提升人的本质力量。创新实质上确定了一种新的人才标准，代表人才素质变化的性质和方向，输出一种重要的信息：社会需要充满生机和活力的人、有开拓精神的人、有道德素质和现代科学文化素质的人。而创新意识能够促进人才素质结构的变化。因为创新意识使人有追求新异事物和真知灼见的强烈欲望，不满足于现状，敢于大胆质疑、标新立异。正是因为有了创新意识，才会有发现创新可能的慧眼，为创新做好充分的前期知识准备，并且实施创新活动。另外，创新意识是个体进行相关创新活动的内在指导力量，如创新过程中面临的路线选择、信息收集、价值判断等，而且由于在创新过程中会遇到很多困难和不良情绪等，创新意识会通过动机、情感和意志等对创新实践进行调控，让创新向着目标前进。因此，创新意识在客观上引导人们朝这个目标提高自己的素质，使人的本质力量在更高的层次上得以确证。它激发人的主体性、能动性和创造性进一步发挥，从而使人自身的内涵获得极大丰富和扩展。

习近平总书记强调要培养创新型人才，是对马克思所强调的发挥劳动者主体性和能动性的当代阐释。整个社会劳动者的总体素质水平对民族和国家的发展有着深远的影响，劳动者在经济社会发展中是最重要的，因为不管是什么形式的创新，都是人充分发挥主观能动性的结果，所以要想使创新在经济社会发展中起到足够的作用，就要大力培养劳动者的创新能力，保障人才是社会的第一资源。习近平认为：“面对日益激烈的国际竞争，一个国家的发展能否抢占先机、赢得主动，越来越取决于国民素质特别是广大劳动者素质。”因为无论知识与科技发展的多么迅速，他们只能实现价值转移或者提高所创造价值的效率，并不能真正地实现创造价值，只有劳动才可以真正地创造价值，知识和科技只有与劳动相结合才能创造出价值。因此，创新型人才是国家和民族最需要的，只有培养越来越多的创新型人才，才能实现真正意义上的创新，促进经济社会转型升级和经济社会的健康发展。随着科技和知识水平的提高，我国对创新型人才和高水平的劳动力的需要更加迫切。我国拥有丰富的劳动力资源，但高科技人才相对而言较少。“在创新型科技人才方面存在着创新型科技人才结构性不足矛盾突出、人才培养同生产和创新实践脱节等问题。”另外，我国的对外开放和全球经济一体化并没有让我国以及其他发展中国家更容易地从高科技水平发达的国家获得很多的技术，相反的是，“知识产权保护”等政策壁垒的设置使技术水平的差距进一步扩大，因而，要想发展社会经济的整体水平，就必须要培养自主创新能力。因此，我国需要促进并坚持引进来和走出去的战略，加强同国外企业、高校、科研等机构的交流沟通。同时，“广大知识分子要增强创新意识，要坚持面向经济社会发展主战场、面向人民群众新需求，让创新成果更多更快造福社会、造福人民”。想让创新创造成为劳动者自身的追求，就必须要注重广大人民的根本利益，以此激发劳动者的创新意识，充分调动劳动者的主观能动性。

（三）创新意识推动社会发展

伴随着社会的进步和生产力的提高，整个社会的劳动形式和内容产生了巨大的改变。如今，国际形势不断变化，各国之间的竞争越来越激烈，迎来新一轮产业革命浪潮。基于我国面临新的发展机遇和时代条件，党中央提出“创新驱动发展”战略，将创新作为驱动经济社会持续健康发展的动力。实施“创新驱动发展”战略，就是要把创新劳动作为发展社会的动力之源。首要的就是要改变人们的思想观念，这是因为“思想理念是行为的先导，一定的发展实践都是由一定的发展理念来引领的”。其次，必须改变社会传统的发展方式，树立“创新、协调、绿色、开放、共享”的新发展理念。这里“创新驱动发展”战略指的是全面的发展和全面的创新，这其中含有文化、科技、理论和制度等各个方面的创新发展和各个层次的创新，这些创新都需要劳动来完成。

创新意识是决定一个国家、民族创新能力最直接的精神力量。创新能力是一种综合素质，是善于选择、重组、应用信息，独立解决问题的应变能力和创造能力。而创新意识对创新能力的激发和培养具有重要的作用。只有具备创新的意识，才能激励一个人、一个民族在现有生产力、生产关系、社会文化水平、科技实力等基础上持续做出改变甚至是变革。这些改变和变革是一个国家前进的动力之一。因此，创新意识对一个国家、一个民族来讲，是创新能力最直接的精神力量。只有具备创新意识，才能持续涌现出新人、新事、新技术、新工艺、新制度等。

习近平总书记指出:“国际竞争新优势越来越体现在创新能力上。谁在创新上先行一步，谁就能拥有引领发展的主动权。”伴随着科学技术的进步，尤其是知识经济已在全球经济发展中占据举足轻重的地位，创新劳动已成为一个国家的创新能力的重要体现。所以，我们国家要激发人的创造力，通过不断的创造，释放更多需求，从而推进新技术和新产业的不断发展壮大。

二、劳动平等

（一）牢固树立尊重劳动和劳动者的价值理念

“劳动是人类的本质活动，正是因为劳动创造，我们拥有了历史的辉煌；也正是因为劳动，我们拥有了今天的成就。”目前，在社会主义新时代背景下，当务之急应将劳资关系问题处理好，并将尊重劳动、尊重劳动者的价值观念牢牢树立，进而推动广大劳动者以积极的态度促进社会经济的不断发展。首先，形成尊重劳动的价值观念。中华民族的传统美德推动着社会的发展，其中劳动美德尤为重要，“劳动创造了中华民族、造就了中华民族的辉煌历史，也必将创造出中华民族的光明未来。”若想加快实现中华民族的伟大复兴，应将劳动精神贯穿其中，在全社会营造一种劳动光荣的氛围，从而推动劳动者创新、创造能力以及拼搏精神的不断迸发。同时，全社会应尊重广大劳动者的一切合法劳动，倡导并营造辛苦付出、努力创造的良好社会氛围。其次，树立尊重劳动者的价值观念。人民群众创造并谱写了我国悠久的历史，坚持人民群众的主体地位，可以加快中国梦的实现。历史的演变证明，只有将劳动者放在重要位置，尊重劳动、尊重劳动者的劳动成果、维护好广大劳动人民的合法权益，才能够更好地体现出我国人民当家作主的地位，弘扬劳动者的主人翁精神，从而充分调动劳动者的积极性和创造性，以此推动社会全面、快速地发展。

尊重是对劳动者及劳动成果最基本的道德态度，也是树立崇尚以及热爱劳动的前提。亘古至今，从野蛮荒谬发展至文明礼貌，劳动必不可少。习近平指出，“一切劳动，无论是体力劳动还是脑力劳动，都值得尊重和鼓励”“一切创造，无论是个人创造还是集体创造，也都值得尊重和鼓励”。没有劳动及劳动者的辛勤付出，我们的生活难以改善、我们的社会难以进步、人们的财富难以积累、家庭的幸福难以生成，因此，我们应尊重一切有利于我们、有益于社会的劳动。从世界的发展历程上来看，无论是哪一项世界奇迹的诞生、哪一个领域的突破，抑或是哪一个国家或者社会的发展，无不凝聚着劳动者的聪明才智，浸透着劳动者的辛勤汗水，蕴涵着劳动者的奉献牺牲。回望历史，中国所取得的成就和成果，无不是通过劳动者的双手创造出来的。焦裕禄、邓稼先、袁隆平等一串串响亮的名字，凝结的都是劳动者的奋斗；北大荒、红旗渠、“两弹一星”等一个个光辉的坐标，闪耀的都是劳动者的豪情。当下，国外对中国速度、中国方案、中国力量的惊叹与赞扬，显现出我国劳动者的辛勤劳动与智慧，如果我们对劳动不尊重，我们的中国梦就不会快速实现。正因如此，习近平总书记号召：“全社会都要贯彻尊重劳动、尊重知识、尊重人才、尊重创造的重大方针，全社会都要以辛勤劳动为荣、以好逸恶劳为耻，任何时候任何人都不能看不起普通劳动者，都不能企图不劳而获的生活。”劳动可以为我们带来美好生活，也可以为我们带来更多的希望，我们作为中国梦的践行者，应全身心地投入到火热的社会实践中，运用自己的聪明才智，为实现中国梦而贡献出自己的一份力量。

（二）切实保障劳动者享有平等的规则

习近平总书记指出，“劳动没有高低贵贱之分，任何一份职业都很光荣。广大劳动群众要立足本职岗位诚实劳动。无论从事什么劳动，都要干一行、爱一行、钻一行。”劳动的种类及方式有很多种，但归根结底也只是分工有所不同，不存在高低贵贱的区别。崇尚劳动，要以辛勤劳动为荣，以好逸恶劳为耻。与此同时，应保障劳动者享有同等的基本权利，不应以其从事某种职业、拥有的财富以及个人出身作为评判标准。特别针对农民工、快递员、残障职工等大众劳动者群体，我们更应该保证其享有平等的生存权、发展权。要切实制定平等的规则，劳动者可以平等地参与竞争、参与发展、分享成果。要优化科学合理的收入分配机制，既认可劳动价值，又保护劳动者的权益。只有这样，崇尚劳动会“在全社会唱响劳动光荣的时代强音，每一个有劳动能力的公民都脚踏实地劳动”，只有遵循这个亘古不变的真理，才能凝聚起逆势而上、争先赶超的底气和实力，再创中国发展奇迹。

在当前新时代的背景下，塑造良好和谐的劳动关系，应注意以下几方面：首先，应将公平公正的原则贯穿始终，这是塑造良好和谐劳动关系的第一要义。其次，应将劳动者的主体地位体现出来，习近平指出，“实现中华民族伟大复兴的中国梦，要靠各行各业人们的辛勤劳动。只要有志气有闯劲，普通劳动者也可以在宽广舞台上展示自己的人生价值。”我国是社会主义国家，人民是当家作主的主人，因此必须将劳动者的主体地位体现出来，只有对劳动者的辛勤劳动成果予以尊重和维护，才能更好更快地塑造良好和谐的劳动关系。再次，应建立健全相关机制，能够及时协调并解决劳动者们在劳动过程中面临的困难与问题。最后，应制定符合国情及世界大环境下的发展战略，树立人与自然和谐共处的理念，这样才能处理好金山银山与绿水青山之间的关系。与此同时，我们应提倡在促进社会不断高速发展的同时，将资源节约型、环境友好型社会的建设也提到日程中，这是从更高层面上对和谐劳动关系的界定，从而保证人类社会的可持续发展。树立科学的发展观、劳动观有利于我们解决社会的主要矛盾，暨大力发展社会主义市场经济，满足人民美好生活的日常所需，从而更好地塑造良好和谐的劳动关系。

（三）劳动平等促进社会主义和谐社会发展

中国特色社会主义的本质属性之一是社会和谐，社会和谐也是实现人民幸福、社会稳定、国家富强的重要保障。党的十九大报告明确提出，“在新中国成立一百周年时建成富强、民主、文明、和谐、美丽的社会主义现代化强国”的奋斗目标。建设社会主义和谐社会需要建立和谐的劳动关系，在社会主义新时代的发展过程中，针对和谐社会建设中出现劳动关系紧张的问题，习近平总书记提出，“要最大限度增加和谐因素、最大限度减少不和谐因素，构建和发展和谐劳动关系，促进社会和谐。”这要求我们必须注重劳动者和自身权益，从而更好地建设和谐社会。以和谐劳动促进社会主义和社会建设，具体体现在以下几个方面：首先，要坚持人的主体性，对劳动者要给予充分的尊重。在我国目前社会发展的过程中，某些企业只注重劳动者的学历，而不注重劳动者的个人素质，劳动者能否很好地完成本职工作，个人的知识水平只是基础因素，决定因素是劳动者的思想态度和主观能动性。在社会主义和谐社会建设过程中，必须尊重劳动者的主体性，按照“人的本质”要求促进社会主义和谐社会建设。其次，要提升劳动者的科技水平。世界已经步入知识经济的时代，在经济社会的建设中，简单的劳动力需求量越来越少，所以提升劳动者的科技水平就显得尤为重要，以此适应经济社会发展的需要，降低劳动力供需不均衡的矛盾。再次，要鼓励劳动者创新创造。创新是建设我国社会主义和谐社会的动力，要鼓励社会各阶层人民群众创新，调动全社会创新创造的积极性。将创新劳动成果转化为生产力，增强人们认识和改造自然的能力，实现人与自然的和谐共生，促进社会主义和谐社会建设。最后，要坚持人与自然和谐共生的价值理念，进行“美丽中国”建设，树立绿水青山就是金山银山的理念。在新的发展阶段，要彻底转变发展观念，牢固树立保护生态环境就是保护生产力的理念，实现人与自然和谐共生，为社会主义和谐社会的建设提供良好的生态环境。

目前，我们国家全面建成小康社会的目标已经达成，正朝着中华民族伟大复兴的中国梦前进。我们更要以马克思劳动观和习近平新时代劳动观为指导，直面社会建设有关劳动存在的问题，确立劳动者的地位，使劳动关系更加和谐，以此来发挥劳动者的主观能动性，努力建设社会主义和谐社会。

三、劳动学习

(一)劳动是推动人类社会进步的根本力量

劳动是一切幸福的源泉。新形势下，我国工人阶级和广大劳动群众要继续学先进、赶先进，自觉践行社会主义核心价值观，用劳动模范和先进工作者的崇高精神和高尚品格鞭策自己，焕发劳动热情，厚植工匠文化，恪守职业道德，将辛勤劳动、诚实劳动、创造性劳动作为自觉行为。

马克思主义实践观认为，人的实践活动具有自主性，人通过实践不但能够认识客观规律，而且能够利用客观规律，使客观规律为人所用。同时，实践还具有创造性，能够创造出自然界本身不具有的事物。实践的自主性和创造性一起，共同体现了人的主体性特征。“劳动是推动人类社会进步的根本力量”“劳动是一切成功的必由之路”。这些论述深刻阐释了劳动创造的重要意义，重申和强调了劳动创造的历史价值，丰富和发展了马克思主义劳动观。应该讲，劳动不仅创造了人类，而且创造了社会，并推动着社会历史向前发展。正是站在这一理论高度上，习近平深刻指出，“人民创造历史，劳动开创未来。”从马克思的“劳动是任何一个民族存在和发展的基础”到习近平的“劳动开创未来”，进一步揭示了劳动与社会发展的本质联系。

“全面建成小康社会，进而建成富强民主文明和谐的社会主义现代化国家，根本上靠劳动、靠劳动者创造。”这一论述彰显了一个基本观点，即“社会主义是干出来的”，充分体现了马克思主义实践观思想。同时，这一论述也深刻揭示了梦想与现实的关系，梦想属于每一个人，实现中华民族伟大复兴的中国梦，要靠各行各业的人们辛勤劳动，架起梦想与现实之间桥梁需要的是实实在在的行动，也只有在劳动实践中，人们的梦想才有可能变成现实。2021 年是“十四五”的开局之年，我们将开启全面建设社会主义现代化国家新征程，向第二个百年奋斗目标进军。时代在变，形势在变，但辛勤劳动、艰苦奋斗的底色不变。尤其是青年朋友们，有朝气，有活力，除了苦干，也要巧干，勤学苦练、深入钻研，增强创新意识、勇于创新实践，努力成为知识型、技能型、创新型劳动者。激荡自我革新的智慧、肩负舍我其谁的担当，青年们定能迸发出劳动创造的伟力，推动梦想之舟在新时代破浪前行，抵达梦想的彼岸。

习近平指出，“中华民族是勤于劳动、善于创造的民族。正是因为劳动创造，我们拥有了历史的辉煌；也正是因为劳动创造，我们拥有了今天的成就。”近代以来，中华民族实现站起来、富起来、强起来的根本转变，依靠的正是一代又一代中国人的辛勤劳动、辛苦奋斗。这些论述和历史实践夯实了全民族“实干兴邦”的劳动实践观，只有在全社会牢固树立“干在实处、走在前列”的“实干”精神，才能实现“兴邦”的伟大梦想。

（二）学习是紧随社会发展的重要法宝

新时代中国青年要增强学习紧迫感，如饥似渴、孜孜不倦学习，努力学习马克思主义立场观点方法，努力掌握科学文化知识和专业技能，努力提高人文素养，在学习中增长知识、锤炼品格，在工作中增长才干、练就本领，以真才实学服务人民，以创新创造贡献国家。

习近平总书记强调，“中国梦归根到底是人民的梦，必须紧紧依靠人民来实现，必须不断为人民造福。”中国梦是习近平总书记在党的第十八次全国代表大会上提出的重要观点和理念。中国梦代表着中国未来的发展道路，它是中国十四亿人民对中华民族伟大复兴的理想信念，它是中华民族最真切的梦想，每个中国的劳动者都是创造者和参与者。

所以，要想实现这伟大的理想，重要的一点就是每个人都应该增强学习意识，提升自身的综合素质能力。国民自身素质和学习水平决定着国家的繁荣与发展，决定着政党的成功与失败。毛泽东同志曾说：“饭可以一日不吃，觉可以一日不睡，书不可以一日不读。”邓小平同志也曾说过：“学习是前进的基础。”在社会主义新时代大背景下，世界的科技水平在不断地提高，知识在不断地更新，国际形势也在不断变化，我国的劳动者只有不断地学习，提高自己的能力，才能为我国的建设贡献自己力量，才能实现伟大的中国梦。

（三）劳动与学习相辅相成、相互促进

2020 年 3 月，中共中央、国务院专门发文在大中小学加强劳动教育，在德育方面做了进一步的提升和拓宽，“五育并举，劳动为先”更加注重劳动育人，由此可见，劳动的重要性。劳动是人类的本质活动，劳动光荣、创造伟大是对人类文明进步规律的重要诠释。而学习则是提高技能水平、跟随社会发展脚步的重要方法，两者相辅相成，缺一不可。

根据新时代马克思主义劳动观以及新时代劳动者素质培养目标，在进行教育的过程中要正确处理各种劳动范畴的关系，正确处理学习与其他劳动的关系，让受教育者明确认识到学习科学文化、参与科研也是脑力劳动的一种，是受教育者的主要劳动形式和内容。投身科研就是参加脑力劳动，热爱学习、热爱科研也是热爱劳动的一个重要表现。在知识不断更新的时代，在个人职业不得不发生转换的现代社会经济发展中，学会自主学习以及正确的脑力劳动方法和技能，培养热爱劳动的习惯有利于培养高素质劳动力，维持和提高劳动力的价值。学习就是人类有意识地改造自我，提高自我适应环境、改造环境的能力，其实，学会学习就是学会脑力劳动，无论是对社会还是对个人，都具有更为重要的意义和价值。

“实践是检验真理的唯一标准”，实践实习、各学科的实验等科学技能的培养都是通过劳动来实现的，劳动最根本的价值在于立德树人。加强劳动教育具有独特的功能，有利于培养全社会形成重视劳动、热爱劳动、劳动最光荣、劳动最伟大的价值观念，促进形成爱岗敬业、脚踏实地、一丝不苟、精益求精的劳动精神；促进学生对劳动过程的理解，遵循劳动流程和规则，构建专业的、严密的劳动知识技能框架，熟练掌握劳动工具的操作，培养高端人才。

劳动与学习是相辅相成、互相促进的，坚持学习可以不断提高劳动技能，热爱劳动可以不断更新现有知识水平。习近平指出：“所有知识要转化为能力，都必须躬身实践。要坚持知行合一，注重在实践中学真知、悟真谛，加强磨炼、增长本领。”广大青年需要加强实践，将所学知识运用于劳动中来，不能仅停留在书面上，将知识与劳动结合起来，做到真正的知行合一。

四、劳动奉献

奉献精神是社会主义劳动观的鲜明特征。马克思在中学毕业论文中写道：“如果我们选择了最能为人类福祉而劳动的职业，那么，重担就不能把我们压倒，因为这是为大家而献身；那时我们所感到的就不是可怜的、有限的、自私的乐趣，我们的幸福将属于千百万人，我们的事业将默默地、但是永恒发挥作用地存在下去，而面对我们的骨灰，高尚的人们将洒下热泪。”

习近平总书记在陕北的黄土地上产生过这样的思考，“15 岁来到黄土地时，我迷惘、彷徨；22 岁离开黄土地时，我已经有着坚定的人生目标，充满自信。作为一个人民公仆，陕北高原是我的根，因为这里培养出了我不变的信念：要为人民做实事！”

正是这种为祖国、为人民奉献自己的信念，使他提出："我们共产党人讲奉献，就要有一颗为党为人民矢志奋斗的心，有了这颗心，就会'痛并快乐着'，再怎么艰苦也是美的，再怎么付出也是甜的，就不会患得患失。"他还强调："人民对美好生活的向往，就是我们的奋斗目标。人世间的一切幸福都需要靠辛勤的劳动来创造。"并且发出了"我将无我，不负人民。我愿意做到一个'无我'的状态，为中国的发展奉献自己"的铮铮誓言。

在国家治理和社会发展中，我们将习近平新时代劳动观作为科学指导思想，而"劳模精神"和工匠精神是社会主义新时代下劳动观的具体体现。劳动观需要与时代发展紧密结合，而社会主义新时代所需要的劳动精神就是"劳模精神"和工匠精神。弘扬劳模精神和工匠精神，是加快供给侧改革、实现中国制造向中国创造、中国产品向中国品牌、中国数量向中国质量转变的内在要求，是加强文化传承、创新型人才培养的内在要求，同时也是社会主义新时代提高劳动质量的需要。

中华人民共和国建设时期的劳模精神的品质标准是"爱岗敬业、忘我劳动、多做贡献"。长期以来，广大劳模以平凡的劳动创造了不平凡的业绩，铸就了"爱岗敬业、争创一流、艰苦奋斗、勇于创新、淡泊名利、甘于奉献"的劳模精神。而"多做贡献""甘于奉献"都是当代劳模精神的底色，无论是中华人民共和国成立前党对劳动英雄和先进工作者的表彰宣传，还是中华人民共和国成立后对劳模精神轰轰烈烈地弘扬，都重点强调了劳模尊重劳动、奉献担当的浓厚意识，肯定了劳模顾全大局、默默奉献的可贵品质。时空变幻，劳模精神的内涵在变，但劳模甘于奉献的追求没变。甘于奉献已经成为中国劳模精神最鲜明的标识，镌刻着劳模为党和人民贡献一切的光荣而不朽的印记。

教育家马卡连科曾说："劳动最大的益处还在于道德和精神上的发展。这种精神发展是由和谐的劳动产生的。"因此，在中国特色社会主义新时代，通过志愿劳动、义务劳动等培养时代新人的奉献精神，形成他们助人为乐的美德，不仅可以避免在劳动中唯利是图、斤斤计较的功利取向，还能够成就时代新人高尚的道德品格，提升时代新人的精神境界。有"劳模精神"的传承与付出，还有通过志愿劳动、义务劳动对新人培养出的奉献精神，无一不表现出劳动奉献在推进社会发展、进步的重要作用。

拓展阅读

打坝，修渠，磨豆花……习近平实干兴邦的劳动故事

"民生在勤，勤则不匮。""劳动是一切成功的必经之路。""人世间的美好梦想，只有通过诚实劳动才能实现。"……党的十八大以来，习近平多次发表重要讲话，阐释劳动的意义。如果追溯这些思想的脉络，习近平早年对劳动的切身体验应该是重要源头。从陕北高原打坝淤地，到福建宁

德清淤修渠，青年时期的基层经历和劳动经验，让习近平深知劳动是锤炼作风、联系群众的重要法宝。

延安插队：打坝淤地　“吃苦耐劳的好后生”

1969年冬天，习近平和其他两万多名知青一起，踏上了西去的列车，开始了在陕北高原七年的知青生涯。在这里，他和陕北的乡亲们同吃同住同劳动。来自城市的他不仅很快过了“劳动关”，还成了“最壮的劳动力”。

据新华社《习近平在延安插队的日子》一文报道，习近平插队梁家河很长一段时间是在基建队劳动，主要任务是打坝淤地。梁家河村村民梁新荣那时只有十多岁，回忆起习近平在基建队干活的情景时，还是历历在目：“他是真干呢！穿一件蓝色的旧棉袄，腰里系一根点炮时用过的导火索，没有一点书生的架子。”村民们用“吃苦耐劳”来形容习近平。在他们的印象中，习近平经常卷起裤管、光着脚，站在刺骨冰水里干活，当时社员都评价他是“好后生”。

2003年，习近平回忆起那段岁月：“一年365天，除了生病，几乎没有歇着。下雨刮风在窑洞里铡草，晚上跟着看牲口，还要去放羊，什么活都干。因为我那时候扛200斤麦子，十里山路我不换肩的。”

福建宁德：清淤修渠　跋山涉水走遍穷困之地

1988年6月，习近平到任福建宁德。在那里，他依然坚持劳动不忘本的良好习惯。宁德曾是全国十八个集中连片贫困地区之一，宁德靠海，但不是有沙滩的海，大部分海岸都是悬崖峭壁，往里走全是大山。习近平在宁德待了一年零11个月，基本走遍了所有的乡镇。当时没有通路的4个乡，他去了3个，都用了一天时间。

1989年7月，寿宁县下党乡发生灾情，在交通等各方面条件艰苦的情况下，他坚持实地察看灾情。时任宁德地委书记习近平带领地直相关部门负责人头戴草帽，肩搭毛巾，顶着炎炎烈日，在崎岖山路上跋涉2个多小时，深入到乡政府所在的下党村。习近平后来用“异常艰苦、异常难忘”来形容此次下党之行。

这段时间，他不仅参与劳动，还对劳动进行了深层次的思考。在《摆脱贫困》一书中，习近平曾写道：“农村劳动力如果继续束缚在原有规模的耕地上，倚锄舞镰，沿袭几千年来日出而作、日落而息的耕作老传统，进行慢节奏、低效率的生产劳动，那就不是一件好事。反之，用改革开放的眼光看待劳动力的大量转移，会惊喜地发现，我们又获得了一种极其宝贵、可待开发、可能创造巨大价值的崭新资源。”

党的十八大以来：褒扬劳动者　始终保持劳动本色

人民创造历史，劳动开创未来。担任党和国家领导人后，习近平依然不改劳动本色，始终尊重劳动者，注重在劳动中与人民增强感情。

党的十八大以来，习近平国内考察调研的足迹几乎遍布全国。从贫困山村到基层社区，他走进群众中间，一起种树、打糍粑、炸酥肉……所到之处，留下了很多他与人民一同劳动的温暖记忆。

他多次发表重要讲话，提倡弘扬劳模精神，激励广大劳动群众争做新时代奋斗者。“劳动模范是民族的精英、人民的楷模。长期以来，广大劳模以平凡的劳动创造了不平凡的业绩，铸就了‘爱岗敬业、争创一流，艰苦奋斗、勇于创新，淡泊名利、甘于奉献’的劳模精神，丰富了民族精神和时代精神的内涵，是我们极为宝贵的精神财富。”从革命战争年代到新中国成立以后，再到改革开放历史新时期，习近平对各个时代的劳模如数家珍。

——劳动是一切成功的必经之路。当前，全国各族人民正满怀信心为实现“两个一百年”奋斗目标而努力。实现我们确立的奋斗目标，归根到底要靠辛勤劳动、诚实劳动、科学劳动。

——劳动，是共产党人保持政治本色的重要途径，是共产党人保持政治肌体健康的重要手段，也是共产党人发扬优良作风、自觉抵御“四风”的重要保障。

——人世间的美好梦想，只有通过诚实劳动才能实现；发展中的各种难题，只有通过诚实劳动才能破解；生命里的一切辉煌，只有通过诚实劳动才能铸就。

——实现我们的奋斗目标，开创我们的美好未来，必须紧紧依靠人民、始终为了人民，必须依靠辛勤劳动、诚实劳动、创造性劳动。

——“一勤天下无难事。”必须牢固树立劳动最光荣、劳动最崇高、劳动最伟大、劳动最美丽的观念。

……

这些饱含深情的话语，让工人阶级和广大劳动群众倍感温暖与振奋，在迈向民族伟大复兴的征程上，日益展现出改天换地的磅礴力量。

壮哉中国梦，美哉劳动者。劳动者，既是建设国家、实现中国梦的中坚力量，又是一个个真实、朴实且平凡的追梦者。唯有争分夺秒去把握、朝乾夕惕去奋斗、埋头苦干去成就，才能不负时代的丰厚馈赠。

（来源：中国共产党新闻网 http：//cpc.people.com.cn/n1/2019/0501/c164113-31060909.html.）

第三节 劳动与其他四育的融合

一、人的全面发展与“五育并举”

马克思在《共产党宣言》中明确提出了“实现人的自由全面发展”的命题，并在《资本论》《反杜林论》等经典著作中对实现人的全面发展的条件、路径等进行了深入的论证与阐释。党的十八大以来，以习近平同志为核心的党中央把马克思主义基本原理与当代中国发展实际相结合，立足新时代我国社会主要矛盾发生深刻变化，以“美好生活”概括了人的发展需求的时代特征，更加突出强调了人民的主体地位，鲜明指出“奋斗”是实现人的全面发展所应具有的精神状态与采取的有效途径，将劳动与创造相并列，强调了新时代劳动的积极性、主动性特征，突出了劳动之于人的全面发展的重要作用等，进一步丰富和发展了人的全面发展理论。

（一）人的全面发展

马克思认为，人的全面发展是指人的劳动能力，即人的体力和智力的全面、和谐、充分发展，还包括人的道德发展。人的发展同其所处的社会生活条件是相联系的，旧式分工造成人的片面发展，现代机器大工业供给人全面发展的物质基础与可能性，而社会主义制度则是为了满足人的全面发展的社会要求。生产劳作同智育和体育活动结合，它不只是促进社会的一个方式，更是培育全方位健康发展的人的一个方式。“人的全部发展”首先是指人的“整体发展”，即人的所有最基本或最基本的素养都应该获得全面的发展。尽管在各个方面都可能有发展程度上的不同，但缺一不可，否则便是片面发展。至于获得全面发展的个人素质究竟是指什么，从不同的角度有不同的定义。一般都可以将其了解为“学习做人”与“处事”两方面的发展；应该了解为“身”与“心”两方面的发展；也应该了解为人们平时所谓的德智体美劳诸方面的发展；也应该了解为真善美的全面发挥。“整体发展”提倡的是人的发展的偏移无可超越的底线，可以转移而无可偏废，即不要只发展人的才能的一面而偏废了其余各个方面。“人的全面发展”同样也指“和谐”，即人的各项素质都应该得到全方位和谐的健康发展，但各领域健康发展又不得失衡，否则人就畸形发展。一个人若要生存于社会之中，他的各方面最基础的素质，都会得到相应的发挥，但要是在某一方面的发挥过于落后，一个人的社会发展就会失衡，不但会影响其素质的发挥，而且还会反过来影响其他人素质的发挥。“和谐发展”所注重的是人的各种基本素质间关系的合理与和谐，是在人的发展上所表现出来的那种美感。“人的全部发展”还指人的“多方位发展”，即对人的各项素质中的要求和具体发展才能，在主客观要求所规定的范围内力求尽可能多方位地发挥。人的不同素质其内容又各具有丰富的含义，还可能划分为多种素质要素。因此，个人必须在可能的条件下，按照个性健康发展的要求和社会生活的需要，努力要求个人素质和才能的多方面发展，以减少个人健康发展的单一。需要明确的是，“多方面发展”只是一种尽可能地追求。“人的全面发展”还表示人的“自由发展”，即人自己的，富于独创性和富于个性的发展。“完全发展”与“自由发展”的不同之处在于：前者一般是就人的发展的完全、统一及和谐性来说的，而后者则一般是就人的发展的自主权、独特和个别性来说的。“完全发展”并不仅仅指均衡发展和人发展的普遍化，更不同于任何社会个人的蓬勃发展都需要尊崇一种同样的发展模式。“自由发展”的实质也就是“个性化发展”，核心内容也就是人的素质结构的特殊性。“全面发展”所指的绝非是没有个人特点和创造力的“万金油”型的平庸者。

（二）五育并举

1.“五育并举”的提出

近代教育家蔡元培先生在《对于教育方针之意见》中以人体为喻，提出了“五育”并重，融合发展的思想。他指出：“军国民主义者，筋骨也，用以自卫；实利主义者，胃肠也，用以营养；公民道德者，呼吸机循环机也，周贯全体；美育者，神经系也，所以传导；世界观者，心理作用也，附丽于神经系，而无迹象之可求。”

2. 新时代“五育并举”的内涵

2019年3月18日，习近平总书记在主持召开学校思想政治理论课教师座谈会上强调，新时代贯彻党的教育方针，要坚持马克思主义指导地位，贯彻新时代中国特色社会主义思想，坚持社会主义办学方向，落实立德树人的根本任务，坚持教育为人民服务、为中国共产党治国理政服务、为巩固和发展中国特色社会主义制度服务、为改革开放和社会主义现代化建设服务，扎根中国大地办教育，同生产劳动和社会实践相结合，加快推进教育现代化、建设教育强国、办好人民满意的教育，努力培养担当民族复兴大任的时代新人，培养德智体美劳全面发展的社会主义建设者和接班人。

新时代党的教育方针最鲜明的特点。第一次把“坚持马克思主义指导地位，贯彻新时代中国特色社会主义思想，坚持社会主义办学方向”写进了方针；第一次把教育“四个服务”写进了方针；第一次把“扎根中国大地办教育”写进了方针；第一次把“劳”写进党的教育方针，提出了德、智、体、美、劳“五育”并举的人才培养新要求，为我国教育发展指明了方向。新时代党的教育方针在我国教育史上具有里程碑意义，对于我国教育事业发展具有重要的历史意义和时代意义。

（三）人的全面发展理论与“五育并举”的逻辑联系

习近平总书记指出，教育是人类传承文明和知识、培养年轻一代、创造美好生活的根本途径。教育作为一项以育人为根本的活动，必须遵循人的全面发展规律并体现时代特点与要求。

人的全面发展理论为“五育并举”提供指引。实施“五育并举”首先要从学生这一主体出发，认识到其作为人具有独立性与完整性。这种整体性决定了人的发展应当是全方位、多领域的，对成长阶段的学生而言尤其如此。“五育并举”正是以人为主体的教育理念与模式，强调通过有效的教育供给满足学生身、心、技、能等各方面成长需求，进而激发和促进人的全面发展。同时，人的发展又不是孤立的，必与社会呈现出互动的态势。教育作为一项社会事业，也具有强烈的社会属性，“五育”中的“德育”“美育”“劳育”尤其具有鲜明的社会性特征。“五育并举”的过程既是社会对人进行全面培养的过程，也是人通过个体发展对社会进行影响与塑造的过程。可以说，人的全面发展理论为“五育并举”在主体认知、需求把握、价值导向、实践路径、社会功能等方面提供科学、有效的指引，是制定和实施“德智体美劳”全面发展教育方针的基本理论依据。

“五育并举”体现出人的全面发展理论的时代特征。从民国时期蔡元培的五育教育，到毛泽东提出的“德智体”教育，再到2018年全国教育大会明确将学校的育人目标定位为“德智体美劳”，最终形成新时代“五育并举”的育人方针，回顾历史可以看出，每个育人理念的提出都有其深刻的时代背景，反映着不同时代对人的发展的认识与理解。当前，中国正处在“两个一百年”奋斗目标历史交汇点上，中华民族伟大复兴的战略全局和世界百年未有之大变局这“两个大局”，对新时代人才培养提出了更高要求。“五育并举”积极回应了新时代的新形势，围绕“培养社会主义事业建设者和接班人”的总目标，通过实施“五育”协同推进，有效担负起全面提高人才综合素质培养，使之具有担负推动民族伟大复兴使命的思想与能力的重任。同时，在“五育”中更加突出强调“体育”“美育”“劳育”等内容，也回答了新时代人民生活水平显著提高后，如何更好满足学生新的更高发展需求，以及如何继续保持奋斗拼搏精神，实现个人发展、创造美好生活、服务国家社会的问题。

“五育并举”是人的全面发展理论的有效实践途径。根据马克思主义理论，人是自然、精神、社会三位一体的存在。“五育并举”的教育方针，充分关注到了人的三重属性，并以有效的实践渠道与载体给予其充分满足。在自然属性方面，通过“五育”帮助学生正确认识自我，掌握身体与健康知识，提供培养运动技能与习惯、参加劳动实践与锻炼的机会；在精神属性方面，培养学生高尚的德道情操、善恶美丑的辨别能力，掌握调节和愉悦身心的方法；在社会属性方面，指导学生形成正确的世界观、人生观、价值观，具备融入社会、服务社会的素质与能力，在与他人、社会的良性互动中实现个人发展。同时，作为系统性的教育模式，“五育并举”也为促进人的三重属性互动融合与个性化发展创造了条件。比如，劳动教育既能使人强健体魄、获得成就感，又能帮助人掌握为社会发展做贡献的基本技能，有效促进了人三重属性的融合发展；而“五育”的多元化教育供给，为不同学生的个性化发展需求提供了相对充足的资源支撑，进而通过每个学生有益的个性化发展促进了整体发展。

（四）劳育与其他四育的关系

劳育作为中国特色社会主义教育制度的重要内容，直接决定社会主义建设者和接班人的劳动精神面貌、劳动价值取向和劳动技能水平。通过劳育，可以使学生能够理解和形成马克思主义劳动观，牢固树立劳动最光荣、劳动最崇高、劳动最伟大、劳动最美丽的观念；体会劳动创造美好生活，体会劳动不分贵贱，热爱劳动，尊重普通劳动者，培养勤俭、奋斗、创新、奉献的劳动精神；具备满足生存发展需要的基本劳动能力，形成良好劳动习惯。因此，在德智体美劳全面培养体系中，劳育具有更基础、更基本、更“原初”的意义和价值。如果说德育侧重解决人生观问题，智育侧重解决心智开发问题，体育侧重解决身心健康问题，美育侧重解决陶冶情操问题，那么劳育则侧重解决劳动感情、劳动观念问题。在“五育”中，劳动可以树德、可以增智、可以强体、可以育美。

二、劳动与德育

（一）部分中外学者关于劳动树德的论述

柏拉图在《理想国》中描绘了一幅完美城邦蓝图，展现了一个完美主义、唯心主义者对劳动和德行关系的思索。柏拉图认为：正义需要一定的劳动才能实现，如生产者要进行体力的劳动生产，护卫者要进行保护城邦活动的脑力、体力劳动，统治者需要进行更多的脑力劳动以保障城邦的治理。而城邦的正义正是建立在个人正义基础之上的，只有一人专注一项工作，才能促进城邦和谐、城邦正义的实现。

在苏霍姆林斯基看来，脱离劳动，没有劳动，就没有，也不能有教育，劳动是渗透一切、贯通一切的东西。只有通过流汗水、长老茧和感到身心疲乏的劳动，才能够用心灵去认识周围的世界。劳动态度、劳动习惯等方面的培养促进了青少年得到行为和习惯的养成。

杜威关于劳动与立德树人的观点主要体现在其实用主义教育思想中。就教育的目的、本质、基本原则、教学角度，他提出“教育无目的”“教育即生长”“教育即生活”“教育即经验的继续不断的改造”“学校即社会”“从做中学”等一系列观点。他认为在一个真正民主的教育系统和一个真正民主的社会中，劳动的历史、劳动的意义、劳动的可能性应是整个教育的一部分。杜威认为，个体在日常活动中形成的道德习惯，经过反思会形成道德价值观。

蔡元培针对劳心者与劳力者的问题，提出“教育劳动化”的办学思想。“欲救其弊，在使劳心者亦出其力，以分工、农工之苦；于是劳力者得减少其工作时间，而亦有劳心之机会。”他认为教育劳动化有利于打破劳动阶级与知识阶级之界限。一方面，在“五育并举”教育方针指导下，教育劳动化要以德育为基础，充分发挥劳动化教育的树人功能；另一方面，教育劳动化要将德育的涵养融入实利教育。

陶行知认为“生活即教育”“社会即学校”“教学做合一”，即生活教育思想。生活教育要以社会生活背景作为儿童的生长背景；生活教育，要在生活中审视生活，批判生活，改组生活；生活教育要尊重社会生活中的每一分子，尤其是劳动人民。社会是复杂的学校，教学要走出去，向劳动人民学习。在生活化教育过程中，陶行知表现出对普通劳动人民和劳动技能的尊重，将向劳动人民学习的热情转化为朴实的品质，感染着生活中的每个人。

黄炎培针对轻视劳动生产、蔑视职业教育的现象，提出要高度重视职业道德教育。首先，职业教育的目的要求劳动生产促进个人品质的塑造。其次，职业教育的本质要联系个体人生观的培养。再次，以“敬业乐群”为原则促进个体职业道德品质发展。黄炎培认为，谋生与做人，二者皆不可缺。“做人”主要体现在个体道德品质中，以“敬业乐群”为原则促进个体职业道德品质的培养。“敬业”强调培养学生的职业情感、职业兴趣。“乐群”强调培养学生服务社会、合作互助的精神。他认为劳动生产在培养职业共情力、责任感、创造力的同时促进个体职业道德品质的塑造。

（二）劳动与德育的融合

马克思指出：“物质生活的生产方式制约着整个社会生活、政治生活和精神生活的过程，不是人们的意识决定人们的存在，相反，是人们的社会存在决定人们的意识。”一切教学都是在一定生产社会关系下开展的，截然不同的历史和社会体系，确定着截然不同的教育目的、教学策略、教学走向。中国特色社会主义教育的发展方向是“为人民服务、为中国共产党治国理政服务、为巩固和发展中国特色社会主义制度服务、为改革开放和社会主义现代化建设服务”。所以，我们培育的人才必须是能够堪当民族复兴重任的时代新人，必须具有科学的世界观、人生观和价值观，同时还有科学的事业观、审美观和劳动观。

1. 劳动素质教育为德育筑牢根基

德育就是在大中小学开展的思想、政治、道德、法律及其身心健康基本方面的素质教育，而理想信念教育则为进行德育之基础。劳动教育的“树德”意义，首先要体现在其具有实现理想的重要意义上，使道德有了扎实的根基。将青少年学生塑造成社会主义建设者和接班人，是德育工作的基础条件，而以劳动实践为内容的劳动课程则是青少年学生完成社会个人理想信念的必修课。青少年学生正处在生命发展的关键时期，若想将人生的理想变为现实，则需要确立劳动才是完成个人理想的必要手段的正确价值观，不但要重视对自己家庭生活起居、社区公益活动的辛劳，培养劳动自立意志和主动服务于别人、服务于社会的情感意识，更要紧密结合课程和专业知识主动进行学习实训、专门服务工作、社区实践、勤工助学和创造性劳动等，以提高诚实劳动意志，累积丰富职业经历，增强就业创造能力，培养正确的择业观念，具备在困难地方和社会各行各业工作中的艰苦奋斗精神，从而明白了空谈误国、实干兴邦的深刻事理。所以，青年学子们只有通过刻苦钻研、努力付出，才能完成个人的意志，继而为完成中华民族伟大复兴的中国梦，打下更坚强的现实主义理论基础。

2. 劳动教育丰富了道德内涵

德育对青少年学生正确理想信念的培养从来就不是抽象的，而是具体的。劳动教育的“树德”功能，也体现在其自身就是青少年学生形成正确理想信念的主要内容上，它可使劳动教育的内涵更加鲜活、生动。而正确的理想信念则可以引领青少年学生从团体、社会的总体要求出发，去审视事物对人的作用关系，进而将生命真正意义视为合理的诚实劳动，建立对劳动创造价值的科学评价。同时，合理的劳工价值理念，也有助于青少年学生客观分析自己的人生价值，从而形成正确的理想信念。而青少年学生对于如何形成正确的理想信念不仅直接影响学业，更关乎其在走上工作岗位后的职业取向、人生价值导向，以及社会责任心的建立。所以，通过劳动教育，使广大青少年学子正确确立劳动最光荣、劳动最崇高、劳动最伟大、劳动最美丽的价值观念；深刻体会通过勤劳带来的美好，接受勤劳不分贵贱，热爱劳动，尊敬劳动者，培养勤俭、努力、创新、敬业的勤劳精神和勤劳品格；掌握适应人生发展要求的基本社会劳动能力，培养良好劳动习惯，才能使其人生观、价值理念变得更为现实和丰富。

3. 劳动教育拓宽德育途径

德育课程主要包括劝导教学、模范、实际训练（劳动）、道德修身引导、陶冶活动等几种渠道。劳动教育的“树德”功能，还体现在任何路径都要以劳作或实际训练为基本，因为劳作实际可大大提高德育活动的实效性，使进行德育活动的路径更具厚度。因为在进行德育活动的各种路径中，宣传思想教育、楷模模范、道德培养引领等都是外在的，即从外而内的，而以劳作为内容的实际训练则是内外兼修与知行合一的。一方面，劳动关系是政治理论和客观现实之间密切联系的重要纽带。劳动生活与劳动实践，不但能够使学习者将从学校中学到知识内化成个人的意识，从而领会“纸上得来终觉浅，绝知其事要躬行”的真相，同时还能够运用在劳动实践中所获取的感性知识，进而进一步深化对学习中知识的了解，从而拓宽自身的眼界，培育自身的创造意识，从而激活自身的学术激情、创造精神与创造力，从而增强自己在具体情境中创造性地分析问题、解决问题的能力。另外，劳动也是表现个人思想道德修养与道德品质的主要媒介，透过具体的劳动过程，广大青年学子都能够形成劳动的良好习惯，养成以勤劳为荣、以偷懒为耻的良好品格，抵抗好逸恶劳、贪图享受、吃现成饭、奢侈浪费等坏习惯的危害。同时透过劳动，广大青年学子们还能体验生活的甘苦，感受劳动的意义与乐趣，能更深层次地发掘与体会有关生存、人性、社会价值等更深层次的道理，将传统思考与道德观念转变为实实在在的行为，进而达到人的自我全面发展。

三、劳动与智育

（一）从历史的视角审视劳动与智育关系

1. 中国的关联性

由于时代的局限性，在奴隶社会和封建社会中，即便像孔子这样的大哲学家，对于劳动教育也没有准确的理解。在论语《樊迟问稼》一文中，孔子的门生樊迟向孔子请教关于种庄稼与种菜的问题，但受到了孔子的婉拒。孔子曾主张，不要用学种庄稼去教育百姓。

从影响了中国高等教育发展一千多年的古代科举制度，人们可以发现劳动教育与智育的发展是不均衡的。不过，在这一时期却产生了反对中国传统高等教育、倡导培育文武兼备、经世致用人才的哲学思想家，如明末清初的颜元。对于静坐阅读的中国传统教育，颜元作了“从古及今未有其比”的批评。他推崇“经世致用”和“习行”之学，明确提出“实学”“真学”的思想理论主张，强烈抨击宋明理学家的“穷理居敬”“静坐冥想”。而颜元重视农业知识的传播，也强调了勤劳对教育的重要意义，并相信勤劳教育不但能够推动经济与社会的发展，使国家富强，同时也有利于个人身心、思维、智慧的发展。随着人体质的提高，学习起来才能“振竦精神，使心常灵活”。所以说，劳动可以“练智”“达才”，从而发挥了人的聪明才智。颜元关于劳动教学的思考是对中国传统教学理论的重大挑战，在教育历史上具有重要的进步意义。

在我国现代教育史上，陶行知的生活教学论是较早主张生活教学和生产劳动相结合的教育家，他的生活教学论也对中国后来的劳动教学理论具有重要的影响。面对传统教学中手脑分开、劳力与劳心分开的现状，他主张“手脑并用”“在劳力上劳心”，即以劳力为中心沟通科技文化知识，指导学员在劳作中掌握科学文化知识，在科学文化知识的掌握中劳动，从而很好地把劳动教育和智育相结合。

新中国成立初期，毛泽东就明确提出了“两化”的教育主要任务，即“社会主义劳动人民群众要认识化，知识分子要劳动化”，重视理论教学和产品社会劳动结合。

中国特色社会主义事业步入新时代以来，更加注重劳动教育要顺应新技术发展与产业转型，面向社会主义劳动生产方式新形态，关注新兴科技支撑与社会服务新变化。推进产教融合，改善劳动教育方式。强化诚信合法劳动，培育科学创业精神，培养群众创新劳动的能力。

2. 西方的关联性

18 世纪，法国启蒙哲学家卢梭首先赋予了劳动教育更重要的含义。他首先指出，劳动教育能够使孩子的身心特别是我们的双手得到良好培养，从而推动孩子智力的正常发展。裴斯泰洛齐则是西欧教育史上，最早把素质教育同生产劳动过程思想融合并付诸实践的教育工作者。他首先主张将劳动教育同智教密切相连，在实现劳动教育的同时，又完成了对儿童“脑的教育”。

马克思提出了教学同生产劳动相结合的社会主义教学的原则，他还首先明确提出了生产劳动可以创造价值的观念，并在《资本论》中认为，未来义务教育对于一切已满了一定年纪的孩子们而言，是将工业生产社会劳动思想同智育和体育活动结合。它不仅仅是改善社会制造条件的一个办法，而且也是培养全面发展的人的唯一办法。

（二）劳动与智育的融合

1. 劳动与智育的联系

智育是劳动教育的基本条件和物质基础。劳动教育的成功实施，是构建在培养学习者必要的社会劳务知识储备和智慧水平基石上的，学校对社会劳务课程理论的掌握、对劳动意识的吸取、对社会劳务技术的了解，离不开学生自身的知识储备和智力发展。而且，创新劳动教育也离不开培养学习者的智慧，特别是创新思想能力和培养学习者敢于实践的创新精神。劳动教学中所渗透的智育内涵，也使智育无法完全摆脱劳动教学而独立发展。宋庆龄曾经讲过，“知识是在刻苦劳作中获取的。”学习者只有经过大量劳作实验，把书本知识和劳作经验相结合，才能增进对课内知识的掌握，并逐步培育起主动学习能力和创新创造的意识，在劳作中可以对脑进行二次开发。

劳动教育与智育相互促进。教师在对学生实施劳动素质训练的过程中，不但利用劳动教学课堂传播劳动技术知识，同时让学生通过在劳动实践中训练动手操作能力、自学与探究能力，从而建立合理的劳动价值观。学生通过在劳动中思考，也可以提高思想与智慧的发挥力，这不但可以提高学生对科技人文等基础知识的了解，同时也可以涵养人的心灵。随着科学技术发展与产业转型，新时期的社会劳动表现为新形式，就需要培育优秀的劳务人员，培养创新劳动力量，进而提升劳动生产效率，扩大社会财富。创造性劳动也离不开科学技术，而这一重要任务就必须智育来实现。而透过智育培养的科学精神和批判性思维能力，就可以推进劳动技能的革新。劳动教育与智育又有各自的功能与特点，在教学中不要一味地把劳动“智育化”，也不要把智教等同劳动教学。劳动教育与智育是相互依存、彼此融合、彼此衬托、相互促进的，因此在培育全面发展的人时应给予二者平等的地位，使二者得以平衡发展。

2. 学校教育中劳动与智育相结合的途径

把劳动教育与思想政治教育结合起来。在思想政治理论课教育教学中嵌入劳动教育，实现劳动教育与思想政治教育相衔接，或寓劳动教育于思想政治教育之中，充分利用帮助学生树立马克思主义世界观、人生观、价值观的主渠道、主阵地实施劳动教育。把马克思主义劳动观、当代中国马克思主义、21 世纪马克思主义劳动观作为一个科学理论体系，融入思想政治理论教育中，实现进教材、进课堂、进头脑、进心灵。在课堂教学中，注意理论解析、理论传播、理论武装。同时，充分利用劳动模范的宝贵资源讲劳动，讲劳动故事，讲劳模精神、劳动精神、工匠精神，努力让受教育者走进劳动、走近劳模，弘扬劳模精神，从而对劳动、劳模、劳模精神产生敬爱之情。

把劳动教育和学科教育紧密结合起来。严格地说，劳动教育和学科教学在过程与目标上都有着内在一致性。各类专业课程，从知识体系建构、知识体系向劳动体系转化、知识体系向科技创新升华、知识体系向社会财富转变等，无不渗透或展现出当代社会的劳动价值与发展趋向。因此，学校应当在专业知识传授中自觉强化劳动观念导向、劳动立场导向、劳动态度导向、劳动精神导向，自觉融入劳动要素，在传道中授业，在授业中体验，在体验中感悟，在感悟中认同。努力形成了具备本专业特点的劳动教育价值体系。同时，注重强化专业教学中劳动理论知识的传播与工人培训，培养劳工奉献精神、劳动模范奉献精神、匠人奉献精神，让学习者变成劳工奉献精神、劳动模范奉献精神、匠人奉献精神的自觉践行者。

把劳动教育与实习、见习教育结合起来。劳动教育本身就是“全员育人、全程育人、全方位育人”的题中应有之意。几乎没有不需要实习、见习的专业，没有不参加实习、见习的学生。因此，要统筹校内和校外、课上和课下、学校和社会各个教学阶段和环节，根据不同学科、专业和学生特点，选择最适合的实习、见习方式，引导受教育者在实习、实训、考察、调研中，走进生产（劳动）一线，走进企业、社区、乡村，同广大普通劳动者交往、交流、交心，加深与普通劳动者的感情，拓展劳动知识，提升劳动技能，培养劳动自觉，干一行、爱一行、钻一行的品质，树立敬业才能就业、敬业才能创业、敬业才有事业的观念，在平凡的劳动岗位上做出不平凡的事业，从而为走入社会做好职业（思想）准备。

把劳动教育与创业教育结合起来。习近平总书记反复强调诚实劳动、创造性劳动。这既充分体现了新时代对劳动的新要求，也是劳动教育、劳动精神培养需要追求的重要目标。“双创”（“大众创业、万众创新”的简称，出自李克强总理在 2014 年 9 月夏季达沃斯论坛上的讲话）教育具有创新性、创造性、探索性，必须加强体制机制建设，完善“双创”教育体系，拓展“双创”教育空间，为学生提供更加灵活地参与“双创”的机会和平台。

把劳动教育和志愿服务紧密结合起来。在社区实践活动与志愿服务工作中融入劳动教育，以促进学生养成良好的劳动习惯，丰富体验劳动兴趣，分享劳动成果，这就是劳动教育工作的最大境界。采用了工学结合、勤工助学、劳务体验等渠道，积极引导受教育者自觉参与社会服务，培养劳动情感、勤劳意志和敬业精神。通过劳动教育，可以促使中小学生更加尊重劳动，在走向社会后也能够辛勤劳动、诚实劳动、创造性劳动。

四、劳动与体育

（一）劳动孕育了体育

1. 体育在劳动过程中诞生

最早关于体育起源的学说是“模仿起源说”，该学说认为体育是源于儿童模仿成人打猎、捕鱼、家务、战斗等活动而进行的娱乐活动。后来出现了“生理起源说”，主要认为人类精力旺盛，过剩的精力应用于体育娱乐活动。“劳动起源说”认为体育起源于劳动。

实践证明，在人类文明的早期，人类要通过狩猎、采集、捕鱼等获取赖以生存的食物，就必须有与野兽相互搏斗的能力以获取猎物，就必须掌握攀爬技能以能爬上高高的树枝或悬崖峭壁，就必须拥有在水中捕鱼的技巧与能力。于是，在获取食物的这条路上，人们练就了跑、跳、搏击、追击、逃生、攀爬等技能。因此，体育起源于劳动似乎更具有说服力。

2. 专业化是体育促进个体强健体魄的主要方式

体育运动提倡的就是在运动中寻求人的尊严，发展人的身体、力量、意志、个性，鼓励发展人的勇敢与冒险等品质，使人全面发展。如古希腊几乎所有城邦都拥有自己的竞技场，竞技场是城邦公共生活的中心，主要功能包括：为体育运动比赛提供场所，为青年人提供接受教育的场地，为城邦公民进行聚会和讨论公共事务提供场所。在雅典，青年在十六岁以前要进入体育学校，接受专业的体育训练，学习内容以赛跑、铁饼、标枪、角力、跳跃五项运动为主。体育训练的目的在于强健青少年的体魄。

体育教育通过专业化不断促进个体体魄发展。原始社会的采集、狩猎等基本劳动技能是为了生存，处于“手把手”相传技能的阶段，并未将运动专业化。我国早在夏商周，就已经意识到体育竞技专业化训练在促进个体体魄发展中的重要性。如射、御、角力、拳击、奔跑、跳跃、武术等在奴隶制社会相当盛行，学习者主要是奴隶主贵族子弟，并有专门的场所进行专业化的训练。商代的序也是从事专业化体育训练的场所。序，主要是学“射”的专门场所。唐朝有武举制，参加武举考试前需要进行专业化的训练，专业化训练主要根据武举考试内容而定。唐朝武举考试的内容有射箭、马枪、举重、身材、言语等，主要包括实用技能、身体素质、文化水平等方面的要求。

3. 劳动是体育教育的生活化形态

体育源于劳动，劳动也是体育教育的生活化形态。专业化是体育教育发展个体体魄的最主要特征，劳动则是体育教育最简单、直接的生活化形态。劳动教育要融入各个方面，就要从人类赖以生存的最基本方式——劳动着手。以往的劳动教育局限于狭义的学校劳动教育，专业化的体育训练能锻炼个体的体魄，却忽略了以劳动为最基本方式的生活形态的影响。

体育锻炼最基本的方式是劳动。在原始社会，人类通过采集、狩猎等方式获取食物得以生存。同样地，在获取食物过程中，攀爬、与野兽斗争的技能也促进了身体素质发展，为拥有强健的体魄打下坚实的根基。奴隶制社会中开始有专门的场所进行技能训练，如掌握“射”的技能之后，既可以到猎场进行狩猎以满足奴隶主贵族的口腹之欲，也可以为检验技能提供实践机会，以达到增强体魄和娱乐的目的。封建社会中，尤其是唐朝，根据武举考试内容而进行专门的训练，既可以增强个体体魄，又可以保家卫国。当下高校体育教育除了专业化的体育训练，还包括了最基本的有关生活劳动的督促，以促进个体全面发展。

（二）劳动与体育的融合

1. 劳动促进个体身体健康

合理的劳动可以促进身体健康。合理的劳动主要是指其作为社会的一分子，无论作为何种角色，都应该积极践行该角色生存所需的基本劳动。第一，作为学生，在学校环境中，要将个人发展与学校发展相联系，将个人生活与学校生活相联系，如宿舍作为学校公共生活环境，要通过每位室友的共同劳动来保持宿舍整洁、卫生，这不仅降低了患病概率，也通过劳动换来整洁的生活环境，更在该过程中促进良好室友关系的形成。第二，作为子女，在家中要开展正常生活所需的基本劳动，将个体发展与家庭发展相联系，如整理家务、烹饪、管理家庭事务等方面的践行。第三，作为社会的一分子，要将个体发展与社会发展相联系，如积极参与志愿者活动，培养社会责任感等。

2. 劳动促进体育教育生活化

脱离生活化的体育教育容易陷入纯专业化误区。青年学生通过明确社会系统角色认知，在学生、子女、社会一分子等不同角色中，需要践行相应的基本劳动，方可促进个体全面发展。对于广义的体育教育来说，劳动促进了体育教育生活化。体育教育是一种教育影响，是一种对体育观念、体育意志力、体育精神、体育情感等方面的影响。体育教育专业化可助力体育教育，但是脱离生活的体育教育显然是断层的。这种断层主要是体育教育与生活脱离，体育教育影响与生活实践的脱离。

体育教育与生活实践的脱离不利于教育影响的实施。体育教育是通过身体活动增强体质，传授锻炼身体的知识、技能、技术，培养道德和意志品质的有目的、有计划的教育过程。它既包含了教育属性，又包括了社会属性。因此，体育教育影响受社会政治、经济、文化等方面的制约，又促进政治、经济、文化等方面的发展。体育教育影响离不开对个体生产、生活等方面的影响。劳动是生产、生活的最基本形式，脱离了生存、生活的最基本方式，不利于体育教育促进个体身心全面发展。

五、劳动与美育

美育是培养学生认知美、发现美、体验美、创造美之能力的教育，也称审美教育。席勒在《美育书简》中认为："从感觉的受动状态到思维和意志的能动状态的转变，只有通过审美自由的中间状态才能完成……总之，要使感性的人成为理性的人，除了首先使人民成为审美的人，没有其他途径。"换言之，席勒认为审美是感性向理性过度的最佳途径，通过审美，人才能实现真正的自由。美是抽象的，没有统一的标准来划分美与丑。如自然之美鬼斧神工，时而见"飞流直下三千尺，疑是银河落九天"之气势磅礴的瀑布美，时而见"落霞与孤鹜齐飞，秋水共长天一色"之黄昏时分的赣江美。美或丑取决于个体的心境所处环境，若翻山越岭、饥肠辘辘尚未达到目的地，美丽的瀑布、黄昏的落霞会因瀑布的噪声、逐渐暗去的天色而黯然失色。认知美、发现美、体验美、创造美需要以美育为平台，以劳动为最基本形式开展。

（一）劳动实践引导树立正确的审美观

1. 在劳动中认知美

劳动体现在认知美的过程，通过劳动创造过程享受美，在劳动过程中认知美。首先，在劳动创造过程中享受美。大学生通过掌握基本劳动技能，进行劳动实践建立起劳动审美关系，并享受其中。马克思认为，审美认识与审美活动依赖人类社会而存在，生产劳动是认知美的基本方式。如狩猎者以动物装饰为美；农耕者以自然界可利用之器为装饰物。狩猎者的衣食源自猎物；农耕者则通过利用木头、石头等制成工具，通过开垦荒地，种植为生。其次，在劳动过程中认知美。苏霍姆林斯基认为："一个人进行积极活动的精力和可能性越大，他对美的态度在形成其道德面貌方面所起的作用就越加有力。"这体现了苏霍姆林斯基关于个体在劳动过程中的主动意愿与个体对待美的态度是正相关的，符合"劳动认知美"的观点。

"无私奉献"属于美。在2020年突发的新冠肺炎疫情中，84岁老人钟南山院士奔赴武汉疫情一线，使人们感受到其内心的美。73岁老人李兰娟院士因长时间佩戴护目镜在松弛的皮肤上留下了深深的压痕，却露出最美的微笑。那些来自五湖四海的援鄂逆行者，人们不知道他们的姓名，于是给他们取名"最美逆行天使"。在劳动实践过程中表现出的无私奉献、勇往直前、不怕苦难、坚韧不拔的精神体现着最深层次的美。

"辛勤劳动"属于美。辛勤劳动是中华民族的优良传统，通过辛勤劳动，中华民族不断创造新的文明成果，引领新的潮流。"复兴号"使人们出行更加快捷；"支付宝"正逐步辐射全球，改变传统的支付方式；我国第一艘国产航空母舰代表了中国技术正迈向世界水平。这些汇集华夏民族智慧与精神的科技成果，正是辛勤劳动之美的最好体现。

2. 在劳动中形成审美观

人往往积极去寻找美、感受美、体验美，这是对客观存在审美对象的认知。这种因感知审美对象所引起的积极性、愉悦感，存在于社会生产实践活动过程中。因此，全面地认知美，要积极进行社会劳动，去探寻、感受、体验美。

积极性是在劳动中全面认知美的主要特征。在人类发展历程中，个体在认知美的过程中是积极的。古希腊人注重身心协调发展，教学内容涵盖了德、智、体、美四个方面。这与雅典自然条件、社会关系密切相关。因为一个城邦要想在众多城邦中立足，就得有实力与其他城邦抗衡，而只有公民身心协调发展，城邦才有立足的可能。雅典人的身心和谐发展主要通过美育来完成，即以劳动实践为形式追求美的体态与美的情感。

"共识美"通过社会肯定引导人树立正确的审美观念。在社会实践中，个体劳动的结果与成果得到社会肯定，形成"共识美"，从而引导人树立正确的审美观念。原始社会中，人类为了生存与自然相搏，掌握狩猎、采集等基本技能方可生存。处于该环境中，人类的"共识美"即狩猎能力、采集能力强。封建社会有了另一套社会生存法则，"仁义礼智信"为"共识美"。不同历史阶段的"共识美"都体现在人类社会实践过程中改造自然、改变社会的美的观念的引导上。在我国当前处于社会主义初级阶段的背景下，社会主要矛盾已经转化为人民日益增长的美好生活需要和不平等不充分的发展之间的矛盾。确立正确的"共识美"来帮助青年学生树立正确的审美观至关重要。

（二）劳动过程促进审美能力培养

1. 劳动是发现美、体验美的基本途径

个体发现美、体验美取决于后天的劳动生产。被誉为“杂交水稻之父”的袁隆平曾说：“在田里，人的身体上半截被太阳晒着，很热。腿在田里冷水中泡着，很凉。但我们每天都要拿着放大镜，一垄垄、一行行、一穗穗，在成千上万株稻田里寻找雄性不育株，那真的是大海里捞针。”就是在这样的艰苦劳动中，在精益求精的科研精神支撑下，袁隆平追寻“禾下乘凉梦”的初心始终没有动摇。袁隆平在劳动过程中进行科研创新，体验别样种禾之美。

生活实践为发现美提供素材，为体验美提供机会。所谓“少年不知愁滋味”反映的就是生活实践的重要性。“愁”这种体验最初体现在生活所需的柴米油盐酱醋茶当中，监护人代替青少年承担了诸多的基本生活体验，因此很多人年少时没有这种因“柴米油盐”而“愁”的感受，一旦自力更生，有一定的生活经历，方可体会。体验美也是如此，需要从生活实践中体验。英国小说家毛姆的《月亮与六便士》以法国画家保罗·高更的生平为素材，把生命的价值全部注入绚烂的画布。虽然男主人公在处理家庭矛盾中的行为令人深恶痛绝，但他对创造艺术之美的执着与追求令人尊敬。生活实践带给人们的美的冲击力量最为形象，也最为深刻，正是这种形象性、深刻性促进了人们审美能力的提高。

2. 审美能力增强劳动过程的幸福感

审美能力的提升丰富了枯燥的劳动过程，也增强了劳动过程的幸福感。袁隆平头顶烈日，脚踏稻浪，众里寻株，在普通人眼中是煎熬，在袁隆平眼中却是最幸福的事。人们对客观存在审美对象的认知不同，对客观存在事务、客观经历事情的态度也有所不同。好吃懒做之人在触及家务之杂事时会觉得痛苦万分，认为这种事情不该由自己来做；勤劳之人，家务则成为其享受性劳动。

（三）在劳动中创造美

1. 提升审美能力旨在创造美

树立正确的审美观，提升个体的审美能力旨在创造美。拥有正确的审美观是发现美、欣赏美、体验美的前提，一个能够欣赏美的人不一定能够创造美。创造美离不开劳动实践，创造美的事物、美的价值需要根据美的本质结合劳动实践进行创新。创造美要以人与自然和谐相处为前提，创造美要以人与社会和谐发展为基础，创造美要以人类可持续发展为根本。

2. 人与自然和谐共处创造美

创造美要以人与自然和谐相处为前提。创造美无论以什么形式呈现，都不是自然孵化的产物。那么人类所创造的人为美，是否会破坏自然界的美？比如，生产漂亮的皮革，却要以动物的生命为代价。华丽皮草孕育的是美吗？大自然可以通过地壳运动形成一座座绵延不绝的山；可以为人类提供生存所需的自然资源，如水、石油、森林。大自然“爱”人类至深，甚至是无条件地提供资源。人类热爱大自然，愿意为欣赏美景踏遍山川河流，愿意为探寻珍稀动物之美涉足险地，愿意为人与自然和谐相处呼吁全人类的关注。人类所能做的是守住人类创造美的底线，与自然和谐相处。

3. 人与社会和谐共处创造美

创造美是一种社会活动，是在社会性的劳动中实现的。人类在生产劳动创造美的过程中，既依赖自然环境，又改造自然使其具有社会属性。马克思认为劳动创造了美。人在使自然环境社会化的过程中，创造出一个个人造美的奇迹，如各类建筑物、桥梁、公路等；人在使自然环境社会化的过程中创了艺术美，如雕塑、绘画、诗歌、乐器、舞蹈、戏曲等。前者注重生活实用性，后者则注重精神享受。这些都体现了人创造美是为了使人在社会化的环境中用发现美、体验美的方式生活。反之，如果创造的美却具有破坏性，就需要维护人与自然的和谐相处，如火药的发明、原子弹的研究、导弹的研制，这些发明无疑是不同阶段历史发展过程中创造美的里程碑。众所周知，转瞬即逝的烟花的成分是黑火药，点燃后会发生爆炸，运用得当将在庆典中产生锦上添花之美。在宋朝，人们就已经开始将火药运用在军事中，一旦运用于战争，则会造成生灵涂炭。因此，在劳动实践中创造美，要判别所创造美的实质，以人与自然和谐相处、人与人和谐相处、人与社会和谐相处为原则。唯其如此，才能够促进人类可持续发展。

拓展阅读

从鲁莽少年到中国脊梁
——钟南山的故事

84 岁逆行抗“疫”一线，给全国人民吃下“定心丸”——这就是中国工程院院士、呼吸病学专家钟南山。由接力出版社和党建读物出版社联合出版的《钟南山：生命的卫士》电子书陆续在全网发布，供读者免费阅读，向青少年讲述钟南山的成长经历和战斗在抗击病毒一线的故事。

从鲁莽少年到运动健将

新闻里的钟南山，总是精神矍铄、目光坚毅，如山一般稳健。但《钟南山：生命的卫士》一开篇，却讲述了一个鲁莽少年因为爱冒险，与死神擦肩而过的故事。

十一岁的钟南山，趁父母不在家，拿着家里最大的一把布伞，从三楼的窗子跳了下去。“他太想像空中的鸟儿一样飞翔了。”这就是少年钟南山，像很多男孩子一样调皮、贪玩，也有着惊人的勇气。

少年渐渐长大，天赋的才能在他身上绽放。1955 年，高三学生钟南山参加了广东省田径比赛，获得了 400 米比赛的亚军，并打破了广东省纪录。随后，他又代表广东省参加全国田径运动会，在男子 400 米项目中，获得了第三名的骄人成绩。这时，中央体育学院来信，希望他能到国家队去训练。面对抉择，父亲钟世藩建议儿子还是放弃当专业运动员，选择学业。钟世藩认为，体育竞技不能成为从事一生的工作，但如果钟南山选择医学，则可以一辈子治病救人。

听从了父亲的建议考入北京医学院的钟南山，依然是运动场上耀眼的明星。1956 年，他作为北京高校“三好学生”代表受到周恩来总理接见。1958 年，大三的钟南山被选拔参加北京市体育集训队集训。1959 年 9 月，他在新中国第一届全国运动会上以 54.4 秒的成绩打破全国纪录。1961 年，他获得男子十项全能亚军。

运动还为钟南山牵起了红线。在备战全运会期间，他与中国女篮的主力队员李少芬相恋。一起训练的两个人，从此携手一生。

如今，84 岁的钟南山仍然坚持运动，一身肌肉令年轻人都自愧不如。钟南山说：“我为什么到现在还喜欢体育运动呢？因为它能培养人的三种精神：第一是竞争精神，一定要力争上游；第二是团队精神；第三是如何在单位时间里高效地完成任务。就像跑 400 米栏，练了一年，成绩才提高三秒，每一秒都那么宝贵。把体育的这种竞技精神拿到工作、学习上，是极为宝贵的。”

35 岁才踏上为医者的道路

出身医学世家，又是北京医学院最优秀的学生，钟南山的医学之路本该是一片坦途。但在那个特殊年代，个人的命运只能任凭时代大潮裹挟。钟南山当过校报编辑、下放农村锻炼、烧过锅炉……毕业后整整十一年，他都没有从事医疗工作。

直到 1971 年，钟南山终于从北京调回广州，成为广州第四人民医院的一名医生，也回到了父亲身边。一天，钟世藩忽然问钟南山：“南山，你今年几岁了？”钟南山不假思索地答道：“三十五岁。”“三十五岁了，真可怕……”父亲的这句话深深刺激了钟南山。四十多年后，钟南山回忆，一生中对自己影响最大的一句话，就是父亲当年说的这句话，这话重新唤醒了他对医学事业的强烈追求。

一切得从零开始。从那以后，钟南山虚心向同事学习，专业能力突飞猛进。他还接下了别人不愿接受的研究慢性支气管炎的任务，没想到竟成为奋斗一生的事业。

43 岁那年，钟南山入选公费出国人员名单，获得了赴英国爱丁堡大学深造的机会。面对导师的轻视，他以一场精彩的公开演讲完美亮相；为了做研究，他从自己身上抽血检测仪器，把自己当作小白鼠做一氧化碳吸入实验……对于心爱的医学事业，他奉献了全部身心。

学成归国后，父亲郑重其事地对他说：“你终于用行动让外国人明白了，中国人不是一无是处。”那时，钟南山已经 45 岁了，这是他自记事起，第一次获得父亲的表扬。

后来的故事广为传颂。当两次疫情肆虐国家，给民众带来危难之时，钟南山逆行而上，用精湛的医术挽救了无数危重病人。他坚持真理、敢说真话，赢得了老百姓的信任和尊重。

在《钟南山：生命的卫士》一书中，作者李秋沅总结道：“钟南山多才多艺，他是打破全国纪录的运动健将，在文艺舞台游刃有余的歌者、舞者、黑管演奏者，是仁爱的医生、严格的导师、开明的领导人、学术权威……他的天赋与意志力，赐予他生命发展的多种可能，但他最终专注于医学，执着探索，并将自己的才干，发挥至极致。”

诚实是父母给他上的人生第一课

《钟南山：生命的卫士》是一本面向青少年读者的书籍。因此，对于钟南山青少年时期的成长故事，李秋沅用足了笔墨。她还将写作的重点之一，放在了钟南山的家风上。

“钟南山父亲的教育背景，在公开资料中相对完整，而母亲的相对较少。”和钟南山的母亲一样，李秋沅也在鼓浪屿长大。写作期间，她不断向老鼓浪屿人和朋友求助，探寻钟南山母亲在鼓浪屿的痕迹。“当我得知她的母亲是毓德女中毕业之后，非常欣喜。20世纪二三十年代毓德女中所教育出来的女子，不像从前养在深闺的女子那般小气促狭，而是拥有大气魄，多才多艺。钟南山之母精通英文，运动、口才、音乐等各方面的才能都很拔尖。有这样优秀的母亲，培养出钟南山，也就不足为奇了。”

虽然出生、成长在战争年代，但钟南山有一个温暖幸福的家。父亲钟世藩在北京协和医院获得博士学位，母亲廖月琴毕业于北京协和医院护理学专业，他们给孩子创造了开明、讲理、充满爱的家庭环境。父亲严谨勤奋，对工作尽职尽责，回到家还带着钟南山一起做实验；母亲温柔善良，在家里并不宽裕的情况下，依旧资助钟南山的同学上大学。父母都是医德高尚、医术精湛的医生，从他们身上，钟南山学到了医者的博爱与敬业。

在钟南山的成长中，有几个故事特别打动李秋沅，其中一个，关乎“诚实”。小学时，钟南山曾将父母给他的伙食费偷藏下来买零食吃，还撒谎瞒着父母。事情败露后，一向严厉的父亲，只对他说了一句话：“南山，你自己想一想，像这样的事应该怎么办。”钟南山一宿无眠，谎言被揭穿后的羞耻深深印在他的心里。从那以后，他一直告诫自己，要讲实话，做老实人。

另一个故事，关乎“承诺”。钟南山11岁时，妈妈许诺，如果他能考上岭南大学附属中学，就奖励他一辆自行车。要知道，这对于顽皮、逃学甚至还留级过的钟南山，是多么不容易的事。后来钟南山真的实现了这一目标，但因时局原因，家里生活一下子困难起来。不过，母亲还是说到做到，真的买了辆自行车给他。这件事对钟南山的触动很大，他记住了，只要是答应过的事，就一定要做到。

“诚实、承诺、仁爱、自强不息，是父母教育和生命成长留给钟南山的宝贵财富。这几个故事，钟南山多次在公开访谈中谈及，它们对于钟院士的成长、对于他品格的塑造所起的重要作用可见一斑。”李秋沅希望，这些良好的家风，能感染更多的青少年读者。“在钟南山身上，我们看到了源自他父母的清正之气，而他们的精神气质，与千百年来胸怀家国、心怀社稷的中华有识之士一脉相承。良好的家风和流淌在中国人血脉里的高贵的中国精神，共同成就了钟南山的品质和成就。”

疫情中紧急加写最后一章

《钟南山：生命的卫士》是“中华先锋人物故事汇”系列（第二辑）中的一本，原计划5月纸质书先上市，再推出电子版。就在编校工作有条不紊地推进之时，新冠肺炎疫情开始肆虐中华大地。钟南山再次临危受命，登上了开往武汉的列车。他在拥挤的餐车一隅，蹙眉阖目休息的照片，令多少民众揪心感怀。而他对疫情的每一次权威解读，又让全国人民打消疑虑、坚定信心。

《人民日报》官微评价他："八十四岁的钟南山，有院士的专业，有战士的勇猛，更有国士的担当。"而这样的故事，必须被记录、被书写。很快，李秋沅便根据最新资料，补充了书稿内容。考虑到全国正处在抗疫的关键时刻，该书的编辑、审校等加班加点，加速运作，让电子版提前上线，供读者免费公益阅读。

在紧急加写的最后一章，李秋沅写道："钟南山曾说过这么一段话：'始终不安于现状，这好像是我生命的主轴……假如每个人都能这样，这个社会就会进步很快，国家也会进步很快'——钟南山执着向前，用行动诠释着对国家之爱，对人民之爱，对生命之爱。"

她希望，小读者们能在钟南山的故事中感受到医者的风骨，汲取到战胜疫情的力量。"从钟南山院士身上，我们看到人之为人的高贵，看到了'担当''诚信''实事求是''百折不挠'的精神光芒。他是当之无愧的中国脊梁、中国国士，更是中国当代青年的榜样。"

（来源：北京日报客户端 2020 年 2 月 25 日　记者：李俐。）

第三章

劳动精神

第一节　劳模精神

一、劳模精神概述

（一）劳模精神的概念

在不同的年代，劳模都具有不同的内容和特点，对劳模精神也有着不同的诠释。劳模精神折射出一个时代的人文精神，体现着一个民族的时代思想与情愫，代表着一个时代的价值观、道德观和精神风貌。

在推动中国革命、建设和改革的伟大历史进程中，一代又一代的中国工人阶级以自己的模范行动，发挥了中流砥柱的作用，形成和发展了工人阶级伟大品格和劳模精神，那就是主人翁责任感和艰苦创业精神、忘我的劳动热情和无私奉献精神、良好的职业道德和爱岗敬业精神，这些优秀品质集中体现了中国工人阶级的先进思想和精神风貌。今天，劳模精神则被浓缩为 24 个字：爱岗敬业、争创一流、艰苦奋斗、勇于创新、淡泊名利、甘于奉献。

（二）劳模精神的时代内涵

在 2020 年全国劳动模范和先进工作者表彰大会上，习近平总书记精辟概括了劳模精神、劳动精神、工匠精神的深刻内涵，指出劳模精神、劳动精神、工匠精神是鼓舞全党全国各族人民风雨无阻、勇敢前进的强大精神动力，强调要大力弘扬劳模精神、劳动精神、工匠精神。爱岗敬业是本分，争创一流是追求，艰苦奋斗是作风，勇于创新是使命，淡泊名利是境界，甘于奉献是修为。做一个守本分、有追求、讲作风、担使命、有境界、有修为的人，是每一位劳模的精神风范，更是每一位劳动者应该追求的目标。

中国特色社会主义进入新时代，中国的劳模精神一方面继承了过去年代的精髓要义，另一方面也揭示了新的时代内涵和实践向度。当代中国劳模是社会主义改革开放和建设的优秀劳动者典范，鼓励千千万万普通劳动者坚持理想信念，立足本职工作，奋勇争先当优，勇于创新创造，创建事业功勋。他们以当家作主的态度诠释了爱党爱国、兢兢业业、恪尽职守、无私奉献、宁静致远的精神风貌。

1. 爱岗敬业是当代中国劳模精神的根本

《礼记 · 中庸》有云："君子素其位而行，不愿乎其外"，劝诫人们要忠于职守，努力做好自己职责内的事情，不生非分之想。《礼记 · 学记》中讲："一年视离经辨志，三年视敬业乐群。"告诫人们要学会敬业，与他人相处要和睦。梁启超在《敬业与乐业》中讲："一个人不尊重自己的职业就是亵渎职业之神圣；事实上，一定把事情做糟了，结果自己伤害自己。所谓职业主义是人生最必要、最有益的。"习近平总书记在党的十九大报告中指出："弘扬劳模精神和工匠精神，营造劳动光荣的社会风尚和精益求精的敬业风气。"通贯古今，爱岗敬业已成为中国优秀传统文化的重要内容之一。它意味着劳动者无论身处什么岗位，从事何种职业都要干一行爱一行，热爱自己的工作岗位和本职工作，以正确、严肃、恭敬的态度对待自己的专业工作，努力培养工作中的荣誉感和幸福感，这是劳模精神的基本内涵。劳模表现出热爱岗位、献身岗位的高尚美德，感染和激励着广大劳动者——只要爱岗敬业，再平凡的工作都能做出巨大贡献，体现自我价值，创造社会价值。

2. 争创一流是当代中国劳模精神的灵魂

爱岗敬业是对劳动者的普遍要求。争创一流是劳动者的先进性要求，是具有竞争力、战斗力和爆发力的现代劳动模范的精神源泉。争创一流作为当代中国劳模精神的灵魂，是一种思想意识，是劳模充分发挥主观能动性，创先争优的内生动力；是一种思维方式，是激励劳动者奋勇向前、拼搏进取的保证；还是一种行动目标，是劳模对标"高、精、尖"，实现追求一流功绩的灯塔；也是一种手段方法，对在中国特色社会主义各项事业建设中取得突出成绩的劳动者的肯定和鼓励。只有大力弘扬爱岗敬业、争创一流的劳模精神，才能在广大劳动者中形成目标突出、扎实工作、注重高效的劳动风尚和社会氛围。新时代，实现中华民族伟大复兴的梦想，需要坚守岗位、勤奋敬业、弘扬劳模精神。

3. 艰苦奋斗是当代中国劳模精神的本色

中华民族五千年的历史是一部艰苦卓绝的奋斗史，艰苦奋斗四个字对于每一位中华儿女来说，最为耳熟能详。"成由勤俭破由奢""民生在勤、勤则不匮"等箴言妙语，都蕴含着深厚的崇勤、节约、刻苦等美德。这些美德激励着中国人民崇尚勤劳、厉行节约、刻苦努力、生生不息，铸就了悠久且未曾中断的闪耀世界、傲立东方的中华文明。

无论是中国革命战争时期，还是现代化经济建设时期，抑或是社会主义文化繁荣昌盛的今天，都需要全国劳动人民共同努力，最终涓涓细流汇入江河大海。艰苦奋斗已成为人们在实践中的一种价值取向，其中蕴含着人们对某种价值的执着追求。劳模们崇尚艰苦奋斗的优良作风，无私奉献、勇于创新，为集体作出贡献，表现出高尚的道德情操和精神风貌。当代中国劳动模范精神之所以能够继续发挥其号召力、感召力和影响力的作用，是因为劳动模范精神蕴含着一以贯之的艰苦奋斗精神，成为当代中国劳模精神最稳定、最永恒的精髓。

4. 勇于创新是当代中国劳模精神的核心

勇于创新就是敢于创新、善于创新，运用已有的知识、信息、技能和方法进行发明创造、改革，并且具有革新的意志、勇气和智慧。劳模能够面对艰苦的条件和环境、艰巨的任务和过程，不断进取、勇于创新，最终取得超越常人的成绩。党的十九大指出，“创新是引领发展的第一动力，是建设现代化经济体系的战略支撑。”正如习近平总书记强调的：“科学技术从来没有像今天这样深刻影响着国家前途命运，从来没有像今天这样深刻影响着人民生活福祉。”我们要“培养造就一大批具有国际水平的战略科技人才、科技领军人才、青年科技人才和高水平创新团队”，建设一支又一支“知识型、技能型、创新型劳动者大军，为创新创造提供雄厚的人力资源保障”。提倡勇于创新、善于创造、长于管理的劳模精神是实现中华民族复兴的现实需要。随着时代的进步，现实的工作条件已不同于以往，但艰苦奋斗、勇于创新的劳模精神，仍然要成为新时代每个劳动者追求的精神家园。

5. 淡泊名利是当代中国劳模精神的境界

淡泊名利是劳动模范固有的精神境界，它培育了当代中国劳模精神。淡泊名利意味着不注重外在的名利，不求回报，全心全意地付出。当国家、集体和他人需要的时候，能够放弃一些个人所得，心甘情愿地做一些力所能及的事。劳模自从登上中国历史舞台以来，就拥有“淡泊名利”的精神境界。革命战争期间，苏区政府和边区政府的劳动英雄们主动捐出自己的粮食等物资支援前线，为抗日战争的胜利提供了物质保障。时传祥是一名掏粪工人，也是共和国第一批劳动模范，他受到了毛泽东、刘少奇和周恩来等党和国家领导人的接见，没有因此炫耀或交换过任何东西，当一些劳模担任国家领导职务时，时传祥仍然在掏粪工的岗位上兢兢业业、勤奋工作、一如从前、安贫乐道，真正的劳模精神是用实际行动来诠释的。全国劳模模范、全国道德模范袁隆平，也是淡泊名利的榜样。袁隆平把全部精力放在杂交水稻上。他为八亿人解决了温饱问题，却穿着三十五元的衣服，泡在稻田里默默耕耘，无私地将杂交水稻专利权捐给了国家。劳模袁隆平让我们感动，令我们尊重和推崇，除了敬业奉献的情操和爱国爱民的情怀，还有他淡泊名利、宁静致远的精神境界。

6. 甘于奉献是当代中国劳模精神的底色

中国传统文化中的奉献思想深刻影响着当代中国人的精神世界，使奉献成为中国人崇高的价值标准和道德表达。劳动模范就是这样的一群人，以奉献为精神象征，能够奉献、乐于奉献、追求奉献已成为劳模的思想意识和行动自觉。甘于奉献是劳模的时代底色，劳模的精神内涵是无法抹去的。在工作和生活中着眼当前、立足岗位，保质保量地完成自己的本职工作；胸怀大志、不畏重担、脚踏实地朝着既定目标不懈努力；励精图治，始终保持强烈的工作热情和健康向上的态度；甘于付出、不求回报，以坚定的信念、执着的精神和寻常的举动，在平凡的工作中取得非凡的成就。他们以高度的主人翁意识和责任感、卓越的劳动创造和无私的拼搏奉献，为普通劳动者树立了榜样。

（三）劳模精神是时代精神的生动体现

劳动模范精神是引领时代新风的精神高地，它生动地反映了时代精神的精神实质、主要特征和重要内容。一方面，劳模精神具有鲜明的时代特征，是时代精神的生动体现。劳模精神作为一种文化精神，不是一成不变的，而是务实、创新、鲜活、生动的，它随着国家意识形态、经济社会形势和时代的变迁而不断演变和发展。另一方面，劳模精神促进了时代精神的发展，丰富了时代精神的内涵。劳模们在创造性实践和不断探索中，激发出自主性、首创性和先进性元素的劳模精神，指明了社会进步的发展方向。劳模精神不断为时代精神注入新的活力，凸显并丰富了时代精神的内涵。

（四）劳模精神是民族精神的重要组成部分

1. 劳模精神是民族精神核心要素的集中体现

劳模精神不仅体现了以爱国主义为核心的团结统一、爱好和平、勤劳勇敢、崇德尚仪、公而忘私的民族情怀，还体现了知行合一、自力更生、自强不息的人生追求。另一方面，劳模精神是民族精神创新发展的重要动力。劳模精神始终与时俱进，创新丰富了民族精神。一代又一代劳模以自己的辛勤劳动、诚实劳动和创造性劳动，为民族精神注入新的活力，不断丰富民族精神的内涵。

2. 劳模精神是劳动精神的积极呈现

劳模精神继承和发展了中华民族传统的优秀劳动观念，树立并突出了艰苦奋斗、诚实劳动、创造性劳动的新理念，以光荣的劳动、宝贵的技能、伟大的创造、创造和弘扬了时代风尚，产生并传播了劳动者至上、劳动者平等、劳动者可敬、劳动最光荣、劳动最崇高、劳动最伟大、劳动最美丽的劳动观。因此，劳动者可以通过自己的劳动获得满足感、幸福感和尊严感，在创造丰富物质财富的同时拥有丰富的精神世界。

3. 劳模精神是培育时代新人的重要手段

一方面，劳模精神作为社会主义核心价值观的生动体现，更容易理解，更容易接受，更容易模仿，对培养时代新人将起到重要推动作用。另一方面，通过加强制度保障、舆论宣传、文化熏陶、教育引导和实践培养，以劳模精神培养和造就时代新人，激发广大劳动者干事创业的主动性、积极性和创造性。因此，我们要紧紧围绕培养时代新人这一重大命题，在全社会特别是各级学校教育中培养、弘扬和践行劳模精神，引导全社会特别是青少年树立正确的劳动价值观，全面提高劳动者的整体素质和精神品质。

4. 劳模精神是文化自信的重要支撑

一方面，劳模精神是中国特色社会主义文化的重要组成部分，贯穿建设中国特色社会主义文化的全过程。劳模精神植根于中华民族的劳动过程，特别是中国特色社会主义的伟大实践，充分继承和发展了中国优秀传统文化和社会主义先进文化。另一方面，弘扬和践行劳模精神，有利于增强文化自信，促进社会主义文化繁荣。弘扬和实践劳模精神，有利于牢牢把握思想工作的领导，培育和践行社会主义核心价值，加强思想道德建设，促进中国特色社会主义文化的繁荣和发展。

5. 劳模精神是实现伟大复兴中国梦的重要力量

一方面，劳模精神是实现中华民族伟大复兴的宝贵精神财富。在全社会弘扬和践行劳模精神，营造尊重劳动、尊重知识、尊重人才、尊重创造的社会氛围，涵养以辛勤劳动为荣、以好逸恶劳为耻的社会风气，培养积极、健康、开放、包容的社会心态，努力实现“劳动光荣、创造伟大”的时代强音，使“辛勤劳动、诚实工作、创造性工作”成为普遍认同的价值遵循。另一方面，劳模精神是实现伟大复兴中国梦的强大精神力量。要实现伟大复兴的中国梦，实现由制造大国向制造强国的宏伟转变，建设一支知识型、技能型、创新型的劳动者大军，必须大力弘扬和践行劳动模范精神。只有这样，我们才能真正为中国经济社会凝聚强大的正能量，才能真正为实现中华民族伟大复兴中国梦添砖加瓦。

（五）与时俱进发展劳模精神

劳模精神作为中国工人阶级优秀品质的集中体现，与时俱进，不断丰富和发展。它的过去、现在和将来都是鼓励工人阶级参与社会主义现代化建设的强大动力。

劳模精神由中国工人阶级几代人所继承，成为中国工人阶级精神气质的集中体现。在中国社会主义建设的不同历史时期，以劳动模范为代表的中国工人阶级始终发挥着主力军作用，创造了卓越的历史成就。尽管时代在变迁，新旧交替，但中国工人阶级所体现的精神品质是始终如一的，不断升华和积淀为宝贵的劳模精神。早在20世纪40年代，为了打破敌人的封锁，党领导的抗日根据地就发起了“新劳动者运动”“增产立功运动”等劳动竞赛，以赵占魁、甄荣典和张秋风为代表的第一代劳动模范涌现出来。解放初期，中国工人阶级以极大的热情投身于新中国的建设，开展了“爱国主义劳动竞赛”等活动，涌现出一大批英雄人物。孟泰、马恒昌、郝建秀、王崇伦、倪志福是这一时期劳动模范的代表。20世纪60年代，当中国的国民经济和人民生活遇到巨大困难时，中国工人阶级自力更生、艰苦奋斗，谱写了一曲又一曲胜利的凯歌。王进喜等劳动模范成为这一历史时期全社会的楷模。改革开放后工人阶级继承和发扬劳模精神，涌现出一大批具有鲜明时代特色的模范和先进人物，如“两弹元勋”邓稼先、“杂交水稻之父”袁隆平、“新时期铁人”王启民、“当代愚公”李双良、“抓斗大王”包起帆。进入21世纪，涌现出一批具有创新精神和创新能力的模范和先进人物，如“公共卫生事件应急体系建设的重要推动者”钟南山、“载人深潜事业的实践者”叶聪，“中国天眼的奠基人”南仁东，“退休干部楷模”杨善洲。回顾历史，虽然几代劳动模范所处的历史时期完全不同，但他们身上所体现的爱岗敬业、艰苦奋斗、勇于创新、甘于奉献的优秀品质是一脉相承的，熔铸成宝贵的精神财富，成为中国工人阶级的典型特征。

改革开放以来，特别是进入 21 世纪以来，劳模精神的内涵进一步丰富和发展。中国新一代工人阶级涌现出来的劳模，在继承劳动模范爱岗敬业、艰苦奋斗、甘于奉献等劳模精神的同时，也体现了更多善于学习、勇于创新的新精神风貌。他们汇集了更广泛行业和社会阶层的杰出人物，理所应当地成为社会楷模，成为人们尊崇的偶像和学习榜样。例如，在 2005 年度评选出的全国劳动模范当中，邓建军同志作为中国产业工人的模范，以学习增强能力、以创新创造业绩、以奉献体现价值，从一名普通工人成长为一名技术娴熟、知识型、复合型的高级技术人员，他的先进事迹生动地展示了新时期产业工人的新形象；明正彬同志作为长期战斗在禁毒第一线的我国公安战线的一名战士，为了党和人民的利益，不畏艰难、出生入死、一身正气、不徇私情，把个人安危置之度外；李龙珍同志是中国当代科技人才的杰出代表，他淡泊名利、甘于奉献、顽强拼搏，抱病在鞍钢重大技改现场坚持奋战，为振兴东北工业基地做出了突出贡献。劳模精神体现了新时期中国工人阶级的精神风貌。它不会过时，还将继续激励和鼓舞中国工人阶级积极投身于社会主义现代化的伟大实践。

二、弘扬劳模精神

（一）弘扬劳模精神的时代价值

劳模已成为一个象征时代价值的品牌。“劳动模范是民族的精英、人民的楷模，是共和国的功臣。”党和国家领导人之所以给予劳模非常高的评价，不仅是因为他们在自己的工作岗位上做出了非凡的贡献，而且还因为他们的身上体现着非凡的时代价值。无论是在风雨飘摇的战争年代，还是在飞速发展的建设时期，劳模所体现的崇高精神代表着一个时代的价值观，体现了中国工人阶级顽强奋斗、自强不息的崇高品格，体现了与时俱进、开拓创新的精神风貌。穿越时代的变迁，虽然每个时期的劳模都有不同的内容和特点，但都有一个共同点，那就是中国工人阶级先进思想和精神风貌的优秀品质——劳模精神得以集中体现。

劳模精神是一种时代的符号，是一种指引方向、催人奋进的精神符号；劳模精神是一种能照亮黑夜、温暖人心的希望之光；劳模精神是一种人生价值取向。劳模立足本职、勤勉敬业、追求卓越，为决胜全面建成小康社会、决战脱贫攻坚发挥了主力军作用，特别是面对突如其来的新冠肺炎疫情，他们为全国抗疫斗争取得重大战略成果、统筹疫情防控和经济社会发展工作取得积极成效做出了突出贡献。他们身上体现的劳模精神，展示了新时代中华儿女的精神风貌，是我们团结奋斗、勇往直前的强大精神动力。

劳动最光荣、劳动最崇高、劳动最伟大、劳动最美丽，劳模精神是社会发展的宝贵财富。当今世界正经历百年未有之大变局，我国正处于实现中华民族伟大复兴的关键时期。“十四五”壮阔蓝图已开始铺展，全面建设社会主义现代化国家新征程正开启。从全面建成小康社会到基本实现现代化，再到全面建成社会主义现代化强国，归根到底要靠辛勤劳动、诚实劳动、创造性劳动，更需要弘扬劳模精神。让我们大力弘扬劳模精神，敬业担当、刻苦钻研、无私奉献，撸起袖子加油干，在全面建设社会主义现代化国家新征程上创造新的更大奇迹。

（二）弘扬劳模精神的基本路径

人民创造历史，劳动开创未来。社会主义是干出来的，新时代也是干出来的。劳动造就了中华民族的辉煌历史，用劳模精神激励全体人民焕发劳动热情、释放创造潜能，也必将创造出中华民族的光明未来。习近平总书记在全国教育大会上进一步指出：“要在学生中弘扬劳动精神，教育引导学生崇尚劳动、尊重劳动。”要求高校推进弘扬劳模精神的实施和开展。

1. 明确弘扬劳模精神的基本原则

（1）体现时代性

高校在弘扬劳模精神时，要与时俱进，紧跟时代步伐，体现劳模精神的时代特征。一方面要反映社会发展的方向和要求。紧跟时代潮流和社会发展变化，把弘扬劳模精神与时代发展结合起来，使劳模精神的传承和实践紧密结合时代的特点，适应社会的发展。另一方面，应反映新时期教师和学生的实际需要。高校在弘扬劳模精神时，要体现新时代背景下劳模精神的特点和表现，并注意结合师生的实际体验来弘扬劳模精神。

（2）体现全面性、具体性

一方面，弘扬劳模精神时内容要全面且充实。劳模精神内涵丰富，因此在诠释劳模精神时，不能有片面的解读，例如将劳模精神局限于奉献自我或者爱岗敬业等。同时，高校弘扬劳模精神的内容应包括意识形态、理论知识和实践活动各个方面。没有实践就没有理论，没有活动就没有思想。片面狭隘地解读劳模精神，将损害劳模精神的传承和践行。另一方面，在弘扬劳模精神的同时，要把劳模精神的内容展现得生动具体。劳动模范是存在于工作和生活中的具有生命气息的具体形象。弘扬劳模精神，要以生动形象的真实人物、劳模的亲身经历和劳模精神在社会中的具体作用为内容，在校园和课堂上向师生宣传劳模精神。

（3）体现方法的灵活多样性

一方面，要建立健全科学的弘扬劳模精神体系。要把学习劳模精神作为高校师生日常学习的重要内容之一，把劳模精神教育纳入高校日常教育工作，纳入高校思想政治教育的内容，纳入党员的教育培养之中，纳入学生的素质教育之中。另一方面，要拓宽宣传载体，将传统媒体与新媒体相结合。既要充分发挥网络、手机等新媒体在高校师生中的作用，又要利用好校园宿舍、图书馆、校园广播、厅廊、宣传标语等传统载体，制作相关标语牌，设立劳模精神宣传专区，在校园广播和宣传栏中讲述劳模的故事。只有以高校师生喜闻乐见的方式进行弘扬宣传，才能摆脱枯燥单调的弘扬方式，更好地达到高校弘扬劳模精神的效果。

2. 建立长效的劳模精神宣传机制

（1）形成宣传劳模精神的规范化体系

宣传劳模精神要做到快速、及时、规范，将典型报道与日常报道相结合，把选拔、表彰、学习劳模等一系列活动转化为制度化、规范化的宣传方式，保持劳模精神的常态化宣传。

（2）形成宣传劳模精神的长效机制

推动劳动模范进校园常态化。同时，宣传机制要紧密结合高校师生的实际。宣传的内容和方法要有针对性，适应高校师生的接受能力，使高校师生易于理解、学习和实践。

（3）建立健全多元的宣传激励考核机制

劳模精神宣传的相关内容不仅要纳入日常考核评价体系，而且要纳入综合考核体系。高校可以设立专项奖金，或在高校师生喜爱的文化产品上印制劳模精神宣传标语，来鼓励高校师生积极弘扬劳模精神。激励与考核机制建立后，监督对于保证考核评价机制的公平性至关重要。

3. 不断拓宽弘扬劳模精神的渠道

（1）在理论研究中弘扬劳模精神

高校是劳模精神理论研究的重要场所之一。高校要针对劳模精神的弘扬问题，着眼于新时代的要求，推动劳动模范精神理论研究的科学发展。我们不仅要充分利用高校图书馆、档案馆等资源，组织高校研究人员对劳动模范精神进行深入研究，还要对劳动模范精神的相关文献进行梳理，对不同年份的劳模精神进行比较，挖掘劳模精神的内涵。高校教师、学生和管理者应将劳模精神渗透到理论研究中，体现对劳模精神的传承和发扬。

（2）在课堂教学中弘扬劳模精神

首先，要明确教工“全员育人”的作用。我们应该认识到，弘扬劳模精神是专业课教师、公共课教师、辅导员和职工的共同责任。其次，要根据学生的特点，在课堂教学中弘扬劳动模范精神。根据不同专业、不同年龄段学生的特点，明确教学目标，制定详细的教学计划，采取灵活的教学模式。再次，发挥德育育人核心课程的作用，将劳模精神融入高校思想政治教育。将劳动模范精神融入高校思想政治教育中，可以抓住中心环节，把习近平总书记在全国高校思想政治工作会议上的重要讲话精神付诸实践。“将劳模精神融入高校思想政治教育，思政课教师在参与实际教学过程中是教育主体。”因此，思政课教师首先要深化对劳模精神内涵的理解，充分认识劳模精神的德育功能，系统全面地学习劳模精神的有关知识，并在实际教学过程中，在传授劳模精神相关知识的同时，调动学生自主学习的积极性。

（3）在实践活动中弘扬劳模精神

一方面，可以邀请劳动模范到校园为高校师生做专题报道，或者聘请劳动模范担任兼职德育导师或班主任，还可以寻找一些与学校办学特色高度相关的劳模，尝试建立实践基地来弘扬劳模精神。高校将通过实践活动弘扬劳动模范精神，为大学生带来优秀的企业文化，为他们走向社会做好准备。另一方面，注重劳模在实践活动中的典型形象。可以举办“劳模与我一起成长”“劳模走进校园”等劳模精神主题实践活动。还可以定期开展各种形式的评比活动，如寻找身边“最美劳动者”活动，让高校师生在寻找最美劳动者的过程中提高对劳模精神的认同感。

“榜样的力量是无穷的”。劳动模范是民族的精英、国家的栋梁、社会的中坚，他们身上涌动着创造、创新、创业激情，并以炽热的报国情怀、精湛的专业技能在各自岗位上建功立业，已经托举起了一个国家、一个民族的梦想。劳动推动社会进步，实干才能成就梦想。通过劳动创造更加美好生活，梦想大厦才会一砖一瓦地坚实筑牢。将劳模精神融入校园德育工作中，积极发挥劳模精神育人价值，结合实际探索劳模精神融入校园德育的有效路径和方法，引领青少年学生深刻领悟劳模精神，科学客观认识到劳动的意义，把社会主义核心价值观从抽象的理论内化为中国梦奋斗的动力。激发青少年学生的社会责任感，自觉培育和践行社会主义核心价值观，从而达到潜移默化的德育效果。长期以来，无数劳动模范以执着的热血奋斗，书写了劳动的光荣。而今新时代的美好画卷正在神州大地徐徐铺展，追梦人的舞台变得更加宽广。弘扬劳模精神，每一位劳动者都应勤奋做事、勤勉为人，通过劳动书写无悔的奋斗人生、幸福人生。

拓展阅读

习近平总书记在全国劳动模范和先进工作者表彰大会上的讲话

同志们：

今天，我们隆重召开大会，表彰全国劳动模范和先进工作者，激励全党全国各族人民弘扬劳模精神，在决胜全面建成小康社会、决战脱贫攻坚取得决定性成就的基础上，乘风破浪，开拓进取，为全面建设社会主义现代化国家、实现第二个百年奋斗目标而继续奋斗。

首先，我代表党中央、国务院，向受到表彰的全国劳动模范和先进工作者，表示热烈的祝贺！向为改革开放和社会主义现代化建设作出突出贡献的我国工人阶级和广大劳动群众，致以诚挚的问候！

劳动模范是民族的精英、人民的楷模，是共和国的功臣。我国是人民当家作主的社会主义国家，党和国家始终坚持全心全意依靠工人阶级方针，始终高度重视工人阶级和广大劳动群众在党和国家事业发展中的重要地位，始终高度重视发挥劳动模范和先进工作者的重要作用。

1950年党和国家首次表彰劳动模范70年来，在党的领导下，我国工人阶级和广大劳动群众与祖国同成长、与时代齐奋进，奏响了“咱们工人有力量”的主旋律，各条战线英雄辈出、群星灿烂。特别是进入新时代以来，我国工人阶级和广大劳动群众在实现中国梦伟大进程中拼搏奋斗、争创一流、勇攀高峰，为决胜全面建成小康社会、决战脱贫攻坚发挥了主力军作用，用智慧和汗水营造了劳动光荣、知识崇高、人才宝贵、创造伟大的社会风尚，谱写了“中国梦·劳动美”的新篇章。

今年以来，面对突如其来的新冠肺炎疫情，我国工人阶级和广大劳动群众响应党中央号召，风雨同舟、众志成城，积极投身疫情防控的人民战争、总体战、阻击战，为全国抗疫斗争取得重大战略成果、统筹疫情防控和经济社会发展工作取得积极成效作出了突出贡献，充分展现了中国人民和中华民族的伟大力量。在这场抗击疫情的雄壮斗争中，产生出一大批劳动模范和先进工作者，他们同全国各族人民一道，铸就了生命至上、举国同心、舍生忘死、尊重科学、命运与共的伟大抗疫精神，不愧为新时代最美奋斗者！

同志们！

当今世界正经历百年未有之大变局，我国正处于实现中华民族伟大复兴的关键时期。经过长期奋斗，我国经济实力、科技实力、综合国力跃上新的大台阶，人民生活水平显著提高，决胜全面建成小康社会、决战脱贫攻坚胜利在望，中华民族伟大复兴向前迈出了新的一大步。

从2021年开始，我国将进入“十四五”时期，这是乘势而上开启全面建设社会主义现代化国家新征程、向第二个百年奋斗目标进军的第一个五年。立足新发展阶段，贯彻新发展理念，构建新发展格局，推动高质量发展，在危机中育先机、于变局中开新局，必须紧紧依靠工人阶级和广大劳动群众，开启新征程，扬帆再出发。

第一，大力弘扬劳模精神、劳动精神、工匠精神。“不惰者，众善之师也。”在长期实践中，我们培育形成了爱岗敬业、争创一流、艰苦奋斗、勇于创新、淡泊名利、甘于奉献的劳模精神，崇尚劳动、热爱劳动、辛勤劳动、诚实劳动的劳动精神，执着专注、精益求精、一丝不苟、追求卓越的工匠精神。劳模精神、劳动精神、工匠精神是以爱国主义为核心的民族精神和以改革创新为核心的时代精神的生动体现，是鼓舞全党全国各族人民风雨无阻、勇敢前进的强大精神动力。

社会主义是干出来的，新时代是奋斗出来的。这次受到表彰的全国劳动模范和先进工作者，是千千万万奋斗在各行各业劳动群众中的杰出代表。他们在平凡的岗位上创造了不平凡的业绩，以实际行动诠释了中国人民具有的伟大创造精神、伟大奋斗精神、伟大团结精神、伟大梦想精神。希望大家珍惜荣誉、保持本色，谦虚谨慎、戒骄戒躁，继续发挥示范带头作用。

劳动是一切幸福的源泉。新形势下，我国工人阶级和广大劳动群众要继续学先进赶先进，自觉践行社会主义核心价值观，用劳动模范和先进工作者的崇高精神和高尚品格鞭策自己，焕发劳动热情，厚植工匠文化，恪守职业道德，将辛勤劳动、诚实劳动、创造性劳动作为自觉行为。各级党委和政府要尊重劳模、关爱劳模，贯彻好尊重劳动、尊重知识、尊重人才、尊重创造方针，完善劳模政策，提升劳模地位，落实劳模待遇，推动更多劳动模范和先进工作者竞相涌现。全社会要崇尚劳动、见贤思齐，加大对劳动模范和先进工作者的宣传力度，讲好劳模故事、讲好劳动故事、讲好工匠故事，弘扬劳动最光荣、劳动最崇高、劳动最伟大、劳动最美丽的社会风尚。要开展以劳动创造幸福为主题的宣传教育，把劳动教育纳入人才培养全过程，贯通大中小学各学段和家庭、学校、社会各方面，教育引导青少年树立以辛勤劳动为荣、以好逸恶劳为耻的劳动观，培养一代又一代热爱劳动、勤于劳动、善于劳动的高素质劳动者。

第二，充分发挥工人阶级和广大劳动群众主力军作用。人民是历史的创造者。工人阶级是我国的领导阶级，是先进生产力和生产关系的代表，是坚持和发展中国特色社会主义的主力军。全面建设社会主义现代化国家，符合全国各族人民根本利益和共同愿望，我国工人阶级和广大劳动群众要坚定不移听党话、矢志不渝跟党走，当好主人翁，建功新时代。

我国工人阶级和广大劳动群众是国家的主人，要加强政治理论学习，加强党史、新中国史、改革开放史、社会主义发展史学习，自觉做中国特色社会主义的坚定信仰者、忠实实践者。要发扬优良传统，承担历史使命，把党和国家确定的奋斗目标作为自己的人生目标，以民族复兴为己任，自觉把人生理想、家庭幸福融入国家富强、民族复兴的伟业之中，做新时代的追梦人。要立足党和国家各项事业发展全局，立足党中央对改革发展稳定各项工作的决策部署，围绕国家重大战略、重大工程、重大项目、重点产业，广泛深入持久开展劳动和技能竞赛，积极参加群众性创新活动，汇聚起众志成城的磅礴力量。要增强历史使命感和责任感，深刻认识国家好、民族好大家才会好，正确处理个人和集体、当前和长远、局部和整体的利益关系，自觉维护大局、服务大局，最大限度增加和谐因素、最大限度减少不和谐因素。要深刻认识团结就是力量、团结才能前进的道理，发扬团结协作、互助友爱的精神，加强工人阶级的团结，加强工人阶级同其他劳动群众的团结，坚定战胜各种困难的信心和决心，始终做党执政的坚实依靠力量。

第三，努力建设高素质劳动大军。劳动者素质对一个国家、一个民族发展至关重要。当今世界，综合国力的竞争归根到底是人才的竞争、劳动者素质的竞争。我国工人阶级和广大劳动群众要树立终身学习的理念，养成善于学习、勤于思考的习惯，实现学以养德、学以增智、学以致用。要适应新一轮科技革命和产业变革的需要，密切关注行业、产业前沿知识和技术进展，勤学苦练、深入钻研，不断提高技术技能水平。要完善现代职业教育制度，创新各层次各类型职业教育模式，为劳动者成长创造良好条件。技术工人是支撑中国制造、中国创造的重要基础。要完善和落实技术工人培养、使用、评价、考核机制，提高技能人才待遇水平，畅通技能人才职业发展通道，完善技能人才激励政策，激励更多劳动者特别是青年人走技能成才、技能报国之路，培养更多高技能人才和大国工匠。要增强创新意识、培养创新思维，展示锐意创新的勇气、敢为人先的锐气、蓬勃向上的朝气。要推进产业工人队伍建设改革，落实产业工人思想引领、建功立业、素质提升、地位提高、队伍壮大等改革措施，造就一支有理想守信念、懂技术会创新、敢担当讲奉献的宏大产业工人队伍。

第四，切实实现好、维护好、发展好劳动者合法权益。让人民群众过上更加幸福的好日子是我们党始终不渝的奋斗目标，实现共同富裕是中国共产党领导和我国社会主义制度的本质要求。

要坚持以人民为中心的发展思想，维护好工人阶级和广大劳动群众合法权益，解决好就业、教育、社保、医疗、住房、养老、食品安全、生产安全、生态环境、社会治安等问题，不断提升工人阶级和广大劳动群众的获得感、幸福感、安全感。要把稳就业工作摆在更加突出的位置，不断提高劳动者收入水平，构建多层次社会保障体系，改善劳动安全卫生条件，使广大劳动者共建共享改革发展成果，以更有效的举措不断推进共同富裕。要适应新技术新业态新模式的迅猛发展，采取多种手段，维护好快递员、网约工、货车司机等就业群体的合法权益。要建立健全困难群众帮扶工作机制，把党和政府的关怀送到困难群众心坎上，让他们感受到社会主义大家庭的温暖。要坚持从群众多样化需求出发开展工作，打通服务群众的新途径，使服务更直接、更深入、更贴近工人阶级和广大劳动群众，以服务群众实效打动人心、温暖人心、影响人心、赢得人心。要健全党政主导的维权服务机制，完善政府、工会、企业共同参与的协商协调机制，健全劳动法律法规体系，为维护工人阶级和广大劳动群众合法权益提供法律和制度保障。要健全以职工代表大会为基本形式的企事业单位民主管理制度，推进厂务公开，充分发挥广大职工群众的积极性、主动性、创造性。

同志们！

今年适逢中华全国总工会成立95周年。我国工运事业是在党的领导下发展起来的，我国工会是中国共产党领导的工人阶级群众组织，是党联系职工群众的桥梁和纽带，是社会主义国家政权的重要社会支柱。党的十八大以来，全国总工会及各级工会认真贯彻党中央关于工人阶级和工会工作的重要论述，坚持走中国特色社会主义工会发展道路，组织动员广大职工建功立业，做好维权服务工作，推进工会系统自身改革，深化产业工人队伍建设改革，全面加强工会系统党的建设，取得了新的显著成效。

在此，我向为党的工运事业和工会工作作出突出贡献的老一辈工会工作者，向全国各级工会组织和广大工会干部，向广大职工和工会积极分子，表示诚挚的慰问！

工会要总结95年来的成绩和经验，坚持和完善自觉接受党的领导制度、发挥工人阶级主力军作用制度、强化职工思想政治引领制度、劳动关系协调机制等，健全联系广泛、服务职工的工会工作体系，努力提高工会工作能力和水平，坚决维护中国共产党领导和我国社会主义制度，坚决维护职工队伍和工会组织的团结统一，坚决维护社会大局稳定。

各级党委要从巩固党执政的阶级基础和群众基础的高度，认真贯彻全心全意依靠工人阶级的方针，加强和改进对工会工作的领导，为工会履行职责、发挥作用不断创造有利条件。

同志们！

光荣属于劳动者，幸福属于劳动者。我国工人阶级和广大劳动群众要更加紧密地团结在党中央周围，勤于创造、勇于奋斗，努力在全面建设社会主义现代化国家新征程上创造新的时代辉煌、铸就新的历史伟业！

（来源：新华网　http：//www.xinhuanet.com/politics/leaders/2020-11/24/c_1126781907.htm.）

第二节　工匠精神

一、工匠精神概述

（一）工匠精神的概念

2016年，李克强总理在政府工作报告中，首倡工匠精神，之后的三年当中，政府工作报告中也进一步倡导民众要弘扬工匠精神。2019年国庆前夕，习近平总书记对在第45届世界技能大赛上取得佳绩的选手作出重要指示："要在全社会弘扬精益求精的工匠精神，激励广大青年走技能成才、技能报国之路。"2020年11月24日，习近平总书记在全国劳动模范和先进工作者表彰大会上发表重要讲话指出："在长期实践中，我们培育形成了爱岗敬业、争创一流、艰苦奋斗、勇于创新、淡泊名利、甘于奉献的劳模精神，崇尚劳动、热爱劳动、辛勤劳动、诚实劳动的劳动精神，执着专注、精益求精、一丝不苟、追求卓越的工匠精神。劳模精神、劳动精神、工匠精神是以爱国主义为核心的民族精神和以改革创新为核心的时代精神的生动体现，是鼓舞全党全国各族人民风雨无阻、勇敢前进的强大精神动力。"习近平总书记关于在新时期弘扬劳模精神和工匠精神的一系列重要论述，为我们更加深刻理解其内涵提供了根本遵循。深刻认识工匠及工匠精神的重要理论与实践意义，对于大力弘扬工匠精神，具有重大意义。

在中国传统文化中，工匠最早指的是手工业者，是以手工劳动作为基本方式的劳动者，也是对所有手工艺（技艺）人，如木匠、铁匠、瓦匠、铜匠、石匠、篾匠等的统称。早在春秋末期战国初期的《周礼·考工记》中对手工业技术就有记载。回望中华民族五千年历史，中国自古以来就是一个工艺制造大国，从来不缺乏能工巧匠，从商周的青铜器到唐代的唐三彩、北宋的汝瓷、明清的丝绸；兵马俑、都江堰、赵州桥、浑天仪、万里长城、故宫、苏州园林等，无数行业工匠的创造，凝聚出灿烂的中华文明历史，产生过鲁班、李春、李冰、沈括、蔡伦、张衡、样式雷家族这样闻名于世的工匠大师，还有遍及各种工艺领域里像庖丁那样手艺出神入化的普通工匠。以他们为代表的无数匠人先辈用精湛的技艺，为后人留下了巧夺天工的匠心之作，这些千年"匠心工程"的背后，正是中国工匠精神的萌芽。

从古至今，我们从历代工匠身上都能发现一种特殊的品质，那就是专注于工作本身，爱岗敬业、严谨认真、精益求精、执着坚守、淡泊名利，我们将这种品质称之为工匠精神。西方的工匠精神起源于中世纪的行会制度，而中国早在公元前700多年前就存在工匠精神，是世界工匠精神的发源地之一，是源自干将、莫邪、庖丁和鲁班等优秀工匠文化的传承。

工匠精神（craftsman's spirit），是一种职业精神，也是一种奉献精神，它是从业者职业道德、职业能力、职业品质的体现，是一种职业价值取向和行为表现。工匠精神分三个层面理解，对于个人来讲，是干一行爱一行、爱一行专一行、专一行精一行，是务实肯干、持之以恒、精益求精的敬业精神；对于企业来讲，是守专长、制精品、建标准、创技术、开拓创新的企业文化；对于社会来讲，是讲合作、守契约、重诚信、促和谐、分工合作、协作共赢、完美向上的社会风气。

（二）工匠精神的时代内涵

近年来，工匠精神成为我国社会的热点话题之一，2016 年政府工作报告中提出“培育精益求精的工匠精神”后，引起了社会各界的广泛关注。习近平总书记在十九大报告中提出：“建设知识型、技能型、创新型劳动者大军，弘扬劳模精神和工匠精神，营造劳动光荣的社会风尚和精益求精的敬业风气。”我国古代的鲁班、沈括、李冰等都是优秀工匠的代表，近代同仁堂倡导的“炮制虽繁必不敢省人工，品味虽贵必不敢减物力”，也充分体现了工匠精神。在工业 4.0 时代向工业 5.0 时代转变的大背景下，现代工匠具有新的历史使命和社会责任，工匠精神也被赋予了更多新的内涵，要求广大劳动者要迎合新时代需求，大力弘扬新时代工匠精神。

1. 爱岗敬业的奉献精神

爱岗与敬业二者互为表里，相辅相成。爱岗是敬业的前提，而敬业是爱岗的升华。爱岗敬业是构建工匠精神的根本，是不可或缺的要素，是从业者基于对职业的敬畏和热爱而产生的一种全身心投入的认认真真、尽职尽责的工作状态，是对自己职业选择的绝对认可，是始终对工作抱有敬畏之心的高度尊重。所谓“爱岗”，就是热爱本职工作，不会轻易地放弃。所谓“敬业”，就是绝对地尊重自己的职业，并在自己的职业道路上深入钻研、不断探索。敬业的工匠必定有着很高的职业使命感和荣誉感，坚信自己的职业对于个人来说有着非同一般的意义，他们早已不把工作视为谋生的手段，而是更高境界和层次的精神追求。我们不难发现，获得过“工匠”和“劳模”荣誉称号的人，在工作中都具有勤勤恳恳，兢兢业业、一丝不苟、认真负责的工作态度，并且多是在本职岗位上工作了几十年之久，默默无闻、不求回报，通过辛勤工作干出了辉煌业绩，是爱岗敬业的杰出代表。所以，工匠精神最根本的内涵，就是爱岗敬业的奉献精神。

2. 精益求精的职业精神

所谓精益求精，是指自己负责的工作或者工作中要完成的产品，已经做得很好、很完美了，但是还觉得可以再完善、再提高，还要做得更好。它不是完成就行、合格就好，更不是马马虎虎地应付了事。“精益求精的职业精神”是工匠精神的核心要义，一个人之所以能够获得“工匠”的称号，就在于他对待负责的工作和产品的不懈追求，工匠们通常会花费大量时间和精力，不断改良产品，产品的品质永远没有最好，只有更好，追求永无止境，完美永无尽头，最好的永远是还没有诞生的。我们不难发现追求极致、精益求精，是获得各类“工匠”荣誉称号工人的共同特点，这是他们能在各类技能大赛中获得奖项的重要原因。

3. 心无旁骛的专注精神

对于工匠来说，他们都有着耐心专注的品质，对职业保持着始终如一的热情与热爱，其毕生追求的是利用有限的时间和精力去追求极致，那么专注便是通往极致的唯一正途。从无数中外大国工匠的事迹和实践经验来看，工匠精神无不彰显着一种执着，即一种几十年如一日的坚持与韧性，是对自己从事行业与生产的产品的一种专注与定力。专注是内心笃定而着眼于细节的耐心、执着、坚持的精神，是匠人们心无旁骛的攀登自己领域高峰的定心石，也是一切大国工匠所必须具备的精神特质。古人云："术业有专攻。"一旦选定某个行业，就一门心思扎根下去，专注于产品的制造与质量提升，在自己所从事的专业和生产的产品上不断积累优势，在各自领域成为"排头兵""领头雁"。

4. 追求卓越的创新精神

所谓追求卓越，即不以产品的即时质量为满足，而是不断顺应技术变革与产品变革要求，以创新为引领，始终保持产品质量在同类产品中处于领先地位。传统的工匠精神强调的是祖辈继承，是传统工匠传承的一种主要方式，而新时代的工匠精神则着重突出在以往继承基础上的创新，应秉持"苟日新、日日新、又日新"的创造，不断突破陈旧、追寻创新的精神。所以新时代工匠精神更加崇尚"追求卓越的创新精神"，甚至是新时代工匠精神的灵魂。因为只有在继承基础上不断地创新，才能不被日益发展的科学技术湮没，才能在市场发展中不断地推动产品的升级换代，以满足人们日益增长的对美好生活的需要。

二、弘扬工匠精神

（一）弘扬工匠精神的时代意义

党的十九大报告指出："建设知识型、技能型、创新型劳动者大军，弘扬劳模精神和工匠精神，营造劳动光荣的社会风尚和精益求精的敬业风气。"工匠精神体现出劳动者爱岗敬业、精益求精、执着专注、追求卓越的高尚品德，是新时代工匠精神的高度概括。

1. 弘扬工匠精神，建设新时代制造强国

（1）建设创新型国家需要工匠精神

党的十九大报告中提出："要提高自主创新能力，建设创新型国家，这是国家发展战略的核心，是提高综合国力的关键。"加快建设创新型国家，核心就是要把增强自主创新能力作为发展科学技术的战略基点，走中国特色社会自主创新的道路，推动科学技术的跨越式发展。在创新型国家的建设过程中不仅需要重视基础研究，重点发展战略高技术及其产业，加快科技成果向现实生产力转化，在国际经济和科技竞争中争得主动权，更需要培养造就一大批具有国际水平的科技人才和高水平创新团队，同时也需要一大批具有工匠精神的技术娴熟、动手能力强、善于解决疑难问题的高素质产业工人，他们是新时代建设创新型国家的生力军。在工业化变革的智能制造时代，新技术、新产业、新业态、新模式层出不穷，高素质产业工人则需要不断创新生产工艺、产业技术，以提升生产效率和产品质量。而我国大概有 2000 万的高素质产业工人的人才缺口，直接影响了制造业的快速发展。新时代大力弘扬工匠精神，不断提升我国产业工人的整体素质，打造富有创新精神、充满活力的高素质产业工人队伍，是为经济发展提供持续动力、加快建设创新型国家的重要举措。

（2）建设质量强国需要工匠精神

质量从定义上来看，是指客体的一组固有特性满足要求的程度。它体现着人类的劳动创造和智慧结晶。中华民族历来重视质量，千百年前，丝绸、瓷器、茶叶、玉器等中国优质产品就走向世界，促进了古代文明的交流互鉴。今天，中国仍在不断提高产品质量，积极为世界各国提供精细优良的中国产品。“德国制造”曾经是质量低劣的代名词，在质量问题得到解决后，一跃成为高端点品牌，产品行销全球。从“德国制造”的崛起之路，我们不难发现质量是支撑起一个品牌的最根本的基础，是一个占领市场最有效的、最犀利的武器。党的十九大报告多处提到了“质量”，将质量兴国、质量强国写进宪法，提出了“中国制造”和“中国智造”的生产号召。这一切都标示着质量在整个生产乃至社会各个领域的关键地位。

没有强大的制造业，就没有国家和民族的强盛。后疫情时代，制造业是经济大国争夺全球新的经济战略制高点的关键，需通过创新驱动实现制造业的高质量发展。振兴制造业需要实现从“中国制造”到“中国智造”的转变，改革开放以来，我国制造业持续快速发展，建成了门类齐全、独立完整的产业体系，有力推动产业集群工业化和现代化进程。然而，与世界先进水平相比，我国制造业“大而不强”的问题突出，想要摆脱低端的标签，就必须向自动化、数字化、绿色发展转型。振兴制造业需要实现从中国速度向中国质量转变，近年来，我国发展速度举世瞩目，但制造业在国际市场仍面临挑战，只有积极提升产品质量和服务质量，大处重品牌，计之长远，小处重品质，不苟纤毫，才能以工匠精神精耕细作，注重品质才能用实实在在的产品在竞争激烈的国际市场赢得地位。弘扬工匠精神，能够激励产业工人积极主动地提高产品设计、加工、销售和售后服务质量，为实现高效快速的生产流程和优质产品而不懈努力，最终形成品牌效应，是实现我国质量强国的积极举措。

（3）建设文化强国需要工匠精神

党的十九大报告指出：“文化是一个国家、一个民族的灵魂。文化兴国运兴，文化强民族强。没有高度的文化自信，没有文化的繁荣兴盛，就没有中华民族伟大复兴。要坚持中国特色社会主义文化发展道路，激发全民族文化创新创造活力，建设社会主义文化强国。”中国共产党在中国社会历史演变和现实实践的基础上，首次明确提出了建成文化强国的时间表和路线图，标志着党对文化建设的高度重视，对文化建设的认知进入了新的历史阶段。建设文化强国的出发点和落脚点是创新转化中华优秀传统文化：一是要用中华优秀传统文化涵养社会主义核心价值观，大力培育和践行社会主义核心价值观；二是提升中华民族的思想道德素养，增强文化自信；三是要提升国家文化软实力，繁荣发展社会主义文艺，推动文化事业和文化产业发展等。在建设过程中，凝练中华传统文化的优势资源，通过切实有效的实践路径，实现到2035年建成文化强国战略目标。

从古至今，工匠精神伴随中国文化源远流长，在传统文化中有很多踪迹可寻。从《庄子》中记载的“技进乎道”到魏源“技可进乎道，艺可通乎神”，至《师说》中“术业有专攻”，他们提到了“技”和“专”，指的就是工匠精神。建设社会主义文化强国，更需要工匠精神，充分挖掘中华优秀传统文化中工匠精神的价值所在，构建中华优秀传统文化传承体系，涵养社会主义核心价值观。工匠精神是社会主义核心价值观的生动体现，其所蕴含的价值取向和职业理念与社会主义核心价值观所倡导的敬业和诚信高度吻合，这正是中华优秀传统文化中工匠精神的魅力所在。工匠精神可以提升广大劳动者的文化自信，激发他们的劳动热情，引导他们学习新知识、钻研新技术，甘于奉献，把个人价值的实现融入辛勤的劳动之中。用工匠精神，推进文化改革发展，形成爱岗敬业、无私奉献的文化氛围，树立劳动光荣、奉献伟大的精神风尚，创造中华文化新的辉煌，实现文化强国。

2. 弘扬工匠精神是新时代制造业发展的必然需求

（1）弘扬工匠精神是促进我国制造业转型升级的现实需要

时代呼唤工匠精神，社会需要工匠精神，产业结构调整离不开工匠精神。从某种意义上来说，各行各业都急需工匠精神的回归，中国社会对工匠精神的倡导与弘扬刻不容缓。作为国民经济的主体，制造业是当代中国的“立国之本、兴国之路”，而我国的现实状况是一个制造大国，却远非一个制造强国。无论在传统制造还是现代智能制造领域，工匠始终是中国制造业的中坚力量。工匠们的守正创新、追求卓越是我国从“制造大国”走向“制造强国”、从“中国制造”走向“中国智造”、从“富起来”走向“强起来”的必要支撑。进入新时代，大力弘扬爱岗敬业、精益求精、执着专注、追求卓越的工匠精神，不仅有助于建设一支重知识、善技能、创新型的产业大军，更能够为推动我国实现高质量发展和第二个百年奋斗目标提供重要精神动力。因而更需要将中国传统文化中所深蕴的工匠文化在新时代条件下发扬光大。

（2）弘扬工匠精神是现代企业发展的重要保障

在进入现代工业社会后，随着生产方式的不断升级，科技的进步让繁重的体力劳动越来越少，手工艺向机械技艺以及智能技艺转换，传统手工工匠似乎淡出了人们的视野。但工匠并没有消失，而是在传承的基础上以全新的面貌出现了，即现代工业领域里的新型工匠，机械技术工匠和智能技术工匠。时下，人们更多地追求“短、平、快”（投资少、周期短、见效快）带来的即时利益，从而忽略了产品的品质灵魂。正是由于缺乏对精品的坚持、追求和积累，才让持久创新变得异常艰难，因此企业更需要工匠精神，才能在长期的竞争中获得成功。所以，重提工匠精神、重塑工匠精神，是企业生存、发展的重要保障。

（3）弘扬工匠精神是满足个性化定制和柔性化生产的需要

李克强总理在2016年《政府工作报告》中提到，鼓励企业开展个性化定制、柔性化生产，培育精益求精的工匠精神，增品种、提品质、创品牌。在这里，工匠精神是和个性化定制、柔性化生产并提的，这说明，随着信息化时代的到来，培育和弘扬工匠精神已成为国家意志和时代发展的价值追求，具有历史必然性。

（二）弘扬和培育工匠精神

当前，我国制造业大而不强的问题依然明显，与发达国家，如德国、日本等制造强国相比，我国仍存在劳动生产率低、创新能力弱、知名品牌少等问题，这些短板在制约着制造业的发展，从中国制造向中国"智造"升级任重道远。实现由制造大国向制造强国的转变，不仅需要提高科技研发能力，还需要一个非常重要的支撑因素——工匠精神。社会各行各业也深刻感知到工匠精神在行业发展中的重要性，认真反思自身发展的壁垒，继而提出以工匠精神培育来求生存、求发展。工匠精神的培育不是要回到过去传统手工作坊，抑或是"义无反顾"地憧憬未来，脱离原来的传统，而是要构建新时期的新精神。

1. 重建工匠精神的社会共识

弘扬工匠精神是新时代的使命呼唤，工匠精神培育过程中往往会受传统文化中消极因素的影响，一些家庭经常会用"万般皆下品，唯有读书高"的思想来教育孩子，对待白领和蓝领、公务员与自由职业者有着鲜明的态度差异，最终形成了"学而优则仕"的教育理念。这种传统思维根深蒂固，影响了学生的学习观、价值观和择业观。站在"两个一百年"奋斗目标的历史交汇点上，全社会都要大力弘扬工匠精神，让崇尚工匠精神的理念深入人心。通过媒体大力宣传中国工匠价值观，传播好中国工匠的声音，阐释好中国工匠的特色。央视拍摄的《大国工匠》《如果国宝会说话》《我在故宫修文物》《玄奘之路》《国家宝藏》等系列纪录片都很好地推广了工匠精神，起到了较好的宣传作用。通过媒体的宣传净化社会浮躁风气，淡化目前社会上存在的功力主义现象，重新凝聚社会对工匠精神的价值共识，重新建立职业价值体系。同时各级政府要大力推引，制定相应的奖励和激励政策，搭建信息平台提高工匠职业尊重。

2. 工匠精神的培育应融入个体发展全过程

工匠精神应该作为一种价值理念贯穿于个体的家庭教育、学校教育和社会发展的过程当中，引导人们树立爱岗敬业、精益求精、执着专注、追求卓越的工匠品质，无论是普通教育阶段还是高等教育阶段或是职业发展阶段，都是工匠精神培育和生成的重要环节，各阶段的培养和引导将最终为工匠精神的形成奠定坚实的基础。普通教育阶段引入工匠精神的理念，让学生们知道工匠精神的相关知识，初步了解敬业、专注、求精、卓越的优良品质。高等教育阶段工匠精神培育，不是让学生们去从事具体的工匠劳作或者成为一名真正的“工匠”，而是逐渐树立起敬业、专注、求精、卓越的工匠精神，并用这种精神激励学生去面对学习、工作和生活，实现人生价值，创造社会财富。职业发展阶段是个体对工匠精神的实践与再积累的阶段，前期的阶段培养会在职业发展的过程中得到最好的展示与发挥，乃至引导个体最终成为一代工匠。

高等学校要从思想教育、专业教学渗透、实训课程演练、营造崇尚工匠精神的校园文化氛围等方面入手。第一，可以在学生入学初始阶段，将工匠精神同思想政治理论教育有机结合起来，帮助学生树立正确的学习观、就业观和职业信念，培养学生积极进取、精益求精、吃苦耐劳、持之以恒的职业精神。第二，在专业课程教学过程中，教师在专业知识技能教学的同时，将工匠精神浸润于教学过程中，使学生在收获知识技能的同时感受工匠精神，引导学生把工匠精神内化为职业道德品质，塑造德技双馨的职业人格。第三，在学校通过实践实训课等构建仿真工作环境，形成的工作任务也近似真实的工作任务，让学生进行专业实训，学生有一种身临其境的感觉，使学生切身体会到工匠精神的实质，深切感受到工匠精神的价值，对培养学生认真的工作态度和对产品精益求精的工匠精神会收到潜移默化的效果。第四，高校应充分利用校园文化这一隐性教育资源传播、弘扬工匠精神。通过相关的演讲、征文、展览等校园文化活动，为学生营造一种工匠精神氛围。通过召开专业技能大赛和毕业校友及优秀企业的成功经验分享会来营造学校崇尚工匠精神的氛围，通过分析和解读专业岗位所需要的工匠精神，用学生看得见、摸得着的事迹引导学生，把工匠精神内化为学生内在的心理品质。加强校企协同育人的理念，工匠精神培育也契合了高校培养新型人才的需求，为高校深入开展精神文化教育提供理论支撑。

3. 工匠精神的培育是企业生存、发展的重要保障

中国的企业很多，但真正做大做强的却不多。德国、日本、荷兰等长寿企业比较多的关键就在于工匠精神的传承，在于这些企业工作态度严谨、严控产品质量、重视技术创新、培养以工匠精神为核心的企业文化，由此可见，工匠精神不但可以帮助企业制造出高品质的产品，还可以使企业实现持续的发展。我国比较知名的企业，例如华为、格力、海尔、小米、比亚迪等国内优秀品牌企业能够得到大家的青睐，究其原因正是始终坚持对品质的极致追求与创新。如果企业没有花时间去精心打磨产品，保证产品的质量，又或者没有花精力去创新产品，那么生产出来的产品必定会是“粗制滥造”或者是无法紧跟时代需求的，最终导致产品乃至企业都会在优胜劣汰的法则中被淘汰出局。那么想要做出高技术、高质量、高效用的产品，就需要企业培育精益求精、追求卓越的工匠精神。工匠精神既是一种职业态度也是一种精神力量，企业只有在产业转型的关键期，大力弘扬和培育工匠精神，切实将工匠精神付诸实际行动，在产品质量、产品创

新、服务态度上精耕细作，才能满足消费者需求，才能形成良好企业氛围，赢得市场竞争，工匠精神必然会成为保障企业可持续发展的不竭动力。

拓展阅读

大力弘扬劳模精神、劳动精神、工匠精神

习近平总书记强调，劳动创造幸福，实干成就伟业。希望广大劳动群众大力弘扬劳模精神、劳动精神、工匠精神，勤于创造、勇于奋斗，更好发挥主力军作用，满怀信心投身全面建设社会主义现代化国家、实现中华民族伟大复兴中国梦的伟大事业。在新时代，我们一定要学习贯彻习近平总书记重要讲话精神，进一步弘扬劳模精神、劳动精神、工匠精神。

一、在党史学习教育中深刻理解劳模精神、劳动精神、工匠精神

我们党之所以历经百年而风华正茂，饱经磨难而生生不息，就是凭着那么一股革命加拼命的强大精神。学习党史的一个重要任务，就是要学习传承党在长期奋斗中铸就的伟大精神。

劳模精神、劳动精神、工匠精神，是中国共产党人精神谱系的重要组成部分。习近平总书记在 2020 年全国劳动模范和先进工作者表彰大会上指出，“在长期实践中，我们培育形成了爱岗敬业、争创一流、艰苦奋斗、勇于创新、淡泊名利、甘于奉献的劳模精神，崇尚劳动、热爱劳动、辛勤劳动、诚实劳动的劳动精神，执着专注、精益求精、一丝不苟、追求卓越的工匠精神”“大力弘扬劳模精神、劳动精神、工匠精神”。这些重要论述，体现了对劳动、劳动价值、劳动群众的高度尊崇，体现了马克思主义唯物史观，必将激励全体劳动者谱写新的劳动华章。

党带领广大人民群众的劳动创造史，是劳模精神、劳动精神、工匠精神的形成发展史。劳模精神、劳动精神、工匠精神孕育于革命战争年代，形成于社会主义革命和建设时期，发展于改革开放时期，光大于新时代。劳模精神、劳动精神、工匠精神与我们共产党人的精神谱系中一座座“精神标杆”一起，为立党兴党强党提供了丰厚滋养，拓印出党从孕育诞生到发展成熟的辉煌历程。

百年发展历程中，劳模精神、劳动精神、工匠精神经历了“变”与“不变”的时代演绎。变化的是，劳模精神、劳动精神、工匠精神的涵盖范围越来越广，实践要求越来越高，引领价值越来越大。进入新发展阶段，人民群众的美好生活需要日益增长，促使劳动者在生产时必须具备不断创新、精益求精的意识，进而表现为对产品的高品质追求。在经济增长动力上，由依靠要素驱动转向依靠创新驱动，提高创新能力，解决关键领域“卡脖子”问题等。“十四五”规划和 2035 年远景目标纲要提出，坚持创新在我国现代化建设全局中的核心地位。这对广大劳动者、劳动模范和工匠人才提出新的更高要求，反映在劳模精神、劳动精神、工匠精神的内涵上就是更加强调增强创新意识、提高创新能力，反映在劳模精神、劳动精神、工匠精神的实践上就是更加追求精益求精和出类拔萃。而不变的是，劳模精神、劳动精神、工匠精神要求有坚定的政治立场、强烈的主人翁意识、忘我的劳动热情、良好的职业道德。劳模精神、劳动精神、工匠精神代表中华民族独特的精神标识，彰显我们党的光荣传统和优良作风，赓续我们国家和民族的精神追求，始终是激励广大劳动者

拼搏奋斗、不断前行的强大内驱力。

二、在推进高质量发展中大力弘扬劳模精神、劳动精神、工匠精神

党的十九届五中全会提出，“十四五”时期经济社会发展要以推动高质量发展为主题。实现高质量发展，对弘扬劳模精神、劳动精神、工匠精神发出了强烈的时代召唤。

在开展劳动和技能竞赛中弘扬劳模精神、劳动精神、工匠精神。劳动和技能竞赛是提高职工素质、推动企业进步、促进经济发展的重要途径，是提高职工生产积极性、主动性、创造性的重要载体。我们党早在瑞金时期就通过比赛的方式激发劳动群众的生产积极性和革命热忱。毛泽东指出，“提高劳动热忱，发展生产竞赛，奖励生产战线上的成绩昭著者，是提高生产的重要方法。”劳模精神最早就是在苏区生产竞赛的实践活动中产生的。随着劳动竞赛的不断发展，升华发展了劳模精神、劳动精神、工匠精神的内涵。要将弘扬劳模精神、劳动精神、工匠精神同开展劳动和技能竞赛紧密结合起来，通过弘扬劳模精神、劳动精神、工匠精神，推动竞赛的蓬勃发展，把广大职工广泛吸引到竞赛中来，在关键领域、核心技术上大胆突破创新，为加快攻克重要领域“卡脖子”技术、提高产业链供应链稳定性和现代化水平献计出力。

在加强职工思想政治引领中弘扬劳模精神、劳动精神、工匠精神。思想政治引领是产业工人队伍建设改革的首要任务。产业工人队伍建设改革目标就是要造就一支有理想守信念、懂技术会创新、敢担当讲奉献的宏大产业工人队伍，充分体现了劳模精神、劳动精神、工匠精神对职业价值、职业操守、职业精神的追求。在推进这项改革中，要突出产业工人思想政治引领，开展中国特色社会主义理想信念教育，培育和践行社会主义核心价值观，开展以职业道德为重点的“四德”教育，深化“中国梦·劳动美”主题宣传教育，组织广大职工深入学习劳动模范和先进模范人物，始终保持昂扬向上、奋发进取的精神状态，用工人阶级的先进思想和模范行动影响和带动全社会。

在提升职工技术技能素质中弘扬劳模精神、劳动精神、工匠精神。习近平总书记强调，要激励更多劳动者特别是青年一代走技能成才、技能报国之路，培养更多高技能人才和大国工匠。提高劳动者素质，是弘扬劳模精神、劳动精神、工匠精神的应有之义。劳模精神强调争创一流、勇于创新，通过思维、知识、技术等创新，敢为人先、突破常规，创造新的生产条件、方式和成果，这是劳模精神的核心要素，也是提高劳动者素质的重要方面。工匠精神强调精益求精、追求卓越，要求在既有成绩基础上始终严格要求，不断提升技艺、产品、质量，进而达到超凡出众水平，这是品质层面的要求，是工匠精神的内核，也是提高劳动者素质的更高要求。要将弘扬劳模精神、劳动精神、工匠精神与提升职工素质紧密结合起来，把提高职工队伍整体素质作为一项战略任务抓紧抓好，深入实施职工素质建设工程，引导广大职工树立终身学习理念，学习新知识、掌握新技能、增长新本领，为实施制造强国战略提供强大人力支撑和智力保证。

三、在开启新征程中不断拓展劳模精神、劳动精神、工匠精神

融入精神谱系。中国人民是具有伟大创造精神、伟大奋斗精神、伟大团结精神、伟大梦想精神的人民。劳动模范和大国工匠在平凡的岗位上创造了不平凡的业绩，他们革故鼎新、发明创造，彰显了伟大创造精神；他们辛勤劳作、自强不息，彰显了伟大奋斗精神；他们同心同德、守望相助，彰显了伟大团结精神；他们心怀梦想、不懈追求，彰显了伟大梦想精神。劳模精神、劳动精神、工匠精神与伟大创造精神、伟大奋斗精神、伟大团结精神、伟大梦想精神具有同向性和一致性，是对以爱国主义为核心的民族精神和以改革创新为核心的时代精神的继承和发展。立足“两个一百年”奋斗目标的历史交汇点，实施“十四五”规划，需要弘扬践行劳模精神、劳动精神、工匠精神，丰富发展劳模精神、劳动精神、工匠精神，激励广大职工进一步焕发劳动热情，争做新时代的奋斗者。

强化制度保障。各级党委、政府要坚持全心全意依靠工人阶级的方针，贯彻尊重劳动、尊重知识、尊重人才、尊重创造的方针，完善劳模政策，落实劳模待遇。

注重实践养成。开展劳动创造幸福主题宣传教育，将劳动教育贯穿大中小学和家庭、学校、社会各方面，引导全社会特别是青少年树立以辛勤劳动为荣、以好逸恶劳为耻的劳动观，培养一代又一代热爱劳动、勤于劳动、善于劳动的高素质劳动者，确保劳模精神、劳动精神、工匠精神薪火相传。

加强教育引导。把弘扬劳模精神、劳动精神、工匠精神体现到精神文明创建、精神文化产品创作生产传播全过程，坚持举办“劳模大讲堂”、评选“最美职工”、唱响“劳动者之歌”等活动，建立劳模纪念馆（展示馆），鼓励创作关于劳模的影视剧作品，让劳动最光荣、劳动最崇高、劳动最伟大、劳动最美丽在全社会蔚然成风。

推动理论创新。适应新发展阶段要求，使劳模精神、劳动精神、工匠精神原创性、标识性的理论体系不断丰富拓展，展现出强大的生命力，激发全体人民的信心和热情，为全面建设社会主义现代化国家而不懈奋斗。

（来源：《学习时报》2021 年 5 月 3 日 A1 版　作者：李睿祎，系全国总工会研究室副主任。）

第四章

劳动相关法律法规

第一节　劳动法

一、劳动法概述

（一）劳动法的概念

作为我国现行法律体系的一个独立法律部门，一般认为，劳动法是调整劳动关系及劳动附随关系的法律规范的总称。

在理论上，对于“劳动法”的概念有广义和狭义两种理解：狭义上的劳动法也称为形式意义上的劳动法，指由国家最高立法机关制定及颁布的关于调整劳动关系以及劳动附随关系的综合性法律，即全国性、综合性、法典式的劳动法。如我国1994年7月5日由全国人民代表大会常务委员会第八次会议通过，并于1995年1月1日开始施行的《中华人民共和国劳动法》，即是通常理解的狭义上的劳动法。

广义上的劳动法也称为实质意义上的劳动法，是指所有调整劳动关系以及劳动附随关系的法律规范的总和。它不仅包含狭义的劳动法，还包括其他各种规范性文件中调整上述关系的所有法律规范。即法典式的劳动法之外，还有全国人民代表大会制定和颁布的宪法和基本法律中的相关规定、全国人民代表大会常务委员会制定和颁布的基本法律以外的其他法律中的相关规定、国务院颁布的行政法规、人力资源和社会保障部颁布的部门规章、地方性劳动法规等。

（二）劳动法的意义及作用

1994年7月5日颁布的《中华人民共和国劳动法》（以下简称《劳动法》），经过2009年和2018年的两次修订，不仅保障了劳动者权利，也促进了社会生产力的发展，对社会发展具有重要意义。

1.《劳动法》有利于保障劳动者权利

《劳动法》第三条明确规定劳动者享有平等就业和选择职业的权利、取得劳动报酬的权利、休息休假的权利等。第四章关于工作时间、第五章关于工资待遇、第六章关于劳动安全卫生等均是为了保障劳动者权利。

2.《劳动法》有利于促进社会生产力的发展

劳动力、生产资料等是社会生产力的重要组成要素。《劳动法》的主要内容正是调整劳动关系，促进生产力与生产资料有机结合，从而促进社会生产力的发展。

3.《劳动法》有利于推动社会法治建设

《劳动法》是我国法治建设的重要组成部分，其不仅规范了用工关系，保障劳动者权利，也明确了用人单位的法律责任。自 1994 年《劳动法》颁布以来，用人单位与劳动者关系逐渐规范。出现劳动纠纷后，劳动者运用劳动仲裁、诉讼等手段维护自身权利，这就是我国社会法治的明显进步。

4.《劳动法》有利于推进和谐社会建设

《劳动法》通过引导用工双方签订劳动合同的形式，调整劳动者和用人单位的关系。出现纠纷，劳动者也有法可依，依法维权。由此，减少社会矛盾，降低社会犯罪率，有利于推进和谐社会建设。

5.《劳动法》有利于提升劳动者素养

《劳动法》第六十六条、六十七条、六十八条及六十九条均对劳动者的职业培训进行了规定，由此将提升劳动者的专业能力。而且，《劳动法》也提高了劳动者的法律意识，引导劳动者使用《中华人民共和国劳动合同法》《劳动法》《工伤保险条例》等维护自身权利。

（三）劳动法的基本原则

1. 劳动法基本原则的概念

劳动法基本原则是指集中体现劳动法的基本精神和本质，调整劳动关系以及劳动附随关系，主导整个劳动法体系所应遵循的基本准则。宪法作为国家的根本大法和治国安邦的总章程，是确定劳动法基本原则的首要依据。从宪法总纲及第三十五、四十二、四十三、四十四、四十五、四十六、四十八、五十三条的规定中可以知道，现行宪法确立劳动法基本原则的依据主要包括两方面：一是关于国家政治经济制度的规定，如实行社会主义市场经济等；二是关于调整劳动关系的规定，如公民享有劳动权利、按劳分配、职工民主管理权、劳动就业方针、男女同工同酬、社会保障、职业教育、遵守劳动纪律等。劳动法基本原则根据宪法原则而确定，但是区别于其他部门法所特有的原则是劳动法参照劳动法律实践。劳动法基本原则是全部劳动法律规范的基本出发点，具有概括性、普遍性、权威性和稳定性。

2. 劳动法基本原则的作用

第一，劳动法基本原则作为劳动法基本理念和基本精神的体现，对劳动立法具有指导作用，有助于劳动法律法规的立、改、废，使各种劳动关系能够得到及时调整，促进劳动法制的统一和协调；第二，劳动法的基本原则蕴含着劳动法律制度的统一价值，因而有助于理解和解释劳动法，修正劳动法律制度之间的矛盾，指导劳动法律规范的具体实施；第三，劳动法的基本原则以其精神实质可以弥补劳动法律与现实生活之间存在的立法空当，解决实践中出现的缺乏明文规定的劳动法律问题。

3. 劳动法基本原则的内容

可以将劳动法的基本原则主要概括为两点：一是实行“各尽所能，按劳分配”的原则；二是保护劳动者的原则。其中，实行“各尽所能，按劳分配”的原则是我国宪法总纲第六条的规定，这一原则体现生产和分配的统一，具有丰富的内涵。而“保护劳动者原则”是我国宪法第二章“公民的权利和义务”中一系列规定体现的原则。另外，《劳动法》开宗明义，在第一条中就明确《劳动法》是为了“保护劳动者的合法权益”。

二、劳动法的历史及发展

劳动法是以劳动关系的产生为前提。劳动关系作为劳动力与生产资料相结合以实现社会劳动过程的社会关系，只有满足以下两个条件才会产生：一是劳动力和生产资料分属不同的主体所有；二是劳动者获得完全的人身自由。这两项条件只有到了资本主义社会才会出现。因此，在世界范围内，劳动法的产生是和资本主义制度的建立联系在一起的。

（一）劳动法的历史变迁

1. 劳工法规

雇佣劳动是资本主义生产方式赖以存在的基础。从 15 世纪末开始，随着欧洲封建制度逐渐瓦解，最早的资本主义萌芽也开始孕育成长。从资本主义萌芽发展为资本主义生产方式，经历了资本的原始积累过程。原始资本积累的内容就是“一方面使社会的生活资料和生产资料转化为资本，另一方面使直接生产者转化为雇佣工人”。为强迫被剥夺土地的农民到工场中做工，与资本家建立雇佣关系，新兴资产阶级和资产阶级化的封建贵族借助国家暴力，颁布了一系列血腥残暴的“劳工法规”。劳工法规主要有两方面的内容：一是保证资本主义手工工厂中劳动力的来源，如 1349 年，英皇爱德华三世颁布了第一个早期的“劳动法规”，1547 年英国法律规定，拒绝劳动的人，如被告发为游惰者，就会被判为告发人的奴隶，奴隶逃亡 14 天，就会被判处死刑；二是强迫雇佣劳动者接受延长工时、限制最高工资等极其苛刻的劳动条件。因此，所谓劳工法规，“自始就是为了剥削工人，并且在进行中总是直接和工人居于敌对地位的关于工资雇佣劳动的立法。”

2. 工厂法

工厂法，亦称“工场法”，即资本主义国家关于雇佣劳动的立法，规定工厂内部的劳动时间、劳动纪律、劳动保护、工资福利、集体合同、实施义务教育以及企业主对在生产中致残工人的物质责任、劳动保险等。一般认为，世界上最早出现的工厂法是 1802 年由英国议会通过的《学徒健康和道德法》。该法规定了雇佣的最小年龄、使用童工的最高时限及时间段等。但这一规定也有不足之处，只适用于从救济院出来的贫苦儿童。在1819年该法案进行了修正，规定了16岁以下童工每日工作最长时间为12小时，但仅限于纺织业。1833年英国议会又通过了《工厂法草案》，进一步限制童工的年龄，将禁止雇佣童工的范围逐渐扩大到其他行业，并将限制工作时间的范围扩大到女工。1847年英国颁布《十时间法》，规定13岁至18岁的童工以及女工的日工作时间不得超过十小时。其后，资本主义各国都相继制定工厂法。瑞士和法国分别于1877年和1892年制定了《工厂法》，日本于1911年制定《工场法》并在1916年正式实施。十月革命前的俄国于1882年颁布《雇佣童工、童工劳动时间和工厂检察机构法》，1897年颁布《劳动日法》等。美国在19世纪只有各州通过的本州的工厂法。如，1836年马萨诸塞州通过了一项童工法，规定未满15岁的教育问题以及雇用条件。此外，该州在1843年和1879年分别颁布法律，对童工及女工的工作时间及工资等问题做了进一步规定。一直到20世纪30年代，美国联邦政府才制定了统一的工厂法，即1935年的《国家劳工关系法》。

此外，英国于1871年公布了世界上第一个工会法，德国在1883年公布了世界上第一个劳动者保险法，新西兰于1894年最早建立起对最低工资的裁判制度之后，澳大利亚于1896年颁布了世界上最早的最低工资法令，比利时于1900年制定了世界上第一个劳动合同法。虽然这些国家的工厂立法情况不尽相同，但是这些工厂法都是为了遏制资本家对工人无限制的剥削而制定的，一定程度上改善了劳动者恶劣的劳动条件。

3. 劳动法

进入20世纪，资本主义进入垄断时期，使得劳资纠纷变得越来越突出，一些国家陆续制定劳动法。法国率先于1910年着手编纂劳动法典，到1927年完成。十月社会主义革命后的苏维埃政府于1918年公布了世界上第一部内容完整的劳动法典《苏俄劳动法典》，并于1922年颁布了新的《苏维埃劳动法典》。劳动法典综合了包括工厂法和民法在内的关于调整雇佣关系的法条和规范，工会、集体合同以及劳资纠纷等问题也都纳入其调整范围，使得其自身内容不断丰富，逐渐脱离民法而发展成为一个完整的法律体系，标志着劳动法作为独立部门法地位的确立。

第二次世界大战后，制定劳动法的情况更为普遍，工厂法的内容逐渐为劳动法所取代。此后，一些资本主义国家还制定了调整劳动关系的标准法和其他单行法规，例如美国1938年、1947年分别制定了《公平劳动标准法》和《劳工管理关系法》，日本1946年、1947年先后颁布了《劳动关系调整法》和《劳动标准法》等。

（二）劳动法产生的原因

1. 工人阶级长期斗争的产物

工人阶级为了争取自身的基本生存条件，18世纪中叶以后，不断自发地与资产阶级抗争，劳资关系日渐紧张，双方的阶级斗争也逐渐演变为集体斗争的形式。许多国家的劳动法规，都是在工人阶级的斗争压力之下产生的。

2. 国家对劳资关系进行干预的结果

19~20 世纪的资本主义自由竞争时期，采取“雇佣自由”原则，国家对劳雇关系不加任何干预。随着近代机器大工业的兴起和扩张，劳动者相对于资本家的弱势地位暴露无遗。资本家利用雇佣关系中当事人实际上的不平等，实行残酷剥削，以至于破坏了劳动力的生产和再生产，使劳动力面临枯竭的可能。同时，随着工业化程度的提高，产品质量也有了更高的要求，客观上需要具备一定的劳动条件。劳资关系本身的不平等需要国家这种公共权力进行干预。因为，“在当事人处于不平等的地位时，不能够真正地说，他们之间的协议是他们意志自由交流的结果。在这种情况下，处于劣势的一方会受到极大的压制，就像真的受到了强迫一样。为了维护这种平等，社会可以进行干预。”于是，出于资产阶级整体利益和长远利益的考虑，国家从颁布某些改善劳工条件的法规入手，逐步介入劳动关系，平衡劳资双方利益，以稳定社会经济秩序。因此，“基于不平等而促进平等”，是劳动法的初衷和追求目标。

3. 对民法的超越

如何保护和救济处于弱者地位的劳动者，进一步协调劳动关系，以平等主体之间的人身、财产关系为调整对象的传统民法缺乏有力的措施。要实现真正意义上对劳动者的保护，需要寻求公权力的介入及冲破民法的束缚，由此产生了大量确保最低工资、职业安全要求和工时限制为基本内容的劳动立法的出现，使劳动立法逐渐脱离民法，独立发展。公共力量（国家）和社会力量（工会）在平衡劳资双方力量上的作用逐渐合法、合理化是劳动法独立发展的突出表现。因此，劳动法既脱胎于民法，又是对民法的超越。就其通过立法确立劳动权利义务基准并求助于团体力量以实现契约双方力量平衡的努力而言，是对民法调整劳动契约关系功能不足的一种弥补。

（三）中国劳动法的发展

现代意义上的劳动法，同样是西方工业革命的产物。尽管中国在历朝历代的封建法典中，甚至是西周奴隶制时期便有了手工业管理方面的法律，但在漫长的封建时期，中国终究没能发展出独立的劳动法。

1. 新中国成立前的劳动立法进程

1840 年，劳动法随着鸦片战争传入中国，在我国沦为半殖民地、半封建社会的过程中，早期工人阶级的出现使劳动法的相关概念一点点渗入中国。在北洋政府期间，中国完成了首次劳动立法。尽管立法完成了，但此时的劳动法仅是徒有其表，不过是反动政府借以镇压工人运动的工具罢了。

中国最早的工厂法是“中华民国”时期广州政府于 1922 年 2 月 24 日公布的《工会条例》，该条例修订后于 1924 年 10 月 1 日以大元帅孙中山的名义重新公布，这是我国第一个承认工会和保障工会权利的法规。全文共计 21 条，其中规定：劳动者有组织工会的权利；工会与雇主团体立于对等之地位；工会有权与雇主缔结团体契约；工会在其范国内有言论、出版、办理教育事业之自由；工会需根据会员多数之决议宣布罢工。北京政府农商部则于1923年3月29日制定公布了《暂行工厂通则》，这是我国第一个正式颁布的劳动立法。此外，北京政府还颁布了《矿工待遇规则》等法令。国民政府定都南京后，又相继制定了《工会法》《工会施行法》《工厂法》《劳资争议处理法》《团体协约法》等劳动法律，规范了相应的劳动权利和劳动义务。

与此形成鲜明对比的是，中国共产党领导的革命根据地和解放区的劳动立法。中国共产党成立伊始就格外关注劳工问题，为维护劳工权益，在其成立的第二年便成立了领导工人运动的总机关——中国劳动组合书记部。由中国劳动组合书记部发起了劳动立法运动，至新中国成立前夕，共召开六次全国劳动大会，历次大会都以改善劳工条件为宗旨，并发起劳动立法运动。公布《关于开展劳动立法运动的通告》，拟定了《劳动立法原则》和《劳动法案大纲》等劳动立法文件。其中，《劳动立法原则》提出了保障政治自由、改良经济生活、参加劳动管理和劳动补习教育的四项立法原则。《劳动法案大纲》则承认了劳动者集会结社、同盟罢工、缔结团体契约、国际联合、星期日休息、每日工作八小时、最低工资保障、社会保险和受教育等十九项权利。上述立法文件不仅为中国共产党在革命根据地的劳动立法打下了基础，更指导了工人阶级与北洋军阀的斗争运动。

中国共产党在不同历史时期根据形势的需要，提出了不同的劳动方针。工农民主革命时期为“实行八小时工作制、增加工资、失业救济与社会保险”。人民民主政权据此制定了一系列的劳动法规，主要有1931年颁布、1933年修改的《中华苏维埃共和国劳动法》，但由于该法存在严重的教条主义，许多条款规定了过高的劳动条件和过高的物质待遇而难以实际实施。

抗日战争时期的劳动方针为“依靠工人阶级，团结资本家共同抗日”。在这一特殊形势条件下，中国共产党以“既照顾抗日民族资本家的利益，又保护工人的基本权利、改善工人生活”为前提，进行了新的劳动立法。先后于1941年公布、1944年修改《晋冀鲁豫边区劳工保护暂行条例》，1942年公布《陕甘宁边区劳动保护条例（草案）》，这一时期的劳动立法在争取抗日战争胜利和扩大革命力量的斗争中起了很大作用。

解放战争时期，中国共产党的劳动方针转变为“发展生产，繁荣经济，公私兼顾，劳资两利”。1948年8月召开的第六次全国劳动大会正式通过了《关于中国职工运动当前任务的决议》《中华全国总工会章程》等，成为当时劳动立法的总纲领。

2. 新中国成立后的劳动立法概况

新中国成立后，中国的劳动立法进入了重整时期，国民政府的劳动立法全部被废止。这一时期的劳动立法大致可以分为四个发展阶段。

1949—1957年为形成和发展阶段。新中国成立后，党和国家非常重视劳动立法工作。《中国人民政治协商会议共同纲领》（以下简称《共同纲领》）对劳动问题做出了多项原则性规定，包括结社权、工作时间、最低工资、劳动保险等内容。1954年颁布的《宪法》，对劳动关系的调整原则作了进一步的明确，规定公民享有劳动权、休息权、物质帮助权等，劳动者有遵守劳动纪律的义务。根据《共同纲领》和《宪法》的有关规定，国家进行了一系列的劳动立法。20 世纪 50 年代先后公布了工会法、劳动保险条例、劳动保护三大规程（《工厂安全生产规程》《建筑安装工程安全技术规程》和《工人职员伤亡事故报告规程》），还包括其他如劳动纪律方面的《国营企业内部劳动规则纲要》、工资方面的《关于工资改革的规定》、就业安置方面的《救济失业工人暂行办法》及《复员建设军人安置暂行办法》等一系列劳动法规，使劳动关系得到较为全面的调整，劳动立法有了长足的发展。我国劳动法律制度在这一阶段初步确立，既反映了我国当时的历史特点，也暴露了些许不足，如：劳动关系主要由国家以行政手段调控，体现为劳动行政关系；立法的规范性程度较低；确立了适应计划经济发展的劳动制度；开始注重劳动者的劳动安全卫生权利等。

1958—1976 年为荒废低谷阶段。虽然自 1957 年开始，《劳动法》的起草准备工作已陆续推进，但由于随后开展的运动而陷入停顿。这一时期，劳动法虽然未被废止，但也没有得到施行，基本处于停滞的状态。

1976 年到 1994 年《劳动法》颁布前为第三阶段，这一阶段为劳动法的恢复和发展阶段。党的十一届三中全会做出了加强社会主义法制的重要决定，1982 年通过的新宪法对劳动者享有的劳动权、休息权、接受教育权、物质帮助权等进行了全面规定，为劳动立法提供了重要而直接的依据，我国劳动立法得到恢复并进入了快速发展的阶段。

在劳动就业方面，1986 年国务院发布《国营企业招用工人暂行规定》，1990 年劳动部发布《职业介绍暂行规定》，1992 年劳动部发布《境外就业服务机构管理规定》等。在实行劳动合同制方面，1983 年劳动人事部发布《关于积极试行劳动合同制的通知》，1986 年国务院发布《国营企业实行劳动合同制暂行规定》等。在工资方面，1985 年国务院发布《关于国营企业工资改革问题的通知》，1993 年五部委联合发布《国有企业工资总额同经济效益挂钩规定》。同一年度，劳动部发布《关于加强企业工资总额宏观调控的意见》和《企业最低工资规定》等。在劳动安全与卫生方面，1982 年国务院发布《矿山安全条例》，1987 年国务院发布《中华人民共和国尘肺病防治条例》，1991 年国务院发布《企业职工伤亡事故报告和处理规定》，1992 年全国人大常委会颁布《中华人民共和国矿山安全法》等。在女职工和未成年工特殊保护方面，1987 年国务院发布《女职工劳动保护规定》。同年，劳动人事部发布《关于禁止招用童工的通知》。此后，劳动部、国家教委、农业部、国家工商局、全国总工会联合发布《关于严禁使用童工的通知》等。

在社会保险方面，1991 年国务院发布《关于企业职工养老保险改革的决定》，1993 年国务院发布《国有企业职工待业保险规定》等。

在劳动纪律方面，1982 年国务院颁布《企业职工奖惩条例》，1983 年劳动人事部发出《关于〈企业职工奖惩条例〉若干问题的解答意见》，1986 年国务院发布《国营企业辞退违纪职工暂行规定》等。

在劳动争议处理方面，1987 年国务院发布《国营企业劳动争议处理暂行规定》，1993 年国务院发布《中华人民共和国企业劳动争议处理条例》。

这一阶段，随着新宪法的通过和生效，以及我国基本方针转变为以经济建设为中心，相关的单行劳动法律法规迅速得到制定。其内容涉及劳动就业、劳动合同、工资、劳动卫生安全、社会保险、职业培训、民主管理、企业劳动管理、劳动争议处理等方方面面的劳动制度。但其历史局限性也是显而易见的：由于处在从计划经济向市场经济过渡的特殊时期，加上立法缺乏预见性，因此，此时期制定的法律大多不适用于市场经济而亟须修改或废止。

以《劳动法》的制定及实施为开端至今为第四阶段。在总结以往劳动立法经验教训的基础上，新中国第一部系统全面保障劳动者权益、调整劳动关系的法律——《中华人民共和国劳动法》，于 1994 年 7 月 5 日由第八届全国人大常委会通过，并于 1995 年 1 月 1 日开始实施，共计 13 章 107 条。作为我国的一项基本法律，《劳动法》的颁布，是中国劳动法制建设的重大进展，其颁布具有划时代的意义：第一，我国整体法律建设得到进一步加强，社会主义市场经济的劳动法律体系被丰富、完善；第二，将劳动者的权益保障从最初不完整的民法脱离出来，给予了更强有力的保障；第三，将劳动关系从劳动行政关系变为更有利于协调的新劳动关系，在发展经济的同时，保障了新时期社会的和谐稳定。它把宪法中有关劳动的规定具体化、明确化，同时又为制定具体劳动法律规范文件提供了依据，是建立公平、公正、符合市场经济要求的劳动力市场的重要法律保障。

《劳动法》颁布后，劳动人事部陆续颁布了一系列的劳动单行法规，如《违反和解除劳动合同的经济补偿办法》《违反〈劳动法〉有关劳动合同规定的赔偿办法》《企业女职工生育保险试行办法》《集体合同规定》等；国务院也制定和颁布了相关的劳动法律文件，如《关于建立统一的企业职工基本养老保险制度的决定》《关于建立城镇职工基本医疗保险制度的决定》《失业保险条例》《工伤保险条例》等。总之，以《劳动法》为核心的具有中国特色的劳动法律体系已经形成并在积极发展之中。

近代以来，从中国劳动法律体系的发展中可以看到新中国法学发展的整体趋势是逐步完善的，虽然因各种原因，或许仍存在不足之处，但相信随着时间的推进，我国劳动法律体系的建设在未来仍会是一片光明。

三、劳动法的体系

劳动法的体系是指构成劳动法律部门的各类法律规范的统一整体。劳动法体系的形成取决于劳动法的调整对象，与劳动法所调整的社会关系是一一对应的。是根据劳动关系法律调整的特点和内容而构成的。张志京等人在《劳动法学》一书中，根据我国的实际情况，将劳动法分为了基本法律、法律、行政法规和行政规章四个层次构成，这四个层次的层层展开形成了劳动法体系的“金字塔”。

（一）顶端层次：基本法

顶端层次的基本法是整个劳动法律体系的基石，所有劳动法律体系内的法律法规都要符合基本法的要求。通常基本法中规定本国的劳动方针、基本原则等。有的国家以法典的形式制定比较集中的规范性法律文件，详尽阐述劳动关系的各方面问题，如法国的《劳动法典》。有的国家则是对主要的基本问题和原则颁布纲要，如苏联的《苏联各加盟共和国的劳动立法纲要》。还有的国家会将几部劳动法结合作为基本法的核心，如日本的《劳动组合法》《劳动关系调整法》《劳动基准法》。我国目前的顶端层次的法律主要指《中华人民共和国劳动法》。

（二）次级层次：法律

这一层次在形式上主要是由全国人民代表大会常务委员会或国务院制定，也有少数重要的法律由全国人民代表大会直接制定。在名称上可以称为“法”。在内容上主要是将基本法的劳动原则，分多个单方面细化，作为调整某一方面劳动关系的基本原则。次级层次的立法是将劳动法总纲的规定进一步专项化、制度化。以现有的劳动法为基础，可以形成以下诸法：

1. 主体立法

它是对劳动法主体进行规定的法律，包括对用人单位、劳动者、工会以及劳动行政机关的规定。从我国的立法实践看，这些内容已由一个法群组成，部分是作为基本法来规定，部分是作为行政法规来规定。我国已经制定了《中华人民共和国全民所有制工业企业法》《中华人民共和国城镇集体所有制企业条例》《中华人民共和国乡村集体所有制企业条例》《中华人民共和国私营企业暂行条例》《中华人民共和国中外合资经营企业法》《中华人民共和国中外合作经营企业法》《中华人民共和国外资企业法》等一系列企业法，规定了企业的法律地位。对劳动者的法律地位也已在《劳动法》中规定。1950 年中央人民政府还曾颁布《中华人民共和国工会法》，1992 年 4 月 3 日七届五次人大通过了新《工会法》，确定了工会的法律地位。劳动行政机关的法律地位则由《中华人民共和国国务院组织法》《全国人民代表大会关于国务院机构改革的决定》等法律和文件来确定。

2. 合同立法

它具体体现了“劳动关系协调合同化”这一劳动法基本原则，是基于劳动关系双方自主权和平等协商权利基础上设立的法律制度，在内容上以存在着任意性规范为特征。作为次级层次的法规，我国目前最重要的两个综合性法律是《中华人民共和国劳动合同法》和《集体合同法》。

3. 基准立法

它是对用人单位劳动义务所做的最低标准的规定，也是“劳动条件基准化”这一劳动法基本原则的具体体现，如对最低工资的要求，最长工作时限的要求，法定假日两倍、三倍工资的要求等，在法律内容上以强制性规范为特征。

4. 保障立法

这里所说的保障立法仅指社会性的保障规定。它是以劳动关系建立前和终止后的关系为主要内容，也是“劳动者保障的社会化”原则的体现。这部分立法的内容与前面第二、第三部分立法的区别是：前两部分立法是以调整劳动关系为功能，规范用人单位和劳动者的关系，这部分立法的主要调整对象一方是国家机关以及其授权的组织，另一方是用人单位或劳动者。这类立法主要包括两方面的内容：一是《就业促进法》，当劳动关系尚未建立时，以促进就业、帮助劳动者建立劳动关系为目的，从而对就业服务机构、就业服务企业、就业基金、就业歧视的制止等做出一系列原则规定；二是《社会保险法》，当劳动关系丧失或劳动力丧失、部分丧失时以保障劳动者的基本生活为目的，确立失业保险，养老保险，医疗保险，工伤保险，生育保险，疾病、伤残津贴，遗属津贴等基本制度。

5. 执法规定

应当体现“劳动执法规范化”的原则。作为程序法应与实体法相配合，主要表现在：与合同法相配套，应制定以劳动争议调解、仲裁为基本内容的《劳动争议处理法》；与基准法相配套，应制定《劳动监察法》。

（三）三级层次：行政法规

在形式上主要是国务院制定的劳动行政法规，除少数特别重要的由全国人民代表大会常务委员会指定为法律外，大部分在名称上主要用“条例”“规定”，以和上一层次“法”的称谓区别；此外还有一些国务院制定的法律以“细则”“条例”作为称谓。三级层级在内容上是对次级层次的法进一步具体化，并可依据劳动法律制度的具体原则，使各项内容专门化、制度化。

1. 主体立法

用人单位方面：主要是制定一系列劳动管理方面的规定。随着产权关系的明晰、社会主义统一市场的建立，一系列的条例或规定相继出台，如：《股份有限公司劳动管理条例》《有限责任公司劳动管理条例》《股份合作制劳动管理规定》《合伙企业劳动管理规定》等。劳动者方面：主要是对一些特殊劳动力的资格加以确定，例如《禁止使用童工条例》《学位条例》《专业技术职务聘任条例》《高级技师评聘规定》《工人技术考核规定》《劳动能力鉴定规定》等。

2. 合同立法

劳动合同方面：主要是将劳动合同订立、变更、终止、解除中的内容具体化。包括：《招工规定》《保守商业秘密规定》《技术工种上岗培训办法》《服务期确定办法》《学徒管理规定》《企业裁员管理规定》《患病和非因工负伤医疗期规定》《履行和解除劳动合同的经济补偿办法》等。集体合同方面：主要包括《集体协商规定》以及《集体合同审查办法》。

3. 基准立法

工时休假方面：《企业实行不定时工作和休息规定》《计件工作工时的管理办法》《综合计算工时的规定》《限制延长工时的规定》《年休假规定》《婚丧假规定》。工资方面：《最低工资条例》《履行社会义务的工资确定规定》《工资支付条例》。劳动安全卫生方面：《企业职工伤亡事故报告处理条例》《特别重大事故调查程序条例》《职业病认定和处理规定》，还可按产业特点对劳动环境、劳动条件、安全培训等做出一系列具体规定。女工和未成年工保护方面：《女职工保护条例》《未成年工保护条例》。

4. 保障立法

促进就业方面：《劳动就业管理服务机构的规定》《职业介绍条例》《农村劳动力跨地区就业管理规定》《就业登记办法》《劳动就业企业规定》《就业基金规定》《就业和失业统计办法》《反就业和职业歧视规定》《职业技能开发条例》《职业技能鉴定条例》《残疾人就业条例》《退出现役军人就业规定》《促进中高龄劳动者就业办法》。社会保险方面：《社会保险管理服务机构规定》《失业保险条例》《养老保险条例》《医疗保险条例》《工伤保险条例》《城镇企业职工死亡待遇规定》。

5. 执法规定

劳动争议处理方面：《劳动争议仲裁委员会组织规定》《劳动争议仲裁委员会办案规则》《集体劳动争议处理程序》。劳动监察方面：《劳动监察员管理办法》《劳动安全卫生监察条例》。法律责任方面：《违反劳动法的行政处罚条例》《违反劳动法的赔偿办法》。

（四）末级层次：行政规章

主要是地方政府制定的仅适用于本辖区内的规章。内容上是以基本法为前提，在不违背法律和行政法规的条件下，依照法定权限和程序制定的法规。

四、劳动法的适用范围

劳动法的适用范围，也称为劳动法的效力范围，是指劳动法的空间适用范围、时间适用范围以及对人的适用范围。

（一）劳动法的空间适用范围

劳动法的空间适用范围即劳动法适用的地域范围。由于我国劳动法的立法层次不同，因而其适用的地域范围也不同，劳动法适用的地域范围取决于劳动法律规范文件的制定机关。

凡由全国人民代表大会及其常务委员会通过的劳动法律和由国务院发布的劳动行政条例、规定、决定，除法律、法规有特别规定的外，在中华人民共和国境内发生法律效力，统一适用于我国的全部领域；凡属地方性立法机关制定的劳动法规，仅适用于当地人民政府行政管辖区域之内，但不得与全国性法规相冲突；民族自治地方人民代表大会制定的劳动自治条例和单行条例，只适用于该民族自治地域；我国劳动法不适用于香港、澳门特别行政区，港、澳、台地区由当地相应部门设立相关法律。在劳动法的空间适用范围上，较之其他部门法，我国劳动法具有较强的地域性特点。

（二）劳动法的时间适用范围

劳动法的时间适用范围即劳动法的时间效力，是指劳动法生效时间和失效时间。关于劳动法的生效，一般有两种方式：一种是自公布之日起生效；另一种是公布后并不立即生效，而是规定一个实施日期，自实施时间到来之时开始生效。《劳动法》即属于第二种情形，于 1994 年 7 月 5 日公布，1995 年 1 月 1 日起实施。

劳动法的失效，一般也有两种方式：一种是法律本身规定终止生效的特定时间或特定条件出现时自然失效；另一种是在新颁布的法律规范文件中明文指出旧法律规范文件失效。

（三）劳动法对人的适用范围

劳动法对人的适用范围即劳动法对人的效力。《劳动法》第 2 条规定："在中华人民共和国境内的企业、个体经济组织和与之形成劳动关系的劳动者，适用本法。""国家机关、事业组织、社会团体和与之建立劳动合同关系的劳动者，依照本法执行。"《中华人民共和国劳动合同法》第 2 条规定："中华人民共和国境内的企业、个体经济组织、民办非企业单位等组织与劳动者建立劳动关系，订立、履行、变更、解除或者终止劳动合同，适用本法。""国家机关、事业单位、社会团体和与其建立劳动关系的劳动者，订立、履行、变更、解除或者终止劳动合同，依照本法执行。"据此，用人单位主要指企业、个体经济组织、民办非企业单位等组织，事业单位、国家机关、社会团体与劳动者建立劳动合同关系的，也可成为"用人单位"。相应地，只有在这六种用人单位管理下从事劳动并获取相应报酬的自然人，才可以成为劳动法中的"劳动者"。

劳动法对人的适用范围可以概括为：劳动法适用于基于订立劳动合同而形成劳动关系的劳动者与用人单位。鉴于立法的局限，我国目前相当部分主体间的劳动关系不在劳动法的调整范围之内。如，国家机关与公务员之间的劳动关系，主要由《中华人民共和国公务员法》和国家的人事政策来调整。随着我国劳动法律制度的发展和完善，《劳动法》对人的适用范围将逐步扩大。

拓展阅读

案例参考

一、案例介绍

李先生在某公司任职主管经理工作多年，因工作期间表现良好，用人单位在与其续订劳动合同时订立了无固定期限劳动合同。但不幸的是，李先生在某次外出途中遭遇车祸，虽及时抢救，但对身体仍然造成损伤，影响后续的主管工作。该公司领导经讨论认为，李先生目前的身体状况不适合主管经理的工作岗位，决定将其由目前的工作岗位调到相对轻松的其他岗位，以方便治疗和休息，相关待遇按照新岗位标准执行。

而李先生认为其为公司工作多年，任劳任怨，用人单位至少应为其保留工作岗位直至身体痊愈继续工作，且该公司在没有征求他本人意见的前提下，擅自调整他的工作岗位及待遇，属于擅自变更劳动合同的行为，因此拒不执行公司的安排。

在双方经过数次协商仍未达成一致意见的情况下，该公司以李先生不服从工作安排，属严重违纪为由，决定与其解除劳动关系，停发工资，停缴社会保险。李先生不服，将该公司告上劳动争议仲裁委员会，要求恢复劳动关系，继续从事原岗位工作。

仲裁结果：劳动争议仲裁庭经调查认为，该公司相关规章制度明确规定，李先生的身体状况无法履行相应的岗位职责情况，视为不能胜任工作。因劳动者不能胜任工作而变更、调整职工工作岗位，则属于用人单位的自主权。因此驳回李先生的申请，裁定该公司的解除决定合法、有效，双方解除劳动关系。

二、本案件适用相关法律条款

依据劳动部办公厅《关于职工因岗位变更与企业发生争议等有关问题的复函》(下文简称《复函》)之规定：关于用人单位能否变更职工岗位问题，按照《中华人民共和国劳动法》第十七条、第二十六条、第三十一条的规定精神，因劳动合同订立时所依据的客观情况发生重大变化，致使原劳动合同无法履行而变更劳动合同，须经双方当事人协商一致，若不能达成协议，则可按法定程序解除劳动合同；因劳动者不能胜任工作而变更、调整职工工作岗位，则属于用人单位的自主权。

三、案例点评

在用人单位的规章制度和日常管理工作中，有效区分属于行使管理权还是属于变更劳动合同行为，是许多管理者容易出现困惑的重点，这也是本案的焦点所在。

依据《复函》之规定，上述案例中用人单位的做法是没有问题的。因为该单位在规章制度中已将身体状况不符合岗位要求界定为不能胜任工作，用人单位因劳动者不能胜任工作而变更、调整职工工作岗位，属于用人单位的自主权。劳动者拒不服从用人单位工作安排的，用人单位在规章制度中明确将其界定为严重违纪的，可以解除劳动合同。

［案例参考：劳动纠纷 10 大经典案例及法规解析（劳动合同篇）［DB/OL］. 2018：［2021-10-19］. https：//www.sohu.com/a/282882558_120047348.］

第二节　劳动合同法

《中华人民共和国劳动合同法》（以下简称《劳动合同法》）是规范劳动关系的重要法律。制定本法，目的在于完善劳动合同制度，以改善劳动关系。同时，使建立和发展劳动关系的过程和谐稳定，以明确劳动合同双方的权利义务，达到保护劳动者合法权益的目的。此法于 2007 年 6 月 29 日修订通过，自 2008 年 1 月 1 日起施行。《全国人民代表大会常务委员会关于修改〈中华人民共和国劳动合同法〉的决定》已由中华人民共和国第十一届全国人民代表大会常务委员会第三十次会议于 2012 年 12 月 28 日通过，自 2013 年 7 月 1 日起施行。

一、劳动合同概述

劳动合同是调整劳动关系的基本法律形式，约定用人单位和劳动者双方在劳动关系存续甚至终结之后的权利与义务，涉及双方的直接权益。《劳动合同法》是我国劳动法律体系的重要组成部分，此法可以调整和规范劳动合同订立、变更、终止和修订等一系列操作。《劳动合同法》的制定和颁布，标志着我国劳动合同制度的不断完善和规范，对于规范劳动力市场秩序和企业用工形式，协调、平衡用人单位和劳动者双方的利益关系，发展和谐劳动关系具有重大意义。

（一）劳动合同定义

劳动合同俗称劳动契约、劳动协议，根据《劳动法》第十六条规定：劳动合同是劳动者与用人单位确立劳动关系、明确双方权利和义务的协议，建立劳动关系应当订立劳动合同。理解劳动合同，应该准确认识以下几点：

1. *劳动合同是劳动者与用人单位之间签订的协议*

劳动者和用人单位是劳动合同的主体方。劳动者是指到达了法定年龄，具有劳动能力，并在用人单位管理下实际参加劳动，以自己的劳动获得劳动报酬的自然人。用人单位是指依法招用和管理劳动者，并向劳动者支付劳动报酬的组织和个人。

2. *劳动合同是明确双方权利义务的协议*

用人单位应及时安排被录用的劳动者工作，按照劳动合同的约定提供必要的劳动条件，保证劳动者享有劳动保护及社会保险、福利等权利和待遇。劳动者依据劳动合同成为用人单位的一员，有义务按照合同约定的岗位、工种或者职务提供劳动，完成劳动任务，提高职业技能，执行劳动安全卫生规程，并遵守用人单位依法制定的规章制度和职业道德。同时，劳动者享有平等就业和择业权，享有获得劳动报酬、接受职业技能培训、休息休假、安全卫生保护、社会保险的权利，享有提请劳动争议处理的权利等。

3. 劳动合同是双方在平等自愿基础上达成的协议

劳动合同是双方"合意"达成的法律文件，对双方都具有约束力，也是维护双方合法权益的法律。

（二）劳动合同立法

我们国家劳动合同制度发展至今，已有 100 多年的历史了。1979 年开始，中国政府全面经济改革。中国经济体制逐步由计划经济向有计划的社会主义商品经济体制转变。在劳动关系方面，引入了劳动合同制度，劳动人事部于 1983 年 2 月发出《关于积极试行劳动合同制的通知》，要求无论是全民所有制单位还是县、区以上集体所有制单位，在招收普通工种或技术工种的工人时，用人单位与被招用人员都要订立劳动合同规定双方权利义务。

1986 年 7 月国务院发布《国营企业实行劳动合同制暂行规定》，该规定从 1986 年 10 月 1 日实施起，除国家另有特别规定者外，企业在国家劳动工资计划指标内招用常年性工作岗位上的工人，统一实行劳动合同制；国家机关、事业单位和社会团体在常年性岗位上招用的工人，应比照该规定执行；同时规定了劳动合同制工人的招收录用、在职、待业、退休期间的待遇，以及劳动合同的订立、变更、终止和解除等方面的法律规定。

2005 年 11 月，国务院常务会议审议了《中华人民共和国劳动合同法（草案）》并提请全国人民代表大会常务委员会审议。2005 年 12 月 24 日，第十届全国人大常务委员会第十九次会议对《劳动合同法（草案）》进行初次审议。

2007 年 4 月 24 日，第十届全国人大常务委员会第二十七次会议第三次审议《中华人民共和国劳动合同法（草案）》，对于劳动关系的建立和劳动合同的订立、培训职工的服务期协议、经济性裁员、经济补偿和过渡条款等有了新的说法。2007 年 6 月，草案又进行修改。2007 年 6 月 29 日，第十届全国人大常务委员会第二十八次会议高票通过了《中华人民共和国劳动合同法》。

劳动合同双方享有的权利和履行的义务在劳动合同的立法中被明确，使劳动合同制度进一步完善，劳动者的合法权益得到了保护，构建、发展的劳动关系更和谐稳定。依据《劳动合同法》第三条，订立劳动合同，应当遵循合法、公平、平等自愿、协商一致、诚实信用的原则。《劳动合同法》的基本原则包括：

1. 合法原则

合法原则是指用人单位与劳动者所签订的劳动合同在形式与内容上必须符合法律规定。所有的劳动合同依据劳动合同法的相关规定，必须以书面形式订立，且劳动合同的形式与内容必须与法律规定相一致，用人单位需要承担书面合同的法律效应。而口头合同不具备法律效应，当双方发生争议，用人单位也不需要承担法律后果。

2. 公平原则

公平原则指用人单位和劳动者订立劳动合同时遵循公平原则确定双方的权利和义务。所谓公平原则实际上体现了一种社会道德的观念，体现人们对事物判断的正义、无偏私。劳动合同在订立时要对用人单位和劳动者做出同等的规范，在规定双方的权利和义务时，要确保公平性和合理性。公平是法律的价值选择之一，也是社会公德的体现。

3. 平等自愿原则

在订立劳动合同时，劳动者和用人单位具有平等的法律地位，不存在命令、管理和被管理的关系，订立劳动合同时不分高低、上下级，双方能够自由表达真实的意愿，有平等要求利益的权利。任何一方不得将自己的意志强加于对方，保证当事人能够根据自己的真实意愿做出决定，采用暴力、威胁等手段订立的劳动合同无效。

4. 协商一致原则

协商一致要求劳动合同的订立必须通过协商一致。合同是双方意思表示一致的结果，劳动合同是合同的一种类型，也受到自由意志协商一致的制约。经过双方当事人对合同条款进行充分讨论、磋商，最后在达成一致意见的基础上订立劳动合同。签约坚持协商一致，合同才能真正体现双方意愿，使当事人自觉履行劳动合同。

5. 诚实信用原则

诚实信用原则就是订立劳动合同要诚实，讲信用，具有重大的理论与实践指导意义。《劳动合同法》第八条规定：用人单位招用劳动者时，应当如实告知劳动者工作内容、工作条件、工作地点、职业危害、安全生产状况、劳动报酬，以及劳动者要求了解的其他情况；用人单位有权了解劳动者与劳动合同直接相关的基本情况，劳动者应当如实说明。

（三）劳动合同的法律特征

《劳动合同法》第三条：订立劳动合同，应当遵循合法、公平、平等自愿、协商一致、诚实信用的原则。劳动合同的法律特征包含以下几方面：

（1）劳动合同是劳动者与用人单位以合同形式，来确定确立双方权利义务关系的法律形式。

（2）劳动合同是一种民事法律行为。合同当事人都要接受合同的约束。劳动合同双方当事人的权利和义务是统一的，劳动者有权享受法律、法规及劳动合同规定的劳动保险和生活福利待遇，用人单位有义务提供劳动法律、法规及劳动合同规定的劳动保护条件。

（3）合同是一种双方或多方或共同的民事法律行为。

（4）合同双方应当遵守法律、行政法规。合同的主体、形式、内容、程序等必须合法，合同必须依法成立，具有法律约束力。

（5）劳动合同的订阅、变更、终止和解除，按照国家劳动法律、法规的规定。

二、劳动合同的内容和期限

（一）劳动合同的内容

1. 劳动合同必备条款

参照《劳动法》第十九条规定，劳动合同应当以书面形式订立，并具备以下条款：

（1）劳动合同期限

劳动合同的期限分为有固定期限、无固定期限和以完成一定的工作为期限的劳动合同三种。固定期限劳动合同是指用人单位与劳动者约定合同终止时间的劳动合同，如一年期限、三年期限等；无固定期限劳动合同，是指用人单位与劳动者约定无确定终止时间的劳动合同；以完成一定工作任务为期限的劳动合同，是指用人单位与劳动者约定以某项工作的完成为合同期限的劳动合同。

（2）工作内容

用人单位与劳动者在工作内容的基本规定中，可以约定劳动者的工作岗位、工作数量、工作任务等内容。这一条款是建立劳动关系的重要因素，也是劳动合同的核心条款之一。如果劳动合同中工作内容约定不明确，随意调整工作岗位，进而变动劳动内容，造成劳动关系的不稳定，或者工作岗位约定过死，都有可能产生合同纠纷。

（3）劳动保护和劳动条件

劳动保护依照劳动法规定包含劳动安全保护和劳动卫生保护两个基本内容。劳动保护含劳动安全卫生、女职工和未成年工特殊保护的规定和制度，有关劳动卫生方面的法律、法规。劳动条件一般指劳动者在劳动过程中所必需的物质设备条件。

（4）劳动报酬

该条款可规定标准工资、加班工资、奖金、津贴、补贴金额、支付时间和方式等。

（5）劳动纪律

作为使劳动过程保持秩序的一种手段，应当将用人单位的内部规章制度约进来，并印制成册，以合同附件的形式加以简要约定。

（6）劳动合同终止的条件

有下列情形之一的，劳动合同终止：劳动合同期满的；劳动者开始依法享受基本养老保险待遇的；劳动者死亡，或者被人民法院宣告死亡或者宣告失踪的；用人单位被依法宣告破产的；用人单位被吊销营业执照、责令关闭、撤销或者用人单位决定提前解散的；法律、行政法规规定的其他情形。

（7）违反劳动合同的责任

违反劳动合同的责任是一种违约责任，指合同订立以后，劳动合同当事人因自己的过错造成劳动合同没有履行或没有完全履行，依照法律规定或当事人约定所承担的法律责任。用人单位和劳动者如有违反劳动合同的情况，依据《劳动合同法》第八十条～第九十五条承担相应责任。

对比《劳动法》和《劳动合同法》中规定的必备条款，可以发现，《劳动合同法》的规定更为详细、更加具体。参照《劳动合同法》第十七条规定，劳动合同应当具备以下条款：用人单位的名称、住所和法定代表人或者主要负责人；劳动者的姓名、住址和居民身份证或者其他有效身份证件号码；劳动合同期限；工作内容和工作地点；工作时间和休息休假；劳动报酬；社会保险；劳动保护、劳动条件和职业危害防护；法律、法规规定应当纳入劳动合同的其他事项。劳动合同除前款规定的必备条款外，用人单位与劳动者可以约定试用期、培训、保守秘密、补充保险和福利待遇等其他事项。增加了用人单位的名称、住所和法定代表人或者主要负责人，劳动者的姓名、住址和居民身份证或者其他有效证件号码，工作时间地点和休息休假、职业危害防护、社会保险；减少了劳动纪律、劳动合同终止的条件和违反劳动合同的责任三项。

劳动合同是一种特殊类型的合同，双方自签署之时就具有法律效力，受到法律的保护。双方可以自由约定劳动关系存续的时间、各方需要承担的责任等，只要是合法自愿约定的行为一般都是合法的，在发生纠纷时，也可以凭借合同作为判罚依据。

2. 劳动合同补充条款

根据法律规定，除上述七项必备条款外，用人单位与劳动者订立的劳动合同还可以就其他内容进行协商约定，一般称为协商条款或约定条款。

在国家法律法规规定不明确或者尚无法规定的情况下，劳动合同双方可以根据双方实际情况协商约定的其他条款。劳动行政部门印制的劳动合同样本，必备条款一般情况下写得都很具体，同时还会留出一定版面由双方随机约定一些条款。例如：试用期、商业秘密、福利待遇、房屋分配或购置等内容。

（二）劳动合同的期限

劳动合同期限一般分为三类：有确定终止时间的固定期限劳动合同、没有确定终止时间的无固定期限劳动合同和以完成一定工作任务为期限的劳动合同。

1. 固定期限劳动合同

依据《劳动合同法》第十三条规定：固定期限劳动合同，是指用人单位与劳动者约定合同终止时间的劳动合同。具体而言，劳动合同双方将合同生效的起止日期在劳动合同中做了明确规定，到达终止日期后，劳动关系即终止。如需延长劳动期限，双方经过协商一致，可以续订劳动合同。根据劳动合同法的规定，双方协商确定固定期限劳动合同的期限。一般来说，固定期限劳动合同是一年、三年或五年。

固定期限劳动合同制度的主要作用是建立和谐、稳定的劳动关系，这不仅是对劳动者权益的一种保护，而且也是对用人单位长期利益的一种保护。企业与劳动者签订固定期限劳动合同，能够留住人才，增强企业与员工之间的互信，增强员工的忠诚度，有利于建立和谐、稳定的劳动关系。

2. 无固定期限劳动合同

依据《劳动合同法》第十四条规定：无固定期限劳动合同，是指用人单位与劳动者约定无确定终止时间的劳动合同。用人单位与劳动者协商一致，可以订立无固定期限劳动合同。有下列情形之一，劳动者提出或者同意续订、订立劳动合同的，除劳动者提出订立固定期限劳动合同外，应当订立无固定期限劳动合同：

（1）劳动者在该用人单位连续工作满十年的；

（2）用人单位初次实行劳动合同制度或者国有企业改制重新订立劳动合同时，劳动者在该用人单位连续工作满十年且距法定退休年龄不足十年的；

（3）连续订立二次固定期限劳动合同，且劳动者没有本法第三十九条和第四十条第一项、第二项规定的情形，续订劳动合同的。用人单位自用工之日起满一年不与劳动者订立书面劳动合同的，视为用人单位与劳动者已订立无固定期限劳动合同。

无固定期限劳动合同期限没有约定具体终止时间，只约定终止合同的条件。与有固定期限劳动合同相比，无固定期限劳动合同对劳动者更有利。有固定期限劳动合同到期后，用人单位可以拒绝与劳动者重新订立劳动合同。无固定期限劳动合同不存在到期的问题，除非发生法定原因或双方合意才可以解除。一旦出现了法律规定的情形，无固定期限劳动合同也同样能够解除。只要没有出现法律规定的条件或者双方约定的条件，双方应继续履行劳动合同规定的义务。如无特殊情况，本合同有效期至劳动者达到退休年龄。无固定期限的劳动合同也是劳动合同的一种，在履行过程中，任何一方因某种原因想要或已经提议终止劳动合同，双方意见达成一致后，就可以依据《劳动合同法》第三十六条的规定解除劳动合同。当法律规定的可以解除劳动合同的条件出现，或当事人在合同中约定的可以解除劳动合同的条件出现，无固定期限的劳动合同就可以依法定条件或约定条件解除。如劳动者有《劳动合同法》第三十九条规定的情形之一出现时，用人单位就可以解除劳动合同。用人单位有《劳动合同法》第三十八条规定的情形之一时，劳动者就可以解除劳动合同。

3. 以完成一定工作任务为期限的劳动合同

单项劳动合同，以完成一定工作任务为期限的劳动合同，是指用人单位与劳动者约定完成某项工作为合同终止条件的劳动合同。用人单位与劳动者协商一致，可以以完成一定工作任务为期限订立劳动合同。

三、劳动合同的订立、变更、解除

（一）劳动合同的订立

劳动合同订立是指劳动者和用人单位经过相互选择和平等协商，就劳动合同条款达成协议，从而确立劳动关系和明确相互权利义务的法律行为。

1. 劳动合同订立的原则

《劳动法》第十七条规定:“订立和变更劳动合同，应遵循平等自愿、协商一致的原则，不得违反法律、行政法规的规定”,《劳动合同法》第三条规定，订立劳动合同，应当遵循合法、公平、平等自愿、协商一致、诚实信用的原则。明确了劳动者与用人单位签订劳动合同必须遵循的三项基本原则:

（1）平等自愿原则

平等指双方当事人法律地位平等，都有权选择对方并就合同内容表达各自独立的意志。自愿指劳动者与用人单位自由表达各自意志，主张自己的权益和志愿，任何一方都不得强迫对方接受其意志。凡采取欺诈、胁迫等手段，把自己的意愿强加给对方，均不符合自愿原则。对于双方来讲，平等是自愿的基础，自愿是平等的表现，二者相辅相成、密不可分。平等自愿原则是劳动合同订立的基础和基本条件。

（2）协商一致原则

在订立合同过程中，劳动者与用人单位应当就劳动合同的期限、内容等条款进行充分协商，以达成双方对劳动权利义务的约定。只有协商一致，合同才能成立。

（3）合法原则

合法原则指遵守国家法律、行政法规的原则。劳动者和用人单位订立劳动合同，不得违反国家法律、行政法规的规定，这是劳动合同生效和受法律保护的前提，任何包括不合法内容的劳动合同均为无效合同，不受法律的承认和保护。依法订立劳动合同，以下要求必须符合：首先，目的必须合法。当事人签订劳动合同的目的企图正当，不得以订立劳动合同的合法形式掩盖非法意图和违法行为。其次，主体必须合法。即双方当事人必须具备法定的主体资格。第三，劳动工作内容必须合法。双方必须在符合国家法律、法规和有关政策的规定下，设定合同的权利、义务等条款。第四，程序必须合法。有的地方性的法规对劳动合同签订程序的法律要求，除了要求当事人签订书面合同并签字盖章外，还规定由劳动行政主管部门的劳动合同管理机构进行鉴证，方能生效。

（4）诚实信用原则

诚实信用原则是一项社会基本道德原则，用人单位和劳动者在订立劳动合同时要诚实，讲信用，不得欺诈对方。

2. 劳动合同订立的意义

（1）明确劳动合同双方权利、义务及责任

通过订立劳动合同，明确双方当事人享有的权利和应该履行的义务。一方面把法律所赋予劳动合同当事人的抽象的、法律上的权利给以具体化，另一方面也需要依据当事人双方的平等协商创设一些法律未予明定但将给予承认并保护的权利，正是从这一意义上说，劳动合同的签订是劳动合同成立的前提。

（2）保障劳动合同双方各自的权益

当事人双方即应严格按照合同的规定履行，任何一方未经合同另一方的同意，不得擅自变更或解除劳动合同，但法律赋予一方当事人在特定情况下享有单方解除权的除外。劳动合同的效力体现在受法律保障的强制执行力，法律也正是通过要求当事人严格履行合同，并对违反合同的当事人处法律责任的方式，维护劳动合同的严肃性。

（3）作为处理劳动合同争议的依据

劳动合同当事人在履行合同过程中，基于对劳动合同条款的不同认识，或者因为其他原因，难免发生争议。在处理这些劳动争议时，争议处理机关就应当在查明事实真相的情况下，依照合同和法律的规定，判断是非曲直，明确当事人的责任。

3. 劳动合同订立的条件

（1）用人单位

用人单位订立劳动合同的条件需要符合法定条件的两个方面：一个是用人权利能力；另一个是用人行为能力。对于用人单位来讲，必须具备依法能够承担用人义务和享有用人权利的资格。

（2）劳动者

劳动者订立劳动合同的条件也包含两个方面：一是劳动行为能力；二是劳动权利能力。

4. 劳动合同订立的一般程序和步骤

劳动合同订立的程序可以概括为以下两个阶段。

第一阶段由用人单位提出要约邀请，寻找并确定劳动者，这一阶段包括以下四个步骤：

（1）公布就业要求或招工简章。招工条件、录用后的权利义务是公布的两方面内容。

（2）自愿报名。劳动者结合自身的志愿爱好，根据招工条件，自愿报名。

（3）全面考核。用人单位根据生产或工作的性质和需要，对报名的应招人员可以进行德、智、体全面考核。

（4）择优录用。用人单位严格按照公开、公正、公平的原则进行评判，对应招人员进行全面考核，不得徇私舞弊。

第二阶段即完成要约和承诺的全过程。经过上一阶段，受要约人确定后，即由用人单位提出劳动合同的草案，劳动者如果完全同意，即视为承诺，劳动合同即告成立。如果劳动者对劳动合同草案提出修改意见或要求增加新的内容，应视为对要约的拒绝。双方继续经过新的要约——再要约，反复协商，直至最终达成一致的协议。

劳动合同书应由用人单位的法定代表人或其书面委托代理人与劳动者签字（盖章），并注明签订日期。经双方当事人签字（盖章）的劳动合同书一式两份，用人单位和劳动者各持一份。

5. 劳动合同订立的效力

《劳动法》第十七条第二款规定：劳动合同依法订立即具有法律约束力，当事人必须履行劳动合同规定的义务。根据本条的规定，劳动合同依法订立即具有法律效力，用人单位与劳动者应当履行劳动合同规定的义务。劳动合同依法订立，就受法律保护。非依法律规定或者征得对方同意，任何一方不得擅自变更或者解除，否则就要承担法律责任。具体劳动合同的生效时间，当事人可以在劳动合同中约定，没有约定的，应当自双方签字之日起生效。

（二）劳动合同的变更

劳动合同的变更，指劳动合同依法订立后，在履行过程中，由于约定条件或者法定原因发生变化，经双方协商同意，对已生效的劳动合同条款进行修改、补充或删改的法律行为。劳动合同变更是双方现有劳动权利、义务的发展。《劳动合同法》第三十五条规定：用人单位与劳动者协商一致，可以变更劳动合同约定的内容。变更劳动合同，应当采用书面形式。变更后的劳动合同文本由用人单位和劳动者各执一份。

1. 劳动合同变更的特征

劳动合同变更的特点是在原合同的基础上，达成变更协议之前不能变更合同。合同内容的变更意味着合同的部分变更，而不是全部内容变更。合同变更后，原合同变更部分依变更要求履行，原合同未变更部分仍然有效，即合同变更只是部分变更原合同，并不消除原合同关系。

2. 劳动合同变更的情形

首先，一般情况下，劳动合同的内容经过双方协商一致，可以进行变更。一方当事人未经另一方当事人同意擅自改变合同内容的，在法律上是违法行为。变更的内容对另一方不具约束力，任意变更合同也属于违约行为。其次，劳动合同订立的客观条件发生重大变化，导致无法履行劳动合同，变更劳动合同内容，用人单位与劳动者之间经过协商未达成协议一致的，用人单位在支付劳动者一个月的工资或书面通知劳动者三十日后，可以解除劳动合同。

所谓“劳动合同订立时所依据的客观情况发生重大变化”，发生不可抗力或出现致使劳动合同全部或者部分条款无法履行的其他情况。主要是指：所依据的法律、法规已经修改或者废止；企业迁移、资产转移、企业改制、部门撤并等；劳动者的身体健康状况已经发生变化、部分劳动能力丧失、其职业技能与所在岗位不相适应、职业技能提高了一定等级等，致使不能履行原劳动合同或者如果继续履行原合同规定的义务对劳动者不公平。

3. 劳动合同变更的程序

劳动合同变更的程序具体包括以下几点：首先，双方根据劳动合同变更细节进行商议，如果一方要求变更劳动合同相关内容的，应以书面形式向另一方发送变更请求，向对方提出变更合同的要求和理由，并约定答复期限，在规定的期限内给予答复，同意、不同意或提议再协商；其次，签订协议，在达成一致意见的基础上，书面记载变更的内容，即劳动合同变更内容的书面文件需经用人单位和劳动者双方签字或者盖章，才能发生法律效力；最后，劳动双方各执一份，为保证用人单位和劳动者全面履行劳动合同，避免劳动合同纠纷，同时也为了便于发生劳动争议时有据可查，劳动合同的变更应当采用书面形式，变更后的劳动合同，用人单位和劳动者各执一份，这对于确认和证明劳动合同法律关系已发生变更的事实具有重要意义。

（三）劳动合同的解除

劳动合同的解除，是指双方提前终止劳动合同的履行，终止双方的劳动权利和义务。大多数国家对企业解除劳动合同都有自己的立法规定，并有自己严格的限制和程序。用人单位与劳动者协商一致，可以解除劳动合同。通过协商解除劳动合同没有具体限制，只要双方达成协议，且内容、形式和程序不违反法律禁止性和强制性规定。用人单位提出解除劳动合同的，应当向劳动者支付解除劳动合同补偿。

1. 用人单位单方解除劳动合同

（1）用人单位单方解除劳动合同的条件

根据《劳动合同法》第三十六条规定：用人单位与劳动者协商一致，可以解除劳动合同。根据《劳动合同法》第三十九条规定，劳动者有下列情形之一的，用人单位可以与劳动者解除劳动合同：在试用期间被证明不符合录用条件的；严重违反劳动纪律或者用人单位规章制度的；严重失职，营私舞弊，给用人单位造成重大损害的；劳动者同时与其他用人单位建立劳动关系，给完成本单位的工作任务造成严重影响，或者经用人单位提出，拒不改正的；劳动者以欺诈、胁迫的手段或者乘人之危，使用人单位在违背真实意思的情况下订立或者变更劳动合同的；被依法追究刑事责任的。

根据《劳动合同法》第四十条规定，有下列情形之一的，用人单位提前三十日以书面形式通知劳动者本人或者额外支付劳动者一个月工资后，可以解除劳动合同：劳动者患病或者非因工负伤，在规定的医疗期满后不能从事原工作，也不能从事由用人单位另行安排的工作的；劳动者不能胜任工作，经过培训或者调整工作岗位，仍不能胜任工作的；劳动合同订立时所依据的客观情况发生重大变化，致使劳动合同无法履行，经用人单位与劳动者协商，未能就变更劳动合同内容达成协议的。

根据《劳动合同法》第四十一条规定，有下列情形之一，需要裁减人员二十人以上或者裁减人员不足二十人但占企业职工总数百分之十以上的，用人单位提前三十日向工会或者全体职工说明情况，听取工会或者职工的意见后，裁减人员方案经向劳动行政部门报告，可以裁减人员的情形为：

用人单位依照企业破产法规定进行重整的；用人单位生产经营发生严重困难的；企业转产、重大技术革新或者经营方式调整，经变更劳动合同后，仍需裁减人员的；其他因劳动合同订立时所依据的客观经济情况发生重大变化，致使劳动合同无法履行的。

裁减人员时，应当优先留用下列人员：与本单位订立较长期限的固定期限劳动合同的；与本单位订立无固定期限劳动合同的；家庭无其他就业人员，有需要扶养的老人或者未成年人的。

用人单位依照本条第一款规定裁减人员，在六个月内重新招用人员的，应当通知被裁减的人员，并在同等条件下优先招用被裁减的人员。

（2）用人单位单方解除劳动合同的限制

为了防止用人单位滥用单方解除权，《劳动法》《劳动合同法》等法律法规对用人单位行使单方解除权进行了限制，为了充分保障劳动者的合法权益，根据《劳动合同法》第四十二条规定，劳动者有下列情形之一的，用人单位不得依照本法第四十条、第四十一条的规定解除劳动合同：从事接触职业病危害作业的劳动者未进行离岗前职业健康检查，或者疑似职业病病人在诊断或者医学观察期间的；在本单位患职业病或者因工负伤并被确认丧失或者部分丧失劳动能力的；患病或者非因工负伤，在规定的医疗期内的；女职工在孕期、产期、哺乳期的；在本单位连续工作满十五年，且距法定退休年龄不足五年的；法律、行政法规规定的其他情形。

《劳动法》中，同样对用人单位单方解除劳动合同做出限制。《劳动法》第二十九条规定，劳动者有下列情形之一的，用人单位不得依据本法第二十六条、第二十七条的规定解除劳动合同：患职业病或者因工负伤并被确认丧失或者部分丧失劳动能力的；患病或者负伤，在规定的医疗期内的；女职工在孕期、产期、哺乳期内的；法律、行政法规规定的其他情形。

在程序上，《劳动合同法》第四十三条和《中华人民共和国工会法》第二十一条都做了相应规定，用人单位单方解除劳动合同，应当事先将理由通知工会。用人单位违反法律、行政法规规定或者劳动合同约定的，工会有权要求用人单位纠正。用人单位应当研究工会的意见，并将处理结果书面通知工会。用人单位不履行通知工会的程序性规定，其解除劳动合同的行为会因存在程序上瑕疵而无效。

（3）用人单位违法解除劳动合同的后果

用人单位违反法律规定解除劳动合同的，应当赔偿劳动者的工资收入损失，应当按照应当支付给劳动者的工资收入向劳动者支付，并就应当支付的工资收入支付额外的补偿费用。劳动者失去劳动保护待遇的，应当按照国家规定补充劳动者的劳动保护津贴和用品；造成医疗损失的，应当给予工伤补偿，工人除按国家规定为工人提供工伤和医疗外，还应支付相当于医疗费用 25% 的赔偿；按工作年限给予相应的经济补偿或补偿。

2. 劳动者单方解除劳动合同

根据《中华人民共和国劳动合同法实施条例》第十八条规定，有下列情形之一的，依照劳动合同法规定的条件、程序，劳动者可以与用人单位解除固定期限劳动合同、无固定期限劳动合同或者以完成一定工作任务为期限的劳动合同：劳动者与用人单位协商一致的；劳动者提前三十日以书面形式通知用人单位的；劳动者在试用期内提前三日通知用人单位的；用人单位未按照劳动合同约定提供劳动保护或者劳动条件的；用人单位未及时足额支付劳动报酬的；用人单位未依法为劳动者缴纳社会保险费的；用人单位的规章制度违反法律、法规的规定，损害劳动者权益的；用人单位以欺诈、胁迫的手段或者乘人之危，使劳动者在违背真实意思的情况下订立或者变更劳动合同的；用人单位在劳动合同中免除自己的法定责任、排除劳动者权利的；用人单位违反法律、行政法规强制性规定的；用人单位以暴力、威胁或者非法限制人身自由的手段强迫劳动者劳动的；用人单位违章指挥、强令冒险作业危及劳动者人身安全的；法律、行政法规规定劳动者可以解除劳动合同的其他情形。

有下列情形之一的，劳动者可以随时通知用人单位解除劳动合同：在试用期内的；用人单位以暴力、威胁或者非法限制人身自由的手段强迫劳动的；用人单位未按照劳动合同约定支付劳动报酬或者提供劳动条件的。

劳动者行使辞职权时应当注意两点：一是如果劳动合同中对违约金进行了约定，或用人单位支付了培训费等，劳动者应当在解除劳动合同时按照约定承担赔偿责任；二是提前通知的日期要符合法律规定，否则用人单位可不同意解除劳动合同。

拓展阅读

案例参考

一、案例介绍

赵某是某事业单位的一名职工，1996 年与该单位签订了聘用合同，工作期间认真负责，工作能力较强。但赵某于 2011 年 8 月向该单位人事处提交书面辞职申请，在离开单位时辞职手续仍没来得及办完。而后在 2015 年，赵某的家人带着药费单据找到该单位，告知赵某已在 2012 年 6 月因病进入医院治疗，要求该单位为赵某办理医疗费用报销手续，并支付赵某 2012 年 6 月以后的病假工资。但是该单位以赵某已经于 2011 年 8 月提出了辞职，双方早已解除了聘用关系为由，拒绝了赵某家人的要求。

2015 年 8 月，赵某的家人向该市劳动人事争议仲裁委员会提请仲裁，要求确认赵某与该单位的聘用合同尚未解除，支付赵某病假工资 9 万余元并报销医疗费用。

仲裁结果：2015 年 8 月，经调解无效，该劳动人事争议仲裁委员会裁决：由于该单位未提供充分证据证明已按照《中华人民共和国劳动合同法》规定，为赵某出具解除聘用合同证明并办理相关的档案、社会保险转移手续，裁定该单位解除聘用关系的处理无效。

该单位不服，向该市人民法院提起诉讼，出具了带有人事处长签字批准的赵某的书面辞职申请作为证据，要求法院确认单位与赵某的聘用关系已于2011年8月解除，无需支付病假工资，无需办理医疗费报销手续。

一审判决结果：2015年9月，该市人民法院一审判决：该单位自判决生效后7日内，按该市最低工资标准支付赵某自2011年8月25日住院以后的病假工资；为赵某办理医疗费报销手续；由于单位未履行法定解除程序，与赵某双方的聘用关系并未解除。

二、本案件适用相关法律条款

《中华人民共和国劳动合同法》第五十条规定：用人单位应当在解除或者终止劳动合同时出具解除或者终止劳动合同的证明，并在十五日内为劳动者办理档案和社会保险关系转移手续。

三、案例点评

（1）事业单位实行聘用制也要受《中华人民共和国劳动合同法》调整。

事业单位，是指国家为了社会公益目的，由国家机关举办或者其他组织利用国有资产举办的，从事教育、科技、文化、卫生等活动的社会服务组织。根据《中华人民共和国劳动合同法》第九十六条规定，事业单位与实行聘用制的工作人员订立、履行、变更、解除或者终止劳动合同，法律、行政法规或者国务院另有规定的，依照其规定；未做规定的，依照本法有关规定执行。

该单位作为事业单位，聘用赵某到单位任职，与实行聘用制的赵某于1996年签订聘用合同，在法律、行政法规或者国务院对解除或者终止合同程序无具体规定的情况下，应当依照《中华人民共和国劳动合同法》有关规定执行。

（2）赵某的辞职信，不能证明双方关系已解除。

在本案的调查和审理过程中，赵某的辞职信能否证明双方关系已解除的问题也是双方争议的焦点。在本案庭审时，该事业单位拿出了带有人事处长签字批准的赵某的书面辞职申请作为证据，要求法院确认双方的聘用关系已于2011年8月解除。而赵某家人则认为人事处长不能代表单位的意见，要求法院不予支持。

人事处长的签字批准能否代表单位的批准，应当通过该单位的有关规章制度、工作程序、部门职责和权限来判定。该单位能否提供证据说明人事部门就是代表单位处理人事事件的职能机构，是决定赵某的辞职能否证明关系解除的关键之一。所以，本案当中，该单位只提供带有人事处长签字批准的辞职申请，是不能够充分证明双方关系已经解除的。

（3）解除劳动关系，履行法定程序是必须的。

通过以上分析可见，显然该单位并未按照《中华人民共和国劳动合同法》第五十条规定：用人单位应当在解除或者终止劳动合同时出具解除或者终止劳动合同的证明，并在十五日内为劳动者办理档案和社会保险关系转移手续。因此该单位属于违反法定解除程序，所以双方聘用关系尚未办结，聘用关系仍然存续。

既然聘用关系存续，该单位就应当依法承担相应的劳动法律义务，所以应当按该市最低工资标准支付赵某 2011 年 8 月后的病假工资，并为其办理医疗费报销手续。

即使是劳动者主动提出解除或者终止劳动合同，用人单位也决不能掉以轻心。用人单位是否做到严格履行法定解除程序，直接决定着双方关系是否办结，它是用人单位对离职劳动者结束履行劳动法律义务的关键。劳动者提出解除或者终止劳动合同有两种主要形式：口头辞职和书面辞职，用人单位要注意区别对待和处理。同时，用人单位还应当注意完善自身关于劳动关系解除的管理制度及工作程序，明确各部门的职责和权限，学会使用《中华人民共和国劳动合同法》维护用人单位的合法权益，不再因忽视了办理手续而感到委屈。同时，用人单位在管理过程中，还应加强对员工工作、生活情况的关怀，及时了解员工的身体、精神状况，以便采取适当的管理措施，降低劳动争议风险。

［案例参考：劳动纠纷 10 大经典案例及法规解析（劳动合同篇）［DB/OL］. 2018：［2021-10-19］. https：//www.sohu.com/a/282882558_120047348.］

第三节　劳动就业法

一、劳动就业概述

（一）劳动就业的要素

劳动就业简称就业，是指在劳动年龄内有劳动能力的人，从事某种劳动或者工作，取得劳动报酬或者经营收入，以维持生活的活动。劳动就业范围在国家经济所处的各个部门所使用的劳动力，一般不包括武装部队中的人员和在校学习的学生。

就业的定义标准，凡是在法定年龄以上并符合以下条件的人都属于就业者：第一，在规定的时期内进行工作，有收入职业或从事有报酬工作的人；第二，有较为固定的职业由于特殊原因而临时停止工作的人，如由于气候不良、疾病、劳动争议、事故、休假、机件损坏、故障等原因；第三，雇主和个体经营者的家庭成员，尽管不领取劳动报酬，只负责协助家庭经营企业或农场，工作时间达到从事正常工作时间的三分之一以上者。

劳动就业的基本要素：每个劳动者依法享有的劳动权，只有通过劳动才能实现就业。在就业之前，劳动权利处于一种空设状态。通过就业，生产资料与劳动者结合，劳动权利成为现实。因此，劳动就业通常由以下几点组成。

1. 公民应处于劳动年龄中

劳动年龄，是公民享有劳动权利能力的基本法律标志，在我国规定中，男性 16 周岁至 60 周岁，女性 16 周岁至 55 周岁为公民劳动年龄范围。但在某些特殊情况下，劳动年龄可依照法定程序进行调整。除法律有特殊规定外，任何人均不得与不满 16 周岁的公民签订劳动合同。同时，18 周岁为完全劳动能力的起始年龄。只有进入完全劳动能力年龄段的成年人才可从事法律没有限制的任何劳动。劳动年龄的上限即退休年龄，退休年龄并不标志着劳动行为能力的实际丧失，只是意味着在法律上该公民失去了劳动能力，不再属于劳动年龄之中。

2. 公民应具有劳动能力

劳动就业的目的是通过劳动过程，生产出社会产品，因此劳动者具有包括特定职业和岗位的专业技术要求在内的具体劳动表现行为能力。如果身体状况较差或者有特殊的情况，劳动者的工作范围就要受到相应的限制。有些岗位不允许患有某种特殊疾病的人担任，比如患有特定传染病的劳动者不允许从事与饮食有关的工作。同时，劳动者脑部发育是否健全、文化水平高低、技术水平的熟练程度，以及人身的自由状态都会对就业产生不同程度的影响。完全丧失行为能力的残疾人不能从事任何劳动，部分残疾人可以从事与健康状况相宜的工作。对于丧失劳动能力的人而言，所涉及的是社会救济问题，而非劳动就业问题。

3. 公民必须有意愿参加劳动

劳动者是指有劳作能力和劳作愿望的人，劳动权作为劳动者的一项基本权利，该权利不具备强制性。对此，国际劳工组织第 29 号《强迫劳动公约》和第 105 号《废除强迫劳动国际公约》要求，批准国有责任力争在短时间内，使强迫或强制性劳动无论以何种形式都要做到禁止。第 29 号公约除规定了强迫或强制性劳动的定义外，同时规定了五种工作或服务不属于强迫劳动，即义务兵役制、某些公民义务、狱中劳役、紧急情况下需从事的工作和小型公用事业。

4. 公民必须从事一定的社会劳动

劳动可以区分为社会劳动与家务劳动。劳动就业中的劳动是指社会劳动，其作为劳动就业的基本因素，需要将其与生产资料相结合从而创造出经济效益。

5. 应取得相应的劳动报酬或经营收入

有报酬的劳动和无报酬义务劳动在劳动就业中是不同的，要区别开来。如果劳动者参加的是没有报酬的劳动，则实现的不是劳动就业权；同样，如果劳动者的收入不是基于劳动而取得的，那也不能称为劳动就业。所以，参加社会劳动和取得相应报酬是劳动就业权不可偏废的两个方面。

二、劳动就业的形式

（一）通过职业介绍机构介绍就业

这种就业形式是指劳动者通过职业机构进行与劳动力需求方的沟通联系和相关职业指导，最终订立劳动合同实现就业。这些职业介绍机构专门从事职业介绍工作，且必须依法设立。依照法律规定，职业介绍机构应有相应的工作设施，其服务场所要常年固定，有专业的工作人员从事就业服务。职业介绍机构为求职者和用人单位沟通联系，促进双方相互选择，充分利用和开发劳动力资源，为求职者提供就业服务。

我国职业介绍机构包括劳动行政部门开办的职业介绍机构、非劳动行政部门开办的职业介绍机构和公民个人开办的职业介绍机构三类。1984 年以前的职业介绍机构由劳动行政部门开办，多针对农村进城务工人员、城市待业青年和城市在业技术工人开办。国务院 1986 年 10 月颁布劳动制度改革规定后，劳动行政部门开办的各专职职业介绍机构逐渐合并成以劳动服务公司开办的职业介绍机构为主的综合机构。至此，职业介绍服务广度、宽度越来越大，从国有企业向集体企业、“三资”企业、乡镇企业和个体私营企业逐渐辐射。

（二）劳动者自己组织就业

劳动者自己组织就业是指劳动者在国家的扶持下，自愿组织一系列集体经济组织实以现就业的方式。在我国，劳动者自己组织就业这种形式最早出现在 20 世纪 70 年代，主要是为了安置返城的知识青年就业，鼓励其自愿组织并创办合作社或合作小组，可提供系列优惠政策，但需自负盈亏。同时对该种组织在场地、税收、资金等方面给予一定政策照顾，以缓解当时的就业压力。劳动者自己组织就业在促进社会稳定等方面起到了不可替代的作用，并一直延续至今。

现阶段，国家为了鼓励各类人员自愿组织就业，出台了很多优惠政策。例如：国家对劳动就业服务的企业实行扶持政策，鼓励各方面依法扶持劳动就业服务企业，并对其给予减免税、调低税率等税收优惠。为了让城镇失业人员就业，鼓励扶持下岗和失业人员组建集体所有制性质的劳动就业服务企业，在开办条件、物资供应、固定资产和流动资金贷款等方面对劳动就业服务企业予以支持和照顾。

（三）劳动者自谋职业

自谋职业是我国劳动者实现就业的重要途径，是指劳动者通过从事个体工商经营、开办私营企业和进行合伙经营而实现就业的行为。自谋职业人员包含实现就业的下岗失业人员及近年未就业的大学毕业生。国家通过培训补贴、税收减免、免费服务、资金支持、减免工商等管理收费等方面给予支持，鼓励失业人员自谋职业以实现再就业。随着社会发展，自谋职业深受重视。

（四）劳动者与用人单位直接洽谈就业

劳动者与用人单位直接洽谈就业实际上是劳动者竞争就业，即劳动者之间通过公平竞争的方式获得就业岗位。常见的竞争方式是竞争岗位的劳动者共同参加用人单位的考试考核，成绩结果合格者获得就业岗位实现就业。劳动者竞争就业通常由以下几步组成：劳动力市场上由用人单位发布招聘广告，随后求职者参考招聘广告内容自愿报名登记并根据用人单位招工公告做好相应考核准备；用人单位进行学历资格、表现等相关审查；求职者参加用人单位组织的文化考试，并在通过后进行入职体检；用人单位和劳动者面谈、面试；用人单位根据考核面试情况决定是否录用或聘用，决定录用或聘用后通知求职者；双方协商签订劳动合同，履行劳动关系手续。

（五）灵活就业

灵活就业是指在劳动时间、收入报酬、工作场所、保险福利、劳动关系等方面不同于建立在工商业制度和现代企业制度基础上的传统主流就业方式的各种就业形式的总称，是指下岗失业人员个人或以街道、社区等组织形式，从事社区便民服务、家政服务、企事业单位后勤服务等各种临时性劳务人员，不包括领取营业执照的个体工商户和建立劳动关系的私营企业就业人员。

三、特定人员以及特殊群体就业

（一）外国人在中国就业

1996 年劳动部、公安部、外交部、外经贸部发布《外国人在中国就业管理规定》，允许外国人有条件地在中国就业。这里的外国人，指依照《中华人民共和国国籍法》规定不具有中国国籍的人员。外国人在中国就业，指没有取得定居权的外国人在中国境内依法从事社会劳动并获取劳动报酬的行为。该规定适用于在中国境内就业的外国人和聘用外国人的用人单位，但不适用于外国驻华使、领馆和联合国驻华代表机构、其他国际组织中享有外交特权与豁免的人员。

用人单位聘用外国人须为该外国人申请就业许可，经获准并取得《中华人民共和国外国人就业许可证书》后方可聘用。用人单位聘用外国人从事的岗位应是有特殊需要，国内暂缺适当人选，且不违反国家有关规定的岗位。除经文化部批准持“临时营业演出许可证”进行营业性文艺演出者外，用人单位不得聘用外国人从事营业性文艺演出。

外国人在中国就业须具备下列条件：年满 18 周岁，身体健康；具有从事其工作所必需的专业技能和相应的工作经历；无犯罪记录；有确定的聘用单位；持有有效护照或能代替护照的其他国际旅行证件。在中国就业的外国人应持 Z 字签证入境（有互免签证协议的，按协议办理），入境后取得《外国人就业证》（以下简称就业证）和外国人居留证件，方可在中国境内就业。未取得居留证件的外国人（即持 F、L、C、G 字签证者），在中国留学、实习的外国人及持职业签证外国人的随行家属不得在中国就业。特殊情况，应由用人单位按规定的审批程序申领许可证书，被聘用的外国人凭许可证书到公安机关改变身份，办理就业证、居留证后才允许安排就业。外国驻中国使、领馆和联合国系统、其他国际组织驻中国代表机构人员的配偶在中国就业，应按《中华人民共和国外交部关于外国驻中国使领馆和联合国系统组织驻中国代表机构人员的配偶在中国任职的规定》执行。

2017 年 1 月 22 日人力资源和社会保障部第 116 次部务会审议通过，并经公安部、外交部、商务部同意，发布了《关于修改〈外国人在中国就业管理规定〉的决定》且自公布之日起施行。将原规定中的“职业签证”修改为“Z 字签证”，即“获准来中国工作的外国人，应凭许可证书及本国有效护照或能代替护照的证件，到中国驻外使、领馆处申请 Z 字签证。”

外国人在我国就业的劳动管理包含以下内容：

用人单位与被聘用的外国人应依法订立劳动合同。劳动合同的期限最长不得超过五年。劳动合同期限届满即行终止，但按本规定第十九条的规定履行审批手续后可以续订；被聘用的外国人与用人单位签订的劳动合同期满时，其就业证即行失效，如需续订，该用人单位应在原合同期满前 30 日内，向劳动行政部门提出延长聘用时间的申请，经批准并办理就业证延期手续；外国人被批准延长在中国就业期限或变更就业区域、单位后，应在 10 日内到当地公安机关办理居留证件延期或变更手续；被聘用的外国人与用人单位的劳动合同被解除后，该用人单位应及时报告劳动、公安部门，交还该外国人的就业证和居留证件，并到公安机关办理出境手续；在中国就业的外国人的工作时间、休息、休假劳动安全卫生以及社会保险按国家有关规定执行；因违反中国法律被中国公安机关取消居留资格的外国人，用人单位应解除劳动合同，劳动部门应吊销就业证等。

（二）台、港、澳居民在内地就业

台、港、澳人员在内地就业是指台、港、澳人员依法应聘受雇于内地用人单位，从事一定社会劳动并取得劳动报酬或经营收入的行为。

2018 年 7 月 28 日，国务院宣布关于取消一批行政许可等事项的决定。依据《国务院对确需保留的行政审批项目设定行政许可的决定》（国务院令第 412 号）和《国务院关于第六批取消和调整行政审批项目的决定》（国发［2012］52 号），取消了台、港、澳居民在内地就业许可事项。从此，台湾居民来内地工作将和内地居民一样，不再需要办理专门的“台港澳人员就业证”。在内地工作的台、港、澳居民可以工商营业执照、劳动合同、工资支付凭证或社会保险缴费记录作为就业证明材料，依法享有各项劳动保障权益。在失业后根据相关要求进行失业登记，享受公共就业服务。取消审批后，人力资源社会保障部在台、港、澳人员就业服务、社会保障、失业登记、劳动权益保护等方面出台配套政策措施，并指导督促地方人力资源社会保障部门抓好落实。

（三）特殊群体就业

我国就业特殊群体一直是国家和政府重点扶持的对象。主要是指因自身或环境等特殊原因，导致在就业竞争过程中处于不利地位导致相对就业更加困难的人员，主要包括残疾人、少数民族和退役军人。

《劳动法》第十四条对劳动者的选择权做了规定："残疾人、少数民族人员、退出现役的军人的就业，法律、法规有特别规定的从其规定。"针对特殊群体人员，国家和政府相继制定并出台了一系列帮扶政策，强调我国公民在有劳动能力和就业愿望的前提下，不得对特殊群体人员歧视以及阻碍其就业。劳动者和用人单位须满足双向选择的基本原则，劳动者可以通过公开的考试考核竞争而得到岗位。《劳动法》在坚持劳动就业权利人人平等的前提下，在坚持劳动就业市场原则的基础上，对特殊群体的劳动者就业实行就业保障政策。

1. 残疾人就业

为实现残疾人能够平等地选择就业岗位，国家需要采取措施来保障残疾人的就业能力。首先，要健全残疾人就业服务体系，主要包括为残疾人提供技能训练和职业培训，为残疾人提供双向选择的平台也就是建立残疾人员招聘机制等。其次，在政策上给予残疾人帮扶，鼓励用人单位招聘满足岗位要求的残疾人，政府给予企业一定的招聘补助和税收优惠。针对政府主要采集物资，可依据产品的特点将残疾人进行定向培养，让其生产相关物资，最后由政府统一采购，既保证了企业的利益，也实现了残疾人的就业目标。最后，鼓励残疾人进行自主创业，创业形式多样，包括手工业、畜牧业、农业等诸多方面，政府为其提供原料供应、上门收购、低息贷款、税收优惠、经营场地照顾等。真正地使残疾人实现自主择业、自主创业。

2. 少数民族就业

我国是由 56 个民族共同组成的一个文化多样的多民族国家。为提高少数民族同胞整体就业水平，保障少数民族地区经济发展与物质文化需要，我国在《劳动法》和《民族区域自治法》中均对该方面问题制定了专门的规定。我国实行的特殊保护政策加强了民族团结，并为少数民族地区经济和社会的向好发展做出了重要贡献。

国家对于少数民族劳动者采取了就业扶持和帮助的特殊政策。一是培养少数民族人才。民族自治地方的自治机关要从当地民族中挑选并培养各种类型的技术人员和干部，主要包括科研人员、技术人员和管理人员，通过全方位的发展和培养实现少数民族劳动人民的就业帮扶。每年的普通高等学校招生时，应对少数民族地区有一定的优惠政策，包括分数减免、学费减免等。确保少数民族学生的升学率能够得到极大程度的提高。二时优先招用少数民族人员。无论是政府机关还是企业单位，在进行招聘时应当保证少数民族人员占据一定的比例。民族自治地方的用人单位在招收人员时，要优先招收少数民族人员。民族自治地方每年编制内的干部和职工自然减员、缺额及国家当年新增用人指标由民族自治地方通过考核予以补充，对少数民族人员优先录用。

具体来说，健全少数民族就业保障制度可以从以下几个方面进行。

第一，明确民族地区发展职责分工。发展民族地区经济是提升少数民族地区整体就业能力的重要倚仗，通过合理职责分工，明确少数民族地区经济发展中各方主体的责任，合理地发挥各少数民族地区多元化主题优势，为少数民族地区同胞创造更多的就业岗位，以此改善少数民族就业难的现象。

第二，树立少数民族正确就业观念。一方面，通过教育引导等方式转变部分少数民族同胞错误的就业观念，提高少数民族同胞整体思想素质。另一方面，各地在少数民族流动人员就业方面给予政策方面的支持，给予专门的就业指导及心理辅导等，同时在就业机会与社会福利上提供平等的资源配置，从而在制度上保障少数民族同胞的异地就业环境，降低其对异地就业的排斥心理。

第三，构建职业技能教育培训体系。拥有良好的职业技能与技术是少数民族同胞就业能力的重要组成部分。因此为了提高少数民族同胞就业机会，通过加大教育资源投入，发展少数民族人员职业技能培训等举措，提高少数民族地区教育水平，从而提高少数民族地区的整体就业能力。

第四，健全少数民族就业救济程序。少数民族人员因误解、刻板印象等原因遭受差别待遇的事件屡有发生，为降低少数民族同胞在自由竞争市场的劣势，应对少数民族人员提供完善的就业救济程序，以提升其总体就业率。

3. 退役军人就业

退役军人的安置工作，由国务院退役军人安置工作主管部门和中国人民解放军原总参谋部共同安置。对于符合条件的士兵，当地县级政府应当保证其第一次就业。退役军人在参与国家机关、事业单位、国有企业以及私有企业时，企业和单位应当按照优选录取的原则招聘退役士兵。在退役军人待安排工作期间，安置地政府必须按照当地最低生活水平的标准来发放补助。根据双向选择的原则，企业应与退役军人签署不少于 3 年的劳动合同，如若企业在 3 年期内破产，应由当地政府重新安置，保障退役军人的就业权。选择自主就业的军人，由政府扶持并获得一次性军人退役金，地方政府在扶持退役军人创业时也可给予一定的经济补助。在政策上政府主要给予退役军人税收优惠、贷款扶持等加大对从事个体经营的扶持力度，并确保退役军人完成自主创业。

四、劳动就业法律原则

（一）国家促进就业的原则

1. 国家促进就业原则的含义

国家促进就业原则是指国家通过实施政策、推进改革等系列措施，促进经济和社会的发展创造就业条件从而扩大就业机会。政府对劳动者负责，保障其劳动权、就业权体现了政府对于充分就业的重视。

2. 国家促进就业的主要措施

对就业的促进既是国家对保障公民生存权的重要举措，也是保障劳动者就业权实现的内在要求。《劳动法》第十条规定了：“国家鼓励企业、事业组织、社会团体在法律、行政法规规定的范围内兴办产业或者拓展经营，增加就业。国家支持劳动者自愿组织起来就业和从事个体经营实现就业。”对于国家发展和社会稳定最重要的环节就是我国国民的就业问题，国家政府通过采取一系列相关措施提高我国公民的就业率改善就业环境，同时也满足了我国公民生存和就业的内在需求。国家层面主要措施包括以下几个方面：

（1）实施发展政策。解决我国就业的根本措施是在供大于求方面来解决实际性的问题，无论是调整国家的产业结构还是增加相关服务机构均不能从根源上解决就业问题，目前促进国民就业的最根本手段就是增加国民收入，促进国家经济快速发展，从而增加就业岗位。对此国家通过出台相关政策来减少各类大中小型企业的成本，在场地、资金、税收、货源、原材料等方面给予照顾政策，支持劳动者自愿组织起来兴办各种类型的集体经济和从事个体经营等方式实现就业。特别是由劳动者组建的微小企业，国家更是给予大力扶持，以此来促进我国公民自主创业，减小就业压力。

（2）健全政府体系。在政策的促进下，由于自主创业人员数量的增加会减少就业压力，而为了维持就业环境的稳定可靠，需要健全政府的相关服务体系，保持就业的稳定性。《劳动法》第十一条规定：“地方各级人民政府应当采取措施，发展多种类型的职业介绍机构，提供就业服务。”各级人民政府通过建立健全公共就业服务体系，设立相关服务机构，为失业者提供免费的服务，主要包括生产自救、失业救济、转业训练等诸多方面，帮助失业人员能够快速找到工作，维持就业率稳定，并且免费向全体公民提供所有用人单位的招聘信息，以及举办的招聘会必须公益化，不得从事任何经营性活动。完善体系能够保证劳动者在就业过程中得到公平公正的对待，有利于社会稳定和经济发展。

（3）鼓励企业发展。我国通过发布相关法律政策，鼓励企业、事业组织、社会团体在法律、行政法规规定的范围内兴办产业或者拓展经营，增加就业。这是从促进企业发展的角度来增加就业机会，国家通过产业与就业政策双向对接的层面来促进企业的发展，同时企业、事业组织、社会团体应按照国家有关发展集体经济、开展各种经营的法律、行政法规的规定推动经济发展，扩宽就业渠道。通过产业政策的制定和调整方面促进就业，主要是鼓励和调动社会上企业和劳动者的积极性。

（二）平等就业原则

1. 平等就业原则的含义

平等就业原则是指我国公民固有的拥有平等就业的机会，无论其种族、民族、宗教还是性别的不同均不对该项权利产生任何影响。

2. 平等就业原则的意义

平等就业原则主要针对目标不同可以分为两个部分。第一部分是劳动者与劳动者之间，也就是就业资格平等。中华人民共和国的公民只要拥有劳动能力和就业愿望，就不应因种族、民族、宗教信仰、性别和文化程度等条件而受到歧视以及非平等的对待。中华人民共和国的公民可以结合社会需求，自由、平等地选择自己的职业和就业单位。第二部分是劳动者和就业环境之间，也就是就业能力平等。随着社会的发展，就业环境会出现供需不平衡、劳动力相对过剩的情况。就业环境需要维持在平等就业的原则下择优而选，而决定公民就业的因素就只有劳动行为能力的高低，而不会受到种族、民族、宗教信仰、性别等因素的干扰。

3. 我国劳动者平等就业的法律保障

《劳动法》第三条规定："劳动者享有平等就业和选择职业的权利、取得劳动报酬的权利、休息休假的权利、获得劳动安全卫生保护的权利、接受职业技能培训的权利、享受社会保险和福利的权利、提请劳动争议处理的权利以及法律规定的其他劳动权利。"《劳动法》第十二条规定："劳动者就业，不因民族、种族、性别、宗教信仰不同而受歧视。"依据这两项原则，对所有的用人单位提出了明确的要求，不能因种族、民族、宗教信仰、性别等因素而对劳动者的就业机会、就业待遇、就业选择而做出限制。在现实中包括但不局限于这些因素，例如外貌、身高体重、居住地等因素在一些用人单位，同样被作为招聘的限制条件。而在《劳动法》中对平等就业的要求进行了一个广泛性的描述，只要在法律中没有被限制的因素，用人单位不应做出规定。

4. 保障男女平等就业权实施的法律建议

第一，加强男女就业平等意识的宣传教育。"男尊女卑"已经是落后于现代社会的封建思想和陈旧论调。女性不应依照传统的"女性形象"禁锢自身，更不应将其一成不变地加在身上，约束自身的合法行为。同时，男性更不应将封建社会中的"男权"思想强加于当代女性之上，限制女性发展，而是应该随着社会发展转变陈旧落后的观点，以实现真正的男女平等。为此，应通过社会宣传、舆论引导等方式促使人们认识男女平等的正确理念，使性别平等的观念得到全社会理解和赞同。

第二，在立法活动中树立社会性别平等意识。社会性别平等意识的树立可以依据如下方面进行：一方面，推进立法实现男女就业环境平等。建立男女就业机会平等的相关法律依据才是现实中最为迫切的需要。通过实施男女平等就业的针对性法律法规，对就业领域中存在的各种不平等对待和性别歧视等事件依法处置，做到有法可依。另一方面，确保性别平等法律的有效实施。国家应切实确保男女平等就业和妇女劳动保护的相关法律原则得到有效实施，并对违反相关法律的用人单位追究相关法律责任或处以经济制裁，确保有法必依。特别要把私营企业和非正规就业女性的就业权益一并纳入劳动力市场社会保障规定和相关法律视野，保障这部分就业女性的就业机会、就业结构和薪资待遇，全面覆盖女性就业市场，避免投机分子采用“钻空子”的手段剥夺女性的合法就业权益。

第三，建立健全法律体系。我国的《女职工劳动保护特别规定》《劳动法》等法律为女性在学习、工作、生活等方面对女性的特殊保护上提供了法律依据以及保障女性享有与男性同等的权利。《劳动法》第十三条规定：“妇女享有与男子平等的就业权利。在录用职工时，除国家规定的不适合妇女的工种或者岗位外，不得以性别为由拒绝录用妇女或者提高录用妇女的录用标准。”但这些法律在具体实施过程中或多或少存在着一些实施的阻碍。因此，为提升该系列法律的实施效果与效率，需参考当今社会环境与人民需要，对现有的法律法规进行适当修改和完善，关怀女性弱势群体，保障女性就业权益，将使女性获得与男性平等的就业机会和薪酬待遇作为法律法规完善与细化的重点目标。

第四，建立专门监督制度。除对女性进行特别保护外，及时完善落实妇女权益保障监督体系同样重要。有关各方应加强社会监督，鼓励人民群众坚决举报各类歧视女性的，尤其是人为对女性设置就业门槛的性别歧视行为。同时应鼓励人民群众对国家后续是否对这些行为做出严厉打击和严肃处理进行监督。国家在制定和出台一项法规和政策时应重视性别意识和性别审视，坚决遏制因政策问题而造成的性别歧视问题发生，对于缺乏性别意识的政策应及时制定相应的补救政策或相应的补救条款，避免出台法律法规与政策看似“中性”，却在实际操作中损害女性的利益。

（三）劳动者与用人单位相互选择的原则

劳动者与用人单位相互选择的原则是指劳动者自由选择用人单位，用人单位自主择优选择劳动者。

《劳动法》第三条对劳动者的选择权做了相应规定：“劳动者享有平等就业和选择职业的权利”。在劳动力市场中，劳动者和用人单位在平等自愿、协商一致的基础上签订劳动合同。

（四）劳动者竞争就业原则

劳动者竞争就业原则指劳动者通过用人单位考试考核竞争取胜而获得就业岗位。

优胜劣汰，调动劳动者个人积极性的客观需要。只有采取竞争就业的模式，劳动者天赋的差异性才能通过其劳动报酬差别反映出来，从而进一步调动劳动者的积极性，体现多劳多得、少劳少得的按劳分配制度，维护劳动力资源配置的合理性、高效性。

（五）禁止未满 16 周岁的未成年人就业原则

禁止未满 16 周岁的未成年人就业原则是指禁止未满 16 周岁的未成年人与单位或者个人发生劳动关系，从事有经济收入的劳动或者从事个体劳动的少年、儿童。

《劳动法》第十五条规定：“禁止用人单位招用未满十六周岁的未成年人。文艺、体育和特种工艺单位招用未满十六周岁的未成年人，必须遵守国家有关规定，并保障其接受义务教育的权利。”在我国，公民的最低就业年龄标准为 16 周岁，并且我国立法规定了禁止招用未满 16 周岁的少年儿童。未满 16 周岁的儿童无论其心智还是身体都处在发展阶段，而相对过重的体力劳动会损害他们的身心健康，同时由于其作为劳动者而丧失了接受高等教育的机会，所以禁止使用童工是各国劳动立法的重要内容。使用童工行为违反中华人民共和国法律法规，其中应承担刑事责任的有三种情况。

1. 拐骗童工

拐卖童工包括拐卖儿童罪和收买被拐卖儿童罪，主要适用有关拐卖儿童类的罪责。一是拐卖儿童罪。在我国法律中明确拐卖儿童罪的判罚，该罪名的对象是未满 16 周岁的未成年人。《刑法》第 240 条第 1 款规定：“拐卖妇女、儿童的，处五年以上十年以下有期徒刑，并处罚金。有下列情形之一的，处十年以上有期徒刑或者无期徒刑，并处罚金或者没收财产，情节特别严重的，处死刑，并处没收财产：拐卖妇女、儿童集团的首要分子；拐卖妇女、儿童三人以上的；造成被拐卖的妇女、儿童或者其亲属重伤、死亡或者其他严重后果的；将妇女、儿童卖往境外的。”二是收买被拐卖儿童罪。《刑法》第 241 条规定：“收买被拐卖的妇女、儿童的，处三年以下有期徒刑、拘役或者管制。”收买被拐卖的儿童其主要目的是迫使其从事劳动，所以收买被拐卖儿童罪也作为拐骗童工中主要的犯罪手段。

2. 强迫劳作

强迫童工劳作，主要适用强迫职工劳动罪。强迫职工劳动罪是指用人单位违反劳动管理法规，以限制人身自由方法强迫职工劳动，情节严重的行为。在《刑法》第 244 条第 1 款规定：“以暴力、威胁或者限制人身自由的方法强迫他人劳动的，处三年以下有期徒刑或者拘役，并处罚金；情节严重的，处三年以上十年以下有期徒刑，并处罚金。”通过各种手段强迫童工劳动的行为，是对不满 16 周岁的未成年人的人身自由权的严重侵犯。

3. 非法使用

非法使用童工的行为属使用童工罪。非法使用童工的情况主要包括：使用童工从事国家规定的第四级体力劳动强度的劳动；使用不满 14 周岁的童工；雇佣童工并致其死亡或者严重伤残。非法使用童工的范畴需要给予界定，例如：未满 16 周岁的少年、儿童可以参加家庭劳动，以及在监护人同意下学校组织的公益性辅助劳动，这种程度的劳作并不属于非法使用童工的范畴。

拓展阅读

案例参考

一、案例介绍

某国有企业（下称A公司）为一家以军工为主的国有资产管理企业。2001年4月5日，A公司在其企业官网及相关招聘信息平台登出应届毕业生招聘启事："本公司为国有企业，固定资产4亿元，具有较强的产品研发、设计和加工制造能力。现招聘符合相关应聘条件员工120人，条件如下，均要求大学及其以上学历，以应届毕业生招聘为主（若所学专业为机械制造及其自动化优先录取），须有大学英语四级及计算机二级证书，在大学期间担任学生干部、党员优先录取，身心健康无不良嗜好。"并有其他事项规定。

张某为某校应届毕业生，女，22岁。张某报名后于5月20日参加了A公司举行的笔试考试并顺利通过面试，成绩综合排名第一。5月26日，张某发现自己的同专业李某也参加了该企业的考试，但成绩还不如张某，确已经收到录用，这时张某认为自己也一定会录用，只是时间问题，就没有参加学校举办的其他校园招聘会。

7月1日，张某已经从学校毕业，却仍未收到录用通知。直到7月6日，A公司即将投产，经与其他同学们了解沟通，其他同学们已经接受了近一周的培训，张某仍未收到录用通知。张某遂找到A公司。公司人事部经理告诉她："你的学历不符合要求，不适合公司的工作，所以没有被录用。"张某认为自己具备了招工启事上所要求的"本科学历"，符合"本科及以上文化程度"的条件。人事部经理遂告诉张某，公司总经理赵某特意指出，男职工是本科学历就可以了，女职工是硕士研究生文化程度才行。

张某认为公司的前后标准不一样，她现在已经毕业且无工可做。况且，A公司的工作并不需要很多体力，因此招工时应当男女同等标准。张某遂于2001年8月10日向当地劳动争议仲裁委员会提出仲裁申请，请求责令A公司与其签订劳动合同。A公司辩称，公司拟招的女工名额已满，因而无法与张某再签订劳动合同，建立劳动关系。

二、案例评析

本案的争议起因于企业在招工中对男女工人采用不同的标准，这是对妇女就业权利的侵犯。

对妇女进行就业歧视是落后的封建观念。在就业问题上，一些企业认为女性在结婚、生育上要休很长的假，因而不愿招用女性职工。这是对妇女所享有的男女平等的就业的权利的侵犯，是违法行为。

《宪法》第四十八条规定："中华人民共和国妇女在政治的、经济的、文化的、社会的和家庭的生活等各方面享有同男子平等的权利。国家保护妇女的权利和利益，实行男女同工同酬，培养和选拔妇女干部。"国家根本大法赋予妇女与男子平等的就业权。《中华人民共和国劳动法》第十三条则对宪法的原则性规定作了具体规定："妇女享有与男子平等的就业权利。在录用职工时，除国家规定的不适合妇女的工种或者岗位外，不得以性别为由拒绝录用妇女或者提高对妇女的录用标准。”

由此可见，只要不是国家规定的不适合妇女的工种或者岗位，企业就不能提高对妇女的录用标准。这是给予妇女的平等权利。A公司这次招工的工种或者岗位不属于国家规定的不适合妇女的工种或岗位。该公司提高对女工的录用标准，违反了劳动法的规定。李某应当被录用。

国务院2012年4月18日颁布的《女职工劳动保护特别规定》规定女职工禁忌从事的劳动范围：

1. 矿山井下作业；

2. 体力劳动强度分级标准中规定的第四级体力劳动强度的作业；

3. 每小时负重6次以上，每次负重超过20公斤的作业，间断负重、每次负重超过25公斤的作业。

由上可见，A公司的工种并非是国家规定不适合妇女工作的工种或者岗位，因此，不能拒绝录用妇女，也不能以性别为由提高对妇女的录用标准。该公司还违反了《女职工劳动保护特别规定》第三条规定：“凡适合妇女从事劳动的单位，不得拒绝收女职工。”

（案例参考：十大典型就业歧视案例剖析［DB/OL］. 2020：［2021-10-19］. https：//mbd.baidu.com/ma/s/zF8ez90u.）

第五章

劳动教育实践

第一节　劳动安全

一、劳动安全概述

劳动安全，又称职业安全，是劳动者享有的在职业劳动中人身安全获得保障、免受职业伤害的权利。具体指在生产劳动过程中，防止中毒、车祸、触电、塌陷、爆炸、火灾、坠落、机械外伤等危及劳动者人身安全的事故发生。

劳动者在职业劳动中享有以下权利：

劳动者有了解生产作业场所和工作岗位存在的不安全因素和职业危害的权利。用人单位有义务将劳动者生产作业场所和工作岗位中存在的可能导致生产安全事故或者职业病的危害因素如实、全面地告知劳动者。

劳动者有权了解和掌握生产安全事故、职业病的防范措施和应急处理措施，并对本单位的劳动安全卫生工作提出意见、建议。用人单位有义务将生产安全事故和职业病的防范措施及应急处理措施告知劳动者。

劳动者有对用人单位劳动安全卫生工作中存在的问题提出批评、检举和控告的权利，有权拒绝违章指挥、强令冒险作业。用人单位不得因劳动者对本单位劳动安全卫生工作提出批评、检举、控告或者拒绝违章指挥、强令冒险作业而降低劳动者的工资、福利等待遇或者解除与劳动者签订的劳动合同。

劳动者发现直接危及人身安全的紧急情况时，有进行紧急避险的权利。即可以停止作业或者采取可能的应急措施后撤离作业场所。

二、劳动安全的内容

（一）劳动安全主要应用范围

1. 劳动环境的安全

工厂内的建筑物必须坚固、安全，符合防火防爆的规定，发现建筑物有损坏或者危险征兆，应立即修理。厂区内的道路要求平坦、畅通，夜间要有足够的照明设备。道路和轨道交叉处必须有明显的警告标志、信号装置或者落杆。为生产需要所设的坑、壕、沟等地，应该有围栏或者盖板。原材料、成品、半成品和废料的堆放，应该不妨碍通行和装卸时的便利。电网内外都应该有护网和明显的警告标志。

2. 机器设备的安全

机器设备的安全装置是劳动安全规程中的重要内容。为预防和避免工人在使用机器设备过程中发生伤亡事故，我国劳动安全规程要求机器设备要有防护装置、保险装置、信号装置、危险牌示和识别标志等。

3. 电气设备的安全

电气设备是许多企业都普遍采用的设备。为防止工人在生产中发生触电事故和电气设备引起的火灾事故，我国劳动安全规程作出了相应规定。如《工厂安全卫生规程》规定：电气设备要有可熔保险器和自动开关；电动工具在使用前必须采取保护性接地或接零的措施，必须有良好绝缘；裸露的带电导体应该安装到人碰不着的处所，否则必须设置安全遮拦和鲜明的警告标志。红灯的电压不超过 36V，在金融容器内或者潮湿处所不超过 12V。

（二）劳动保护

劳动保护是国家和组织为了保护劳动者在劳动生产过程中的安全和健康所采取的立法、组织和技术措施的总称。劳动保护旨在消除危及人身安全健康的不良条件和行为，防止事故和职业病，保护劳动者在劳动过程中的安全与健康。

1. 劳动防护用品

劳动防护用品使用一定的屏蔽体，采取阻隔、封闭、吸收、分散、悬浮等手段，保护机体的局部或全身免受外来有毒有害物质的侵害。防护用品对于劳动者的安全健康，防止职业病和慢性病损害，减少或杜绝伤亡事故的发生十分重要。为预防工伤事故的发生，保护工人在生产过程中的安全和健康，对从事有关作业的人员要发放劳动防护用品。

2. 规避劳动禁忌

（1）脑力劳动禁忌

过度脑力劳动会使人产生疲劳感，这种疲劳感表现为对工作的抵触。疲劳信号告诉我们，身体需要休息了，需要进行调整和恢复，应该停止工作。如果继续强迫大脑工作，会进一步加重心理疲劳，造成脑细胞的损伤或使脑功能发生障碍。一般情况下，过度脑力劳动会对人体的身心健康造成较大的伤害，主要包括以下两个方面：

生理健康失常：长期过度脑力劳动，使大脑缺氧、缺血、神经衰弱，从而导致注意力不集中、记忆力下降、反应迟钝、睡眠规律不正常。睡眠规律不正常症状为白天瞌睡，大脑昏昏沉沉；夜晚卧床后，大脑却兴奋起来，难以入眠。醒后大脑疲劳不缓解，精神萎靡不振。

心理健康失常：由于生理功能的失衡，造成心理活动的失衡，出现忧虑、紧张、抑郁、烦躁、消极、敏感、多疑、易怒、自卑、自责等不良情绪。症状表现为表面上强打精神，但内心充满困惑和痛苦、无奈和彷徨，继而对工作丧失兴趣，产生厌倦感，甚至产生轻生念头。

（2）体力劳动禁忌

体力劳动禁忌有长期保持一定姿势、不良劳动环境条件、劳动组织和劳动制度安排不合理以及劳动者身体素质不强，在这样的环境以及条件下不利于生产活动的安全进行，甚至危害劳动者身心健康。长期保持一定姿势：在工作时长时间保持一定姿势，会导致个别身体器官或生物系统过度紧张而引起疾患。不良劳动环境条件：如高温、寒冷、潮湿、光线不足、通道狭窄等不良劳动环境条件，提高了劳动强度，会增加劳动者的劳动负荷，容易产生疲劳和造成损伤。劳动组织和劳动制度安排不合理：劳动时间过长、劳动强度过大、休息时间不够、轮班制度不合理等，容易形成过度疲劳，造成身体损伤。劳动者身体素质不强：劳动者身体状况不适应所安排的劳动强度时也会导致其身体损伤。

为保护女职工的合法权益和身体健康，减少和解决女职工在劳动中因生理特点造成的特殊困难，创造积极、健康、和谐的社会经济环境，我国对女职工实行特殊劳动保护制度。国家禁止安排女职工从事的劳动：矿山井下作业；体力劳动强度分级标准中规定的第Ⅳ级体力劳动强度的作业；每小时负重 6 次以上，每次负重超过 20 公斤的作业，或间断负重、每次负重超过 25 公斤的作业；女职工在月经、怀孕、哺乳期间禁忌从事的其他劳动。

3. 学生劳动要求

遵守劳动纪律。劳动中我们要做到：劳动时不和同学玩耍、打闹，特别是使用工具时严禁嬉戏、追逐、打闹；必须在指定范围内参加劳动；不擅自改变劳动的有关规定。

虚心请教，掌握劳动要领，不仅能提高劳动的速度和质量，而且能避免事故的发生，因此，我们要做到：认真听取老师或师傅的讲课，记住劳动的程序，领会劳动的操作要领；劳动过程中，要虚心接受指导，及时改正自己不正确的动作，遇到不会操作的地方要及时请教，切勿蛮干、瞎干；学习掌握劳动要领，要细心琢磨，慢慢体会，切忌还未熟练，就逞强与人比速度；切忌蛮干，量力而行，注意劳动保护；参加社会公益劳动时，要听从指挥，确保安全。

（三）应急救援、消防安全与疏散逃生

1. 应急救援

应急救援一般是指针对突发、具有破坏力的紧急事件采取预防、预备、响应和恢复的活动与计划。根据紧急事件的不同类型，分为卫生应急、交通应急、消防应急、地震应急、厂矿应急、家庭应急等领域的应急救援。

（1）应急救援的基本任务

首先，立即组织营救受害人员，组织撤离或者采取其他措施保护危害区域内的其他人员。抢救受害人员是应急救援的首要任务，在应急救援行动中，快速、有序、有效地实施现场急救与安全转送伤员是降低伤亡率，减少事故损失的关键。其次，迅速控制事态，并对事故造成的危害进行检测、监测，测定事故的危害区域、危害性质及危害程度。及时控制住造成事故的危险源是应急救援工作的重要任务。然后，消除危害后果，做好现场恢复。针对事故对人体、动植物、土壤、空气等造成的现实危害和可能的危害，迅速采取封闭、隔离、洗消、监测等措施，防止对人的继续危害和对环境的污染。及时清理废墟和恢复基本设施，将事故现场恢复至相对稳定的基本状态。最后，查清事故原因，评估危害程度。事故发生后应及时调查事故发生的原因和事故性质，评估出事故的危害范围和危险程度，查明人员伤亡情况，做好事故调查。

现代应急救援的十大基本理念：生命至上，保护生命安全成为首要目标；主体延伸，社会力量成为核心依托；重心下沉，基层一线成为重要基石；关口前移，预防准备重于应急处置；专业处置，岗位权力大于级别权力；综合协调，打造跨域合作的拳头合力；依法应对，将应急管理纳入法制轨道；加强沟通，第一时间让社会各界知情；注重学习，发现问题并总结经验更重要；依靠科技，从人海战术到科学应对。

（2）各类事故应急处理

第一种，触电伤害。主要形式分为电击和电伤两大类。电击是指电流通过人体内部器官时，破坏人的心脏、肺部、神经系统等，使人出现痉挛、呼吸窒息、心颤、心搏骤停甚至死亡。电伤是指电对人体外部造成局部伤害，即由电流的热效应、化学效应、机械效应对人体外部组织或器官的伤害，如电灼伤、电烙印。

当发生触电事故时应做如下处理：首先，应立即切断电源。用绝缘的物体如干燥的木棒、竹竿、绝缘手套等将电线移开，使人体脱离电源。必要时可用绝缘工具（如带绝缘柄的电工钳、木柄斧头等）切断电线，以切断电源。对于高压触电，立即通知有关部门停电。千万不要用手直接去拉触电的人。其次，通知危险区域人员撤离，迅速报告领导，通知安全员、医疗人员。在对触电者实施救援时，如果触电者神志清醒，但感乏力、头昏、心悸、出冷汗，应使其就地安静休息，减轻心脏负担，加快恢复，情况严重者立即送往医院救治；如果触电者昏迷，呼吸、心跳尚存在，应将病人仰卧，周围空气要保持流通，注意保暖，并做心肺复苏的准备工作；如触电者处于“假死”状态，应立即针对不同类型的“假死”进行对症处理，争取在 4min 内以心肺复苏法进行抢救，让心脏恢复跳动，必要时及时转送医院救治。最后，事故发生至现场恢复期间，应封锁现场，防止无关人员进入现场发生意外。

第二种，突发中暑。中暑可以分为先兆中暑、轻症中暑以及重症中暑三种类型。先兆中暑：在高温环境中，出现头晕、无力、心慌、眼花、气短、耳鸣、恶心、大量出汗、注意力不集中、全身疲乏、体温略高（小于 37.5℃）等情况，在离开高温作业环境进入阴凉通风的环境时，短期休息即可恢复正常。轻症中暑：除有先兆中暑症状外，出现早期循环功能紊乱，包括面色潮红、烦躁不安或表情淡漠、恶心呕吐、大汗淋漓、皮肤湿冷、脉搏细弱、血压下降、心率加快等表现，体温升高在 38℃以上；通常休息后体温可在 4h 内恢复正常。重症中暑：除以上症状外，出现昏倒或痉挛，或皮肤干燥无汗，体温在 40℃以上。

面对中暑患者的应急处理：第一步，搬移。迅速将患者抬到通风、阴凉、干爽的地方，使其平卧并解开衣扣、领带等，松开或脱去衣服，如衣服被汗水湿透，应更换衣服。第二步，降温。患者头部可捂上冷毛巾，可用冰水或冷水进行全身擦浴，然后用扇子或电扇吹风，加速散热。有条件的也可用降温毯给予降温、涂抹或服用解暑药物等。但不要快速降低患者体温，当体温降至 38℃以下时，要停止一切冷敷等强降温措施。第三步，补水。患者仍有意识时，可饮一些清凉饮料，在补充水分时，可加入少量盐或小苏打水。注意要小口慢饮，千万不可急于补充大量水分，否则会引起呕吐、腹痛、恶心等症状。第四步，促醒。若患者呼吸停止，应立即实施人工呼吸进行抢救。第五步，转送。对于重症中暑病人，必须立即送往医院救治。搬运病人时应用担架运送，不可使患者步行。同时运送途中要注意，尽可能地用冰袋敷于病人额头、枕后、胸口、肘窝及大腿根部，积极进行物理降温，以保护大脑、心肺等重要脏器。

第三种，身体创伤。当在劳动中面临创伤情况可以采用创伤救护知识处理，创伤分为开放性创伤以及闭合性创伤。

开放性创伤的处理。用生理盐水和酒精棉球，将伤口和周围皮肤上的污物清理干净，并用干净的纱布吸收水分及渗血，再用酒精等药物进行消毒。若没有条件消毒，可用自来水冲洗，然后用干净的布或敷料吸干伤口。对于出血不止的伤口，可采取：直接压迫，将手掌通过敷料直接压在身体表面的开放性伤口的整个区域；抬高肢体，对于手、臂、腿部严重出血的开放性伤口，都应抬高，使受伤肢体高于心脏水平线；压迫供血动脉，手、臂和腿部伤口的严重出血，如果应用直接压迫和抬高肢体仍不能止血，就需要采用压迫点止血技术；包扎，使用绷带、毛巾、布块等材料压迫止血，保护伤口，减轻疼痛。

闭合性创伤的处理。较轻的闭合性创伤，如局部挫伤、皮下出血，可在受伤部位进行冷敷，以防止组织继续肿胀，减少皮下出血。如人员从高处坠落或摔伤等意外时，要仔细检查其头部、颈部、胸部、腹部、四肢、背部和脊椎，看看是否有肿胀、青紫、局部压疼、骨摩擦声等其他内部损伤，假如出现上述情况，应立即拨打 120 报警，不能对患者随意搬动，否则，可能造成患者神经、血管损伤并加重病情。

2. 消防安全与疏散逃生

由于工厂、学校都是人员密度高，存在一定的火灾危险性，所以我们一定要增强消防安全意识，掌握火灾逃生常识和消防技能。

（1）火灾事故发生原因的分析

消防安全意识淡薄。有些人存在侥幸心理，认为火灾离自己很远，不会在自己身边发生，因此在学校举行消防安全知识教育和培训时，没有认真参与学习、领会，有的甚至认为这是多此一举的事情。

存在违反学校安全管理制度的行为。学校内违章使用电器现象时有发生，有一些同学为图省事，经常违规使用电热毯、热得快等大功率电热器，导致线路超载引起火灾。再加上电脑等用电器具的全面普及，增加了线路负荷，极易导致火灾发生。校内胡乱丢弃烟头的现象时有发生，烟头一旦与可燃物接触就容易引起燃烧甚至酿成火灾等。

消防知识贫乏。有的学生不了解电器基本知识，例如照明灯距离蚊帐太近、充电器长时间充电都会存在火灾隐患。

（2）火灾逃生的应急处理

火灾袭来时要迅速逃生，不要贪恋财物，及时呼救，通知他人，并且拨打火警电话119。平时要了解掌握火灾逃生的基本方法，熟悉逃生路线。火灾来临时，快速找到安全通道和出口，尽早脱险，保障生命安全。另外，阳台、窗户、卫生间等也是逃生的主要地方。在火灾的初期且火势较小的阶段，应该尽早采取灭火措施，防止火势蔓延。受到火势危急时，要当机立断披上浸湿的衣物、被子等，向安全出口方向冲出去。尽量走楼梯，不可乘坐电梯。如遇浓烟，要尽量使身体贴近地面，并用湿毛巾捂住口鼻。身上一旦着火，千万不要乱跑，应立即脱掉衣物或就地打滚或用厚重衣物压灭火苗。室外着火，门已发烫时，千万不要开门，以防大火窜入室内，要用浸湿的被褥、衣物等堵塞门窗，并泼水降温。如果所有逃生线路均被大火封锁，要立即退回室内，用打手电筒、挥舞衣物、呼喊等方式向窗外发送求救信号，等待救援。

火灾逃生口诀：熟悉环境、出口易找；发现火情、报警要早；保持镇定、有序外逃；简易防护、匍匐弯腰；慎入电梯、该走楼道；缓降逃生、不等不靠；火及己身、切勿惊跑；被困室内、固守为妙；远离险地、不贪不闹。

（3）公共场所发生火灾的逃生方法

公共场所发生火灾，如餐厅、图书馆、宿舍或者教学楼，可以采用如下三种逃生方法。第一种，湿毛巾捂鼻法：用湿毛巾等物品捂住嘴巴和鼻子，尽量防止烟尘的吸入。因为火灾释放出来的烟尘废气中往往含有大量的一氧化碳，有很大的毒性，一旦吸入过多会出现咽喉发麻、头脑昏沉的症状，很容易使人失去逃生的意识和力量。同时，不要顺风逃生，应尽量走火势不容易蔓延的地方。行走时要尽所能弯着腰，因为烟尘都飘浮在上空。第二种，毛毯隔火法：将毛毯等织物钉或夹在门上，并不断往上浇水冷却，以防止外部火焰及烟气侵入，从而达到抑制火势蔓延速度、增加逃生时间的目的。第三种，棉被护身法：用浸湿的棉被（或毛毯、棉大衣）披在身上，确定逃生路线后用最快的速度直接钻进火场并冲到安全区域，千万不可用塑料或丝织物作为保护。

报警须知：牢记火警电话 119，报警时要讲清着火地址，越具体越好，说明什么东西着火，火势情况怎么样，讲清报警人姓名、电话号码和住址。报警后要安排人到街道口等候消防车，指引消防车去火场的道路。

（四）实习、兼职、就业注意事项

1. 谨防兼职陷阱

寒暑假期间，每年都有大学生做兼职工作。假期兼职可以在锻炼自己、增加生活体验的同时赚得部分生活费，是一种常见的社会实践形式。在假期兼职时，我们应擦亮眼睛，谨防落入各种“陷阱”，学会维护自身的合法权益。

（1）传销陷阱

有传销组织打着“特许经营”“连锁销售”“直销”等幌子，或以“响应西部大开发号召”等名义诱骗大学生参与传销活动。在形式上，传销组织也由此前的发展“下线”改为“线上营销”方式，打着“网络直销”“电子商务”等旗号利用互联网进行传销。

为避免落入传销陷阱，大学生在找实习单位时，注意查看对方是否有正规牌照。很多传销都是通过亲朋好友或同学进行的。如果有近期没有联系的亲友、同学突然联系你，邀请你去异地找工作，或者有其他异常行为，要提高警惕。一旦对方要求缴纳一笔入门费或者要求发展其他成员加入从而获得报酬的，要警惕其是否为传销组织。面试前，要对公司的营业运作模式进行判断，看是否存在虚假状况；如果企业在面试过程中表现出对你的交友、家庭情况等比对职业技能、实习经历更感兴趣的话，要有所警惕。面试时若感觉有异常，不要慌张，可以借口上厕所，学校有事等先行离开，保证自身安全。

（2）培训陷阱

一些骗子公司通常会和一些培训机构联手，招聘时以“先培训，拿证再上岗”为由骗取求职者培训费、考试费、证书费等各种费用。实际情况往往是，经过一段时间的培训、考试后，公司便不知去向，或被告知“很遗憾，考试未通过，不能上岗”。大学生在遇到需要培训上岗的公司时，要先了解培训机构是否正规，在网上查看之前参加培训学员的评价，评估培训的质量，再决定是否参加培训。

（3）“押金”陷阱

一些用人单位声称为了方便管理，向应聘者收取一定数额的押金或保证金，并承诺工作结束后退还，然而工作结束时应聘者只能领到工资，保证金却不见踪影。更有甚者，在应聘者交过钱后说职位暂时已满，或者说暂时没有工作可做，要应聘者回去等消息，接下来便再也没有消息了。国家人事和劳动部门明文规定：用人单位不得以任何名义向应聘者收取报名费、考试费等，对于员工的培训费用，应当从企业成本中支出。很多学生求职时不了解相关规定，又求职心切，往往就会落入陷阱。

除此之外，大学生在应聘时要注意看应聘单位的规模，再看负责招聘人员的素质。

如环境设施简陋，招牌人员素质较差，建议你尽快离开。此时可称自己没带多少钱，或者告诉对方“等我同学来后再商量”，让对方明白你不是孤身一人应聘，然后通过发微信、打电话等方式求助同学，以便在第一时间离开。

（4）“黑中介”陷阱

社会上的一些黑中介，抓住大学生缺少社会经验和找工作心切的心理，收取高额中介费后，却不履行承诺，不及时为大学生找到合适的工作。这些黑中介的套路一般是不停地拖延，让学生耐心等待，最后不了了之。更有一些中介“打一枪换一个地方”，骗取一定的中介费后，就消失得无影无踪。大学生找假期兼职时，最好咨询学校的劳动就业服务中心，或者由学校负责联系用工单位。如果必须自己寻找，也要找正规的企事业单位，或找正规中介机构帮忙联系。

（5）“家教”陷阱

这类陷阱多发生在招聘家教或文秘时，单独约见女学生，有的女学生在对方约见时不加考虑就去会见，难免会遇到危险。加强保护意识，不要只从表面判断对方好坏，第一次上门做家教时邀同学一起去，保持警惕，发现险情及时报警。

大学生在找实习和兼职机会时，应特别注意：第一，从可靠渠道获取职位信息；第二，通过多种渠道了解企业背景；第三，认真确认面试地点，如有必要，协同伙伴一同前往；第四，谨慎签订实习协议，实习协议中应当写明实习薪资、实习期限、终止协议的相关条款，如果用人单位违约，拖欠工资，可以用该实习协议作为证据提起劳动仲裁，维护自身的合法权益；第五，拒交任何名义的费用；第六，求职前了解相关法规和劳动政策。

2. 谨防就业陷阱

大学生就业陷阱是指招聘单位、其他机构或个人，利用大学生的弱势地位，以提供就业机会为诱饵，采用违法悖德等手段，骗取大学生的钱财，或与大学生达成权利与义务不对等的各类就业意向（协议），侵害大学生合法权益的现象。现实中，常见就业陷阱有以下五种。

（1）招聘陷阱

第一种陷阱，不合法的招聘流程。有些招聘会利用大学生就业心切的心理，打着促进就业的名义，实质上未经有关主管部门审批，举办单位的目的就是赚取高昂的门票费。同时，虚假招聘单位骗取大学生的信息，并出卖个人信息谋取利益。

第二种陷阱，以面试为由，骗取求职者钱财。一些不法分子从互联网或其他途径得到求职大学生的个人信息，便以企业名义打电话通知其面试，骗取钱财后逃之夭夭。

第三种陷阱，变相收费。有些企业不当场签约，要求通过互联网或电话继续洽谈，而这些互联网或电话都是收费的；有些企业向大学生收取报名费、资料费或培训费等，等交费后，再将其拒之门外。

（2）协议陷阱

第一种陷阱，口头承诺。口头承诺因为口说无凭，缺乏法律依据而没有法律约束力，一旦发生问题，大学生往往成为弱者一方，权益受到侵害。

第二种陷阱，签订不平等协议。由于当前大学生劳动力市场是买方市场，就业压力较大，"强资本、弱劳工"的现象严重影响着毕业生的求职心理，再加上维权意识较差，致使大学生对于签订的就业协议要么不知情，要么根本没有留意协议上的条款而签约，从而促成霸王条款的出现。

第三种陷阱，以就业协议代替劳动合同。一些不正规的用人单位以不合法的就业协议代替劳动合同。在这样的状况下，一旦双方发生劳动争议，对大学生极为不利，双方的劳动关系也只能被认定为事实劳动关系。

总之，针对协议陷阱，大学生在与用人单位签订就业协议时，一定要睁大眼睛，认真仔细地识别协议是否存在陷阱。一是要看协议是否合法；二是要看协议是否全面；三是要对协议文本仔细推敲；四是正式报到上班后，一定要在协议的基础上，与用人单位协商签订一份有效的劳动合同，防止发生争议而损害自身的合法权益等。

（3）试用期陷阱

依据《劳动法》和《劳动合同法》，试用期是法定的协商条款，约定与否以及约定期限的长短由双方依法自行协商。但现实中，关于试用期的陷阱一直困扰着毕业生，陷阱的类型主要有以下三种。

第一种陷阱，流程不规范，企业不约定试用期。某些企业要求毕业生报到时就立即签订劳动合同，不约定试用期，马上正式上岗。大学生还在暗自庆幸企业不需试用时，却发现企业各方面情况都不尽如人意，与当时招聘广告和承诺的情况大相径庭，工作内容与自己想象的也完全不同，于是决定另谋高就。这时，大学生才会发现自己在无意间放弃了试用期这一有利机会，在这种情况下，如果其单方面解除劳动合同，一方面要提前 30 天通知企业，另一方面还可能要付出违约的相应代价。

第二种陷阱，只约定试用期，索取廉价劳动力。我国劳动法律法规允许企业对新职工有一段时间的试用期，并对试用方式、期限以及试用期工资待遇等都作了具体规定。但因为试用期的工资、福利待遇同正式录用之后差距较大，有的公司以劳动试用为名不与求职者签订劳动合同，等到规定的试用期限期满后，便以不符合录用条件为由辞退求职的大学生，使求职者变成了他们的廉价劳动力。

第三种陷阱，试用期过长或无故延长试用期。有些企业利用大学生不熟悉国家法律法规，以优才计划、岗前培训、人才储备、指标限制等理由有意延长试用期，变相榨取毕业生的廉价劳动力。在此期间，缺乏社会经验的大学生就充当了好骗而廉价的劳动力。更有甚者，延长几次后，最终仍将求职者解聘。而大学生维权意识较差，对劳动法认识不深，只能哑巴吃黄连。

（4）劳务陷阱

大学生求职的时候，招聘企业明明说的是招聘合同制工人，结果录用后却发现自己变成了劳务工或派遣工。

第一种陷阱，合同的签订。劳动合同与劳务合同虽然只有一字之差，但两者的法律依据却完全不同。签订了劳动合同，双方便形成了劳动法律关系，双方的权利义务关系要受到《劳动法》的调整和约束。而劳务合同却是一种民事协议，由民法来调整，劳务关系的双方当事人是完全平等的民事主体，双方的关系是基于商品经济的财产关系，双方的争议不受《劳动法》的调整和约束。

第二种陷阱，劳务工与派遣工。很多大学生在求职的时候，面对心仪的企业做足了准备，通过一轮轮的初试、笔试、复试、面试，最后与企业签订了就业协议或劳动合同。签了合同之后才发现，协议（合同）中的甲方名称并不是该企业，而是变成某人力资源公司，自己也成为该人力资源公司派遣到该企业的派遣工。

大学生要增强维权意识和维权能力，加强自我保护。在求职时一旦上当受骗，可向当地劳动保障监察部门或公安部门报警，寻求法律保护。此外，当自己的权利受到侵害时，要学会用法律武器来保护自己，重点学习《劳动法》《中华人民共和国合同法》等法律，使自己知法、懂法和守法，以便在求职过程中有效识别求职陷阱，保护自己的合法权益。

拓展阅读

应届生三方协议与劳动合同的关系

三方协议是《普通高等学校毕业生就业协议书》的简称，它是明确毕业生、用人单位、学校三方在毕业生就业工作中的权利和义务的书面表现形式，能解决应届毕业生户籍、档案、保险、公积金等一系列问题。三方协议是普通高等学校毕业生和用人单位在正式确立劳动人事关系前，经双向选择，在规定期限内就确立就业关系、明确双方权利和义务而达成的书面协议；是用人单位确认毕业生相关信息真实可靠以及接收毕业生的重要凭据；是高校进行毕业生就业管理、编制就业方案以及毕业生办理就业落户手续等事项的重要依据。

2009年，教育部高校学生司发布了《关于修订〈普通高等学校毕业生就业协议书〉若干意见的通知》（教学习［2009］28号），将三方协议的制定权下放至省级教育主管部门，各省修订后的三方协议文本上均采用了经过数据加密处理的专用条码防伪方式，每个毕业生有且仅有一份。

三方协议虽然也规定一些劳动关系涉及的内容，但其不能代替劳动合同，与劳动合同相比存在以下区别：

（1）签订时间不同。三方协议是学生在校期间签订的；而劳动合同是毕业生毕业离校后到用人单位正式报到时签订的。

（2）主体不同。三方协议的主体是三方，即学校、毕业生和用人单位，而劳动合同的主体是两方，即劳动者和用人单位。

（3）内容不同。三方协议的主要内容是毕业生如实介绍自身情况并表示愿意到用人单位就业，用人单位表示愿意接收毕业生，学校同意推荐毕业生并列入就业方案；而劳动合同是记载劳动者和用人单位的权利和义务，是劳动关系确立的法律凭证。

（4）目的不同。三方协议是毕业生和用人单位关于将来就业意向的初步约定，是编制毕业生就业方案和将来双方订立劳动合同的依据；而劳动合同主要是劳动关系确立后使劳动者和用人单位的合法权益得到应有的保障。

（5）适用的法律不同。三方协议订立后如发生争议，解决的主要依据是《普通高等学校毕业生就业工作暂行规定》《中华人民共和国合同法》等；而劳动合同订立后，发生争议解决的主要依据是《中华人民共和国劳动法》《中华人民共和国劳动合同法》及相关法律法规、司法解释。

但需要注意的是，三方协议与劳动合同并非没有任何联系。三方协议中的毕业生就业之后的工作性质、地点、期限、工资薪金、社会保险和公积金等涉及劳动合同关系的条款与双方正式签订的劳动合同的内容基本一致。通过三方协议中的内容，毕业生基本可以预见到自己与用人单位建立劳动关系之后所享有的权利和应承担的义务。

（来源：王官成、徐飙．劳动教育和职业素养训练［M］．第 1 版．北京：中国人民大学出版社，2020：73.）

第二节　家庭劳动教育实践

一、家庭劳动教育实践概述

（一）家庭劳动教育实践的内涵

家庭劳动教育实践是新时代劳动教育全面发展的有机构成，家庭是劳动教育的主要场所与有生力量。家庭劳动教育实践是以学生身心发展为前提，关注日常生活性劳动、自我服务性劳动与家庭服务性劳动，采用榜样示范式、环境熏陶式等劳动教育实践方式，强调家庭在劳动教育中的积极鼓励、正面引导、独立自主的原则。

家庭劳动教育实践具有以下特征：

第一，普通教育。劳动教育旨在落实学生全面发展的教育方针，具有普通教育的属性。每个家庭都要开展家庭劳动教育，尤其在基础教育阶段具有更为重要的意义。家庭劳动教育实践既可以培育学生的家庭劳动观念、态度、知识和技能，同时可以使学生加强身体锻炼、提升心理健康、增强劳动审美情趣。

第二，价值教育。劳动价值观是劳动素养培育的核心。真正健康的家庭劳动教育实践则应当努力帮助学生确立正确的劳动观点、积极的劳动态度，努力帮助他们形成尊重并热爱劳动过程、成果和劳动主体的观念。

第三，实践性。实践性是家庭劳动教育的基本特征，家庭劳动教育实践的主要活动形式，包括日常性劳动、手工劳动和厨房劳动等。要根据学生素质、生长环境、主观能动性、体力、性格的不同，安排相应的劳动。在满足劳动教育目标的同时，一定要保证安全，量力而行，要正确地使用劳动方法和动作。

（二）家庭劳动教育实践的意义

1. 家庭劳动能够促使人性的形成

家庭劳动能够使现实生活中所有用品与劳动联结起来，也就是父母要让孩子明白身边的一切不是天上掉下来的，而是父母或祖辈用辛勤汗水换来的。要在这个社会上生存必须自食其力，也就是“劳动创造一切”的道理。在家庭劳动教育实践过程中能让孩子学习到人与其他动物的区别，要懂礼貌、讲信用、守诚信、遵规则。

2. 家庭劳动能够促进学生道德品质的形成

如果学生在家，都是“衣来伸手，饭来张口”，一切都来得那么自然，容易导致孩子形成不珍惜劳动、不体谅父母艰辛的坏习惯。家庭生活中，不管家庭条件是贫穷还是优裕，必须要让孩子把劳动付出与生活所得、日常享用联系起来。正确的家庭劳动教育实践对孩子的道德品质培养有着积极意义，孩子会主动帮助家长减轻负担，延伸至乐于帮助他人，有利于孩子自力更生。

3. 家庭劳动能够促进学生健康人格的形成

参加家庭劳动不仅仅是学生为父母分忧的权宜之计，更重要的是它关系到今后的就业成才和生活幸福，自然而然地参与并热爱劳动。家庭劳动教育实践有利于学生形成健康的人格，树立劳动观念、养成劳动习惯，将影响其一生的成长。

二、家庭劳动教育实践形式

（一）爱上家务劳动

家务劳动，是指家庭成员在日常的家庭生活须从事的一种无报酬劳动。包括：洗衣做饭、日用品采买、卫生清洁、维修维护等。

学生经常参加一些力所能及的家务劳动，不仅不会影响学习，反而会促进学业的进步。学生结束了学校一天的紧张学习，或者在寒暑假期间，回到家后，帮助父母拖拖地、洗洗碗、洗洗衣服，可以通过这些劳动来消除学习中的紧张感，减轻疲劳度，从而使精力更充沛。另外，父母同学生一起参加家务劳动，还是沟通的一个好机会。通过劳动，通过谈心、聊天，可以拉近彼此之间的距离，亲情的交融会给学生在学习、生活、精神上新的力量。在未来的社会中，身体素质的好坏和劳动意识的强弱，将是一个人能否取得成功的关键所在，如果不让学生做家务，使学生养成过分依赖父母、独立性差、生活自理能力差、劳动观念淡薄等不良习惯，那么会对他们成长带来极为不利的影响。

（二）美化家居环境

随着社会的不断进步，经济的不断发展，人类在文化、科学技术、艺术等方面的素质也在不断提升，促使人类对自身所赖以生存的空间环境产生了强烈的参与意识和深入了解的渴望心理。优美的居室环境，不仅可以陶冶人们的情操，有益于身心健康，还可以诱发出美好舒畅的心态，人们更加注重室内环境精神方面的功能要求与个性品位。

1. 家具布置

家具是室内环境中体量最大的陈设品之一，也是构成室内环境的重要部件。家具对其所在空间的服务质量和艺术效果有重要的影响，其功能主要在于实用，并可用来分隔、组织空间。此外，从精神功能来看，家具能陶冶人们的审美情趣，反映民族传统文化，形成特定的居住气氛与意境。室内环境的家具布置，首先应满足实用性原则，其次要美观耐看，必须考虑家具的尺寸、比例、色彩、质地与装饰效果等，而款式与风格应依环境总体要求及使用者的个性和爱好来确定。在选购或制作家具时，应先做一个计划，以确定各个房间家具的种类与数量、款式与风格、体量与样式、陈设位置与格局等，还需了解不同房间的功能、大小对家具的要求。如睡眠环境的家具，其造型要平稳、统一而有整体感，色彩要和谐，使人感到亲切、温暖，并能创造宁静、典雅的气氛。需要注意家具的体量不要超过总体量的三分之一，这样可使整体空间不至于显得拥挤。

2. 室内绿化

当今社会，人们越来越重视“以人为本”，注重与自然相结合，绿化装饰是室内环境的重要构成部分。人们崇尚自然，喜欢种植观赏性盆栽来美化室内环境，它可以起到消除疲劳、调剂精神的作用。作为室内环境中的绿色植物，主要起到调节室内的温度、湿度、净化空气、降低噪声的作用。室内环境由于受日照、温度、土壤和空间的限制而局限了可在室内栽种的植物品种，使用品种应选择喜荫、耐荫、生命力强的植物。这些植物的品种主要包括：观叶植物，如棕榈、冬青、文竹等；闻香植物，如茉莉、四季桂、晚香玉等；悬挂植物，如吊兰、吊钟海棠等。室内绿化比起人工装饰更具生机，绿化品种的选择也可因人而异，它能以其自然生长的姿态、鲜艳醒目的色彩，增强室内环境的表现力，给室内空间带来浓厚的生活气息，并在一定程度上满足人们回归自然的心态，启迪智慧，怡悦性情。

3. 插花艺术

插花就是把花卉，包括枝、叶、花、果作为素材，插在花瓶、花盆、花盘等容器里，不需泥土栽培，给家庭带来温馨和情趣，使人观赏后起到修身养性、净化心灵、陶冶情操的作用。插花类型有鲜花插花、干花插花、人造插花。鲜花插花具有自然之美，色彩艳丽，花香四溢，饱含真实的生命力，有强烈的艺术魅力，应用范围广泛，适用于家庭客厅、卧室、书房等，其缺点是保养时间短、费用较高、不宜在暗光下摆放等；干花插花是选用花材经过脱水加工后的自然植物材料，既不失去花形自然美，还可修饰染色，经久耐用，管理方便，其缺点是怕潮湿环境；人造插花，即各种绢花、涤纶花、水晶花、塑料花等，仿真性很强，品种较多，使用时间较长，还可清洗扫尘，缺点是生命力的真实感差。插花在实际运用当中应从室内环境的整体出发，在统一中求变化，并从其风格、造型、色彩、场合等各个方面来进行选择，格调整体统一，空间位置合理。

4. 陈设饰品

室内陈设饰品也称为摆设品，主要作用是打破室内单调呆板的感觉，给室内增添动感和节奏感，加强室内空间的视觉效果。饰品的最大功效是增进生活环境的性格品质和艺术品位，不仅具有观赏作用还可以陶冶情操。室内陈设饰品可分为实用性陈设饰品和装饰性陈设饰品。实用性陈设饰品指本身除供观赏外，还具有实际功能的物品，如日用器皿、灯具、书籍、靠垫、花瓶、烛台等；装饰性陈设饰品指以装饰观赏为主的陈设，装饰性陈设物本身没有实用价值，但具有浓厚的艺术价值，如纪念品、雕塑、字画等。从饰品材料上看，木制装饰品使用的是天然材料，人们愿意接近，心理上也有一种亲切感；玻璃饰品绚丽华贵，有玻璃灯具、玻璃彩画、玻璃器皿等；陶瓷类饰品由于材质肌理光洁、造型别致，在室内空间是非常活泼的应用元素；金属装饰品适应性强，既可仿古亦能体现当代高科技，变化性大。

（三）倡导健康饮食

饮食习惯与健康受多种因素的影响，它不仅与食物的品种和营养价值有关，而且与遗传因素、心理和生理的惯性等都有着密切的关系。有关专家认为，由于西方文化的冲击，原本健康的东方饮食观念遭到了颠覆性的破坏，使得许多人对饮食消费纵欲失控，不该吃的拼命吃，甚至宁可吃死，也不馋死。吃出来的疾病数目令人触目惊心、瞠目结舌，日益西化的饮食失衡倾向和不良的饮食习惯，已经严重损害了人的健康。过分追求食品的精细、奢侈，以及大量的浪费，食品添加剂的过量应用，化肥、农药等对大自然的破坏，机体的代谢负担增加，自然环境的负担也在日益加重，不仅对人类食品安全带来危机，甚至危及人类的可持续生存。

健康饮食注意事项：

1. 注重搭配

（1）主食和副食搭配

主食，指每日三餐的大米、面食、馒头等。副食，泛指米、面以外的，具有增强营养、刺激食欲、调节机体功能作用的饮食，包括菜肴、奶类、水果及一些休闲食品等。主食与副食，各有所含的营养素，如副食中富含矿物质、维生素、纤维素等，远比主食中的含量高，且副食的烹调形式多样，色香味形花样百出，更能刺激人的感官，增进食欲。所以，为保证人们所需的全部营养，又便于消化、吸收，增强体质，抗衰延年，主食与副食搭配食用为好。

（2）粗粮和细粮搭配

粗粮，泛指小米、黄豆、玉米、高粱、红薯、荞麦等杂粮。细粮，即指精米、白面。一般而言，细粮的营养价值和消化吸收率优于粗粮，但粗粮的某些营养成分又比细粮要多。例如，小米、玉米面中的钙含量相当于精米的2倍，铁含量为3～4倍，粮食加工越精细，营养素损失得就越多。而将粗粮与细粮搭配食用，就能做到营养互补，有助于提高食物的营养价值，如2/3的大米加进1/3的玉米做成食品，可使大米的蛋白质利用率从58%提高到70%。因此，为了满足人们，尤其是老年人对营养的需要，应间或吃些粗粮，调剂一下胃口，以增进食欲和提高对食物营养的吸收。

2. 注重平衡

（1）热量平衡

产生热量的营养素主要有脂肪、蛋白质与碳水化合物。脂肪产生的热量为其他两种营养素的两倍之多。若摄取的热量超过人体的需要，就会造成体内脂肪堆积，人会变得肥胖，易患高血压、糖尿病、心脏病、脂肪肝等疾病；如果摄取的热量不足，又会出现营养不良，同样可诱发多种疾病，如贫血、结核、癌症等。所以，若要达到热量平衡，脂肪、蛋白质与碳水化合物三种营养成分，需按合理的比例1∶1∶4.5摄取。每日早、午、晚餐的热量分配为占总热量40%、30%、30%。

（2）味道平衡

食物的酸、甜、苦、辣、咸味对身体的影响各不同。酸味可增进食欲，增强肝功能，并促进铁、钙等矿物质与微量元素的吸收；甜味来自食物中的糖分，可解除肌肉紧张，增强肝功能，阻止癌细胞附着于正常细胞，增强人体抵抗力，增强记忆力；苦味食物富含氨基酸与维生素B12；辣味食物能刺激胃肠蠕动，提高淀粉酶的活性，并可促进血液循环和机体代谢；咸味食物可向人体供应氯、钠两种电解质，调节细胞与血液之间的渗透压及正常代谢。但是，酸食吃得过多易伤脾，也会加重胃溃疡的病情；甜食吃得多血糖易升高，诱发动脉硬化；苦食吃得多会伤肺或引起消化不良；辣味过重对心脏有损伤；咸味过重会加重肾脏负担或诱发高血压。因此，对各种味道的食物均应不偏不倚，保持平衡，才有利于身体健康。

（3）颜色平衡

各种颜色的食物所含营养成分的侧重点不同。白色食物以大米、面粉等主食为代表，富含淀粉、维生素及纤维素，但缺乏人体必需的氨基酸；黄色食物以花生、黄豆等为代表，特点是蛋白质含量相当高，而脂肪较少，适宜中老年人、已患高血脂及动脉硬化症病人食用；红色食物以鱼、畜禽肉为代表，富含优质蛋白、维生素A、钙、铁、锌等元素，但维生素相对不足，脂肪较高，多食用易导致心脏病与癌症；绿色食物以水果、蔬菜为代表，是人体获取维生素的主要来源，可减少心脏病与癌症的发生。黑色食物以黑米、黑豆、黑芝麻、紫菜为代表，富含铁、硒、氨基酸，但蛋白质含量较少。所以，巧妙搭配各色食物，取长补短，吸收营养成分种类齐全，才能达到营养均衡。

（四）日常家庭照护

从历史文化传承来说，尊老爱幼是中华民族的传统美德，中华民族之所以一脉相承，之所以血浓于水，之所以历尽沧桑生生不息，离不开经久不衰的“尊老爱幼”思想。

1. 老人的照护

（1）健康方面

时刻关注老人的健康状况，提醒他们定期检查，如果出现不适，应及时就医；当老人患病时应悉心照料，在用药方面应该定时提醒监督或亲自帮助服用；学习一些简单的家庭护理知识，提高老人生活的舒适度。

（2）精神方面

经常探望老人，多与其谈心，了解老人的需求，不要因为学习、工作忙而忽视老人的感受；尽量避免老人精神上的孤独，尽可能地帮助老人走出孤独的环境，鼓励、支持老人多交朋友，多参加一些社区活动；倾听老人的“唠叨”，老人倾诉一下心中的喜怒哀乐，是心理调节的一种需求。

（3）生活方面

衣：给老人选择的服装应该宽松、舒适，贴身衣物最好选择布类、丝绸类；食：应该照顾到老人的口味、营养均衡以及易吸收等方面，尽可能地与老人一起进餐；住：老人居住的环境应简单、宽敞、明亮，家具摆放最好固定，适应老人习惯，地板以及浴室注意防滑，室内注意通风及温湿度调节，时刻注意居家安全；行：老人因反应和行动迟缓，外出时应特别注意交通安全，必要时应有家人陪同；勤：鼓励老人按照自己的兴趣去安排日常活动，做力所能及的事。

2. 病人的照护

（1）病情观察

病情观察是基础护理的重点内容，主要是指体温、脉搏、呼吸、血压、瞳孔等，这些生命体征的变化都反映出疾病的好转或者恶化。此外，还应注意皮肤黏膜的变化和呕吐物及大小便的颜色、量、性状、次数等。

（2）医疗护理

治疗护理，如输液、输氧、退热、排气、排炎、导尿等采用治疗手段时的护理；用药护理，督促病人用药，正确服用，观察药物不良反应等；诊察护理，如化验标本的正确采集，做各类检查时的护理等。

（3）生活护理

主要是照顾病人的清洁卫生，如洗头、口腔清洁、淋浴、更衣、铺床、修剪指（趾）甲等，以及必要的消毒。

（4）饮食护理

根据病人病种及病情的需要，制作特殊的病号饭，科学合理安排病人的饮食，以补充足够营养，促进机体恢复。

（5）休息与睡眠

任何疾病的好转、康复都需要充足的休息和睡眠，因此，必须创造安静的环境，保证病人充足的休息和睡眠时间。

（6）心理护理

当人患病后，特别是一些较严重的疾病会使人产生不同程度的心理负担，会产生恐惧、焦虑、不安情绪，这些都将影响病人的康复，要及时观察，同时给予心理疏导。

3. 婴幼儿的照护

新生儿期是指胎儿从出生到适应外界生活条件的阶段。这个阶段，新生儿的各项器官都还未发育成熟，身体娇弱，容易感染。

（1）室内环境

婴儿在出生后不能马上适应温差变化，因此最好将室温调至 25~28℃之间。通风的条件下，也要保证适宜的室内温度。室内光线过于明亮或者黑暗都不好，选择适当的窗帘，在阳光耀眼的时候，进行遮光，避免强光刺激。在自然光线柔和的时候，让婴儿慢慢适应光线，感受昼夜的不同。

（2）衣服

材质：应该使用布料柔软易吸水的棉质衣物，不要有印染，也不要使用化纤面料；颜色：婴儿容易弄脏衣服，为了方便家长检查出脏东西，同时，避免婴儿的肌肤受到染料的伤害，尽量使用颜色浅的衣物；大小：使用款式宽松的衣物，便于穿脱，也不妨碍肢体活动。

（3）睡眠和睡姿

新生儿的头比较软，良好的睡姿有助于头部的发育，同时，睡姿对呼吸也有一定的影响。枕头：厚度在 1~2cm 之间，中间微凹、两头微凸；睡姿：最好仰卧或者侧卧，避免压迫胸肺。刚喂完奶之后，应该选择侧卧，避免溢奶，造成咳嗽，甚至导致窒息，仰卧时要经常变动宝宝的体位；时间：新生儿每天的睡眠时间一般在 18~20h，但是，没有满月的婴儿不能长时间的睡眠，可以每隔 2~3h 弄醒宝宝，进行哺乳。

（4）清洁护理

给婴幼儿换衣服时动作要轻柔，皮肤褶皱处需要用温水擦洗，大小便之后都要用清水清洁，并用干净柔软的毛巾擦干；脐带脱落前，每天可用 0.2%~0.5% 聚乙烯醇醚络碘溶液进行涂抹，再用消毒纱布遮好。脱落后，可不用纱布，但也要保证脐部的干燥清爽。一旦发现发红、有液体流出或者其他症状，应该及时向医生咨询。

拓展阅读

学习习近平总书记关于家庭、家教和家风的论述

习近平总书记对家庭、家教和家风建设有许多论述，如“家庭是人生的第一个课堂”“家风是一个家庭的精神内核”“家风是社会风气的重要组成部分”，妇女在“树立良好家风方面”具有“独特作用”，领导干部的家风“是领导干部作风的重要表现”等。学习这些论述，对于科学把握和有力推进党关于党风、政风、民风根本性好转的战略部署具有重要的理论和现实意义。

在《习近平谈治国理政》第二卷中，关于怎样看待家庭、家教和家风及其相互关系的问题，习近平有着专门的论述。认真阅读并品味这些论述，不仅深感习近平的远见卓识和真知灼见，而且也深感习近平反复强调全党和全社会都要注重家庭、家教和家风建设问题的深刻含义和良苦用心。

“家庭是人生的第一个课堂”。中国人一向重视“家庭”在个人成长过程中的作用，所以，素有“天下之本在家”之说。习近平作为党和国家的领导人，在他的治国理政思想与实践之中对家庭的重要作用予以了高度的关注。他指出：“无论时代如何变化，无论经济社会如何发展，对一个社会来说，家庭的生活依托都不可替代，家庭的社会功能都不可替代，家庭的文明作用都不可替代。”无论过去、现在还是未来，就中国人的传统生活习惯而言，绝大多数的中国人都还是“生活在家庭之中”。可以说，“家庭是人生的第一个课堂，父母是孩子的第一任老师”。在这里，家庭既是一个人人生起点的地方，也是一个人“梦想启航的地方”。有鉴于此，习近平特别强调“我们都要重视家庭建设，注重家庭、注重家教、注重家风”的问题。只有每一个家庭都既承担起“帮助孩子扣好人生的第一粒扣子，迈好人生的第一个台阶”的重担，又承载起帮助孩子“在为家庭谋幸福、为他人送温暖、为社会作贡献的过程中提高精神境界、培育文明风尚”的重任，这样家庭培养出来的孩子才能够在“自觉承担家庭责任、树立良好家风”以及为社会作出有益贡献等方面打下良好的思想基础、品德基础和人格基础。

“家风是一个家庭的精神内核”。一个家庭能否做到源远流长、薪火相传，其关键性的因素就是这个家庭里面的家风相传问题。在家风的传承问题上，家训、家规和家教起着至关重要的作用，尤其是家教的作用更不可替代。这正如习近平所指出的那样，“孩子们从牙牙学语起就开始接受家教，有什么样的家教，就有什么样的人”。因此，家长应该担负起教育后代的责任。家长特别是父母对子女的影响很大，往往可以影响一个人的一生。中国古代流传下来的孟母三迁、岳母刺字、画荻教子讲的就是这样的故事。他还以个人为例来说明家教对于自己成长的影响。在他看来，在一个家庭或者家族里面，只要家庭成员或者家族成员能够长期按照家训、家规、家教发语行事，那么，久而久之，这个家庭或者家族就会形成一种独具特色的“家风”。这样的家风“既是一个家庭的精神内核，也是一个社会的价值缩影”。它用之于家庭，不仅使其家庭成员的身心健康得以顺利地成长，而且也使家庭之中的孩子在长大之后能够顺利地“成为对国家和人民

有用的人”。

“家风是社会风气的重要组成部分。”近年来，尽管中国人民的物质生活有了极大程度的改善，但家风建设却受到了不同程度的忽视，甚至出现了一种断层的现象。这种家风断层现象的严重后果就是：对于一些手握公权之人来说，他们缺失了“勤政为民”的情操与旨趣；对于普普通通的民众来说，他们缺失了“为人处世”的基本规则与操守。对此，习近平明确指出：“家风是社会风气的重要组成部分。家庭不只是人们身体的住处，更是人们心灵的归宿。”以此唤起人们对于家风的记忆与温暖。因为，古今中外的历史都证明了这样一个道理，即“家风好，就能家道兴盛、和顺美满；家风差，难免殃及子孙、贻害社会，正所谓‘积善之家，必有余庆；积不善之家，必有余殃’。”在习近平看来，当今社会之所以会出现令人匪夷所思的种种怪象，就是由于这些年家风缺失的缘故。因为无论对于公职人员还是普通公民来说，任何一个人的“蜕化变质往往就是从生活作风不检点、生活情趣不健康开始的，往往都是从吃喝玩乐这些看似小事的地方起步的”。如果一个人在“生活作风上不检点、不正派，在道德情操上打开了缺口，出现了滑坡”，那就很难“对社会风气起到正面引导和促进作用”。

妇女在“树立良好家风方面”具有“独特作用”。妇女作为人类社会之中的一个重要群体，其在社会和家庭之中的地位与作用古今中外都有不少精辟的论述。在中国古代的传统家庭之中，虽然大部分妇女都不识字，经济上也不独立，但却扮演了十分重要的角色。正因为如此，古人一直有“闺闱乃圣贤所出之地，母教为天下太平之源”与“妻贤夫祸少，妻贪夫招罪”等之说。德国教育家福禄培尔也说过：“国民的命运，与其说是操在掌权者手中，不如说是掌握在母亲手中。”苏联教育家克鲁普斯卡娅断言：“如果你在家教育儿子，就是在教育公民了，如果你在家培养女儿，那就是在培养整个民族。”由此可见，一个民族的兴衰，一个社会的和谐，妇女在其中能够起着多么大的作用。习近平对妇女的作用重视有加。他指出，从人类社会发展的宏观层面来看，“妇女是物质文明和精神文明的创造者，是推动社会发展和进步的重要力量。没有妇女，就没有人类，就没有社会”；从中国革命、建设和改革开放的中观层面来看，党和国家“更需要我国广大妇女贡献智慧和力量”；从家庭建设的微观层面来看，由于“妇女特有的身心特点、生育和哺乳功能，决定了妇女在增进家庭和睦、科学养育后代、促进社会和谐”以及在“弘扬中华民族家庭美德、树立良好家风方面”能够发挥出其他社会群体所无法比拟的“独特作用”。所以，他特别希望“广大妇女要自觉肩负起尊老爱幼、教育子女的责任，在家庭美德建设中发挥作用，帮助孩子形成美好心灵，促使他们健康成长，长大后成为对国家和人民有用的人”。他更希望“广大妇女要发扬中华民族吃苦耐劳、自强不息的优良传统，追求积极向上、文明高尚的生活，促进形成良好社会风尚”。因为广大妇女能否这样做以及这样做的程度如何，不仅仅“关系到家庭和睦，关系到社会和谐”，更“关系到下一代健康成长”。

领导干部的家风“是领导干部作风的重要表现”。中国人自古以来都十分看重当政者的做人与做官之道，即“修其心治其身，而后可以为政于天下”“在古人看来，任何设计严密的政治体系，最终均需落实到具体个人。所以，对为政者而言，个人修养水平至关重要，可以说是安邦治国的基础所在。”党的十八大以来，习近平对领导干部的作风问题十分重视。他指出：“从近年来查处的腐败案件看，家风败坏往往是领导干部走向严重违纪违法的重要原因。”对此，他要求领导干部一定要带头抓好家风。因为“领导干部的家风，不是个人小事、家庭私事，而是领导干部作风的重要表现。各级党委（党组）要重视领导干部家风建设，把它作为加强领导班子和领导干部作风建设的一项重要内容，定期检查有关情况。”在这里，领导干部个人的作用十分重要。只有领导干部本人能够“做到廉以修身、廉以持家，培育良好家风”，他才能拥有“教育督促亲属子女和身边工作人员走正道”的资格、能力与水平。与此同时，领导干部只有“做家风建设的表率，把修身、齐家落到实处”，并保持高尚道德情操和健康生活情趣，遵纪守法、艰苦朴素，不做任何不道德的事情，才能“为全社会作表率”。领导干部只有发挥道德模范作用，把家风建设作为自身作风建设的重要内容，“弘扬真善美、抑制假恶丑”，在“营造崇德向善、见贤思齐的社会氛围”之中发挥出自己应有的作用，他才能在“为政清廉才能取信于民，秉公用权才能赢得人心”的征程之中走得愈来愈远。

今天，学习习近平这些注重家庭、家教和家风问题的论述具有十分重要的现实意义。这就是唯有“千千万万个家庭的家风好，子女教育得好”，整个社会风气才有好的基础；也唯有每一个家庭的家风好，千千万万个家庭才能“成为国家发展、民族进步、社会和谐的重要基点”。

（来源：中国共产党新闻网 2018 年 08 月 29 日 http：//theory.people.com.cn/n1/2018/0829/c40531-30257277.html.）

第三节　学校劳动教育实践

一、学校劳动教育实践概述

（一）学校劳动教育实践的内涵与特征

学校劳动教育实践，主要是指挖掘学校内一切可以利用的劳动教育资源和载体，使学生能够在学校内充分得到劳动锻炼的实践内容。

在教育部印发的《大中小学劳动教育指导纲要（试行）》中提到，普通高等学校学段劳动教育要求要强化马克思主义劳动观教育，注重围绕创新创业，结合学科专业开展生产劳动和服务性劳动，积累职业经验，培育创造性劳动能力和诚实守信的合法劳动意识。高校作为育人的重要阵地，关系到实现立德树人的根本任务，而专业人才的培养是大学教育的首要目标。所以，学校劳动教育实践有其特殊性，一是视野的开阔性，高等学校劳动教育实践的设计上要立足于社会主义教育的根本性质、国家可持续发展战略的根本需求，积极塑造健康的劳动教育生态。二是劳动的真实性，基础教育阶段的学生，受年龄阶段、个人认知等方面因素所限，学校开展的劳动教育实践以模拟劳动为主，而在大学阶段，很多劳动实践内容是以劳动的质和量来考量，例如勤工助学活动是给予一定薪酬的，真实劳动是大学劳动教育实践的主流。三是实践的创造性，在基础教育阶段，个体知识储备尚未完善，难以承担前沿探索性的工作，高校可进行多形态实践组合，结合学科和专业，开展创新性劳动实践。

（二）学校实践活动与劳动教育的融合

学校开展劳动教育实践，需要从教育理论角度出发，一是需要实践和理论相结合。劳动是实践的基本内容、主体内容，其他一切实践形式都是以劳动为基础的，实践教育与劳动教育的实质是相通的，袁隆平院士说过："书本上种不出水稻"。在学校劳动教育实践中，学校应该起着主导作用，通过实践活动升华学生的劳动品质。二是学校实践活动的设计要注重渐进性。学校要通过理论课程建设有效强化学生劳动观念，而学校实践活动是学校落实劳动教育的最主要载体，劳动教育实践的研发必须结合学生身心发展规律，结合不同学习阶段设置相应活动内容，循序渐进地加强学生的劳动教育，树立学生劳动教育价值观。三是学校实践活动的内容要促使学生掌握劳动技能。劳动教育不仅培养学生基本的劳动能力、生存能力，还是树立学生正确的劳动观念和劳动态度的重要路径。例如，可以在校园内设置劳动育人广场，让学生全程参与劳动过程，在这个过程中能掌握到更多的劳动技能，提升学生"自我管理、劳动助人"的能力。四是学校的教育场景有利于劳动教育实践活动的开展。在学校教育的场域中，校园文化的熏陶易于培养学生的劳动品质，劳动实践活动可安排、易掌控，贴近学生日常生活实际，便于综合评价。例如，应将劳动教育实践活动融入学生综合素质测评的评分体系，做到各项实践活动可记录、可测量、可呈现、可评价。

二、学校劳动教育实践的主要内容

（一）绿色校园建设

1. 绿色校园建设概述

绿色校园是1996年在《全国环境宣传教育行动纲要》中首次提出的，是指在实现其基本教育功能的基础上，以可持续发展思想为指导，在学校全面的日常管理工作中纳入有益于环境的管理措施，并持续不断地改进，充分利用学校内外的一切资源和机会全面提高师生环境素养的学校。在能够实现基本的教育功能的前提下，将环保意识与行动融入校园的教育、教学、管理和建设中，在潜移默化中促使教师和学生对环境问题的关注。让学生在接受教育的同时，能够建立起保护环境的高尚品德、责任与精神。

2. 绿色校园建设意义

在生态文明建设的大背景下，校园作为城市发展的名片，其绿色建设是其中不可或缺的一环。《中共中央国务院关于加快推进生态文明建设的意见》指出："生态文明建设是中国特色社会主义事业的重要内容，关系人民福祉，关乎民族未来，事关'两个一百年'奋斗目标和中华民族伟大复兴中国梦的实现。"但总体上看我国生态文明建设水平仍滞后于经济社会发展，资源约束趋紧，环境污染严重，生态系统退化，发展与人口资源环境之间的矛盾日益突出，已成为经济社会可持续发展的重大瓶颈制约。加快推进生态文明建设是加快转变经济发展方式、提高发展质量和效益的内在要求，是坚持以人为本、促进社会和谐的必然选择，是全面建成小康社会、实现中华民族伟大复兴中国梦的时代抉择，是积极应对气候变化、维护全球生态安全的重大举措。

习近平总书记明确指出："我们既要绿水青山，也要金山银山。宁要绿水青山，不要金山银山，而且绿水青山就是金山银山。"未来城市发展的"绿水青山"，离不开绿色校园建设。2019年10月29日，国家发展改革委员会印发《绿色生活创建行动总体方案》，提出绿色学校创建行动，以大中小学作为创建对象，开展生态文明教育，提升师生生态文明意识；打造节能环保绿色校园，提升校园绿化、美化、清洁化水平；培育绿色校园文化，组织多种形式的校内外绿色生活主题宣传；推进绿色创新研究，有条件的大学要发挥自身学科优势，加强绿色科技创新和成果转化。

高校作为传播社会先进文化、发扬优秀思想的场所，是培养社会英才、建设社会主义现代化和引领文化风尚的重要基地，同时，高校占据着引领社会发展方向的高地，具有重要的辐射功能和示范作用。因此，可以说高校是绿色发展理念培育的重要突破口。高校大学生作为掌握新知识、新科技的主要群体，是中国梦接续历史、现实和未来的传承者，是和谐社会建设的中坚力量和未来经济社会发展的推动者，也是实践和传播绿色发展理念、推动美丽中国建设的主力军。因此，高校实施绿色发展理念培育，把大学生培养成为既拥有专业知识还具备良好的绿色发展理念和强烈的生态责任感、使命感的高素质人才，意义深远且势在必行。

3. 绿色校园建设内容

（1）垃圾分类

垃圾分类，一般是指按一定规定或标准将垃圾分类储存、投放和搬运，从而转变成公共资源的一系列活动的总称。垃圾分类的目的是提高垃圾的资源价值和经济价值，力争物尽其用，减少垃圾处理量和处理设备的使用，降低处理成本，减少土地资源的消耗，具有社会、经济、生态等几方面的效益。

在学校或其他地方产生垃圾时，应将垃圾按本地区的要求做到分类储存或投放，并注意做到以下几点：一是收集垃圾时，应做到密闭收集，分类收集，防止二次污染环境，收集后应及时清理作业现场，清洁收集容器和分类垃圾桶。非垃圾压缩车直接收集的方式，应在垃圾收集容器中内置垃圾袋，通过保洁员密闭收集。二是在投放前注意纸类应尽量叠放整齐，避免揉团；瓶罐类物品应尽可能将容器内产品用尽，清理干净后投放；厨余垃圾应做到袋装、密闭投放。三是在投放时应按垃圾分类标志的提示，分别投放到指定的地点和容器中。玻璃类物品应小心轻放，以免破损。四是在投放后应注意盖好垃圾桶盖，以免垃圾污染周围环境，蚊蝇滋生。

（2）无烟校园

为贯彻落实《国务院关于实施健康中国行动的意见》，推进《健康中国行动（2019—2030年）》控烟行动实施，加强青少年控烟工作，国家卫生与健康委员会和教育部联合印发了《关于进一步加强无烟学校建设工作的通知》，用于指导各地开展无烟学校建设，营造健康向上的无烟校园环境。无烟校园意在推动校园精神文明建设的深入开展，倡导健康文明的生活方式，关爱师生身心健康，构建卫生和谐的校园。这不仅有益于学生身心健康的发展，而且对民族体质的增强和整体人群健康水平的提高以及社会良好风尚的建立都具有深远的战略意义。

烟草释放的烟雾中含有多种已知的致癌物，有充分证据表明吸烟可以导致多种恶性肿瘤，还会导致呼吸系统和心脑血管系统等多个系统疾病。香烟点燃后产生对人体有害的物质大致分为六大类：醛类、氮化物、烯烃类，这些物质对呼吸道有刺激作用；尼古丁类，可刺激交感神经，引起血管内膜损害；胺类、氰化物和重金属，这些均属毒性物质；苯并芘、砷、镉、甲基肼、氨基酚、其他放射性物质，这些物质均有致癌作用；酚类化合物和甲醛等，这些物质具有加速癌变的作用。

学生应通过各种活动、讲座、宣传栏、电子屏等方式，主动接受无烟校园宣传教育，形成无烟校园建设的良好氛围；充分了解吸烟和二手烟暴露的严重危害，不吸烟者不去尝试吸烟，吸烟者尽可能戒烟，戒烟越早越好；学校教学区、办公区、图书馆、学生宿舍等公共场所全面禁止吸烟，将学生吸烟行为作为学生日常行为规范管理的重要内容；在禁止吸烟场所劝阻他人吸烟，依法投诉举报在禁止吸烟场所吸烟行为，支持维护无烟校园；校园内禁止销售烟草制品，禁止向未成年人销烟。

（3）文明就餐

习近平总书记一直高度重视粮食安全和提倡“厉行节约、反对浪费”的社会风尚，多次强调要制止餐饮浪费行为。2013年1月，习近平就作出重要指示，要求厉行节约、反对浪费。此后，习近平总书记又多次作出重要指示，要求以刚性的制度约束、严格的制度执行、强有力的监督检查、严厉的惩戒机制，切实遏制公款消费中的各种违规违纪违法现象，并针对部分学校存在食物浪费和学生节俭意识缺乏的问题，切实加强引导和管理，培养学生勤俭节约的良好美德。

2021年4月29日，十三届全国人大常委会第二十八次会议表决通过《中华人民共和国反食品浪费法》。该法是针对实践中群众反映强烈的突出问题，以餐饮环节为切入点，聚焦食品消费及销售环节反浪费、促节约、严管控，同时注重处理好与正在起草的粮食安全保障法等有关法律的关系，对减少粮食、食品生产加工、储存运输等环节浪费作出原则性规定。作为新时代的高校学生，要积极响应国家政策、践行社会公德，节约粮食、文明就餐。“民以食为天，食以礼为上。”作为文明古国，我国的饮食文化可谓源远流长。餐桌礼仪是中华民族优秀文化的重要组成部分，它承载着尊重劳动、勤俭节约的传统美德。

（二）义务劳动

义务劳动指不计定额，不要报酬，出自自己的自由意志而进行的劳动。如今，高等教育已从精英迈向大众，成为自我提升、能量积蓄的平台。然而，不少大学生独立意识差、生存能力弱，仅会关门读书已不能适应时代的需要。如何锤炼责任担当的青春个性与经得起摔打的耐挫能力，这其中，普通劳动者的主体意识不可或缺。多一些劳动实践，才能让大学生的筋骨触摸到辛苦的味道，青年一代才会懂得珍惜、知晓体恤，真正树立起扎根基层的奋斗意识。除此之外，“义务”二字也指向乐于奉献、热心公益的快乐人格。慈善家之所以乐于慈善，是因为施者比受者更快乐、更坦荡，内在心理调节机制更为和谐、有序。大学生在义务劳动中懂得了“施”比“受”更为美好，改变以自我为中心的偏颇认知，重新拾起劳动光荣的优良传统，有利于建构新时代大学生的价值认同体系。

2020 年 4 月 3 日，习近平总书记在参加首都义务植树活动时强调：我们一起参加义务植树，既是以实际行动促进经济社会发展和生产生活秩序加快恢复，又是倡导尊重自然、爱护自然的生态文明理念，促进人与自然的和谐共生。植树造林、保护森林，是每一位适龄公民应尽的法定义务。要坚持各级领导干部带头、全社会人人动手，鼓励和引导大家从自己做起、从现在做起，一起来为祖国大地绿起来、美起来尽一分力量。

1. 校园清洁

高校校园环境具有非常鲜明的教育属性，干净整洁的校园环境是高等教育的一个隐性课程，因为校园是教育的环境，是育人的环境，是无声而又时时显效的特殊课堂，环境可以造就人才，人才可以改变环境，环境对培养和提高大学生的综合素质有着不可低估的作用。校园清洁行动也是创建全国文明校园工作的要求，是强化师生文明健康、爱护环境的有效途径。推进文明创建常态化，定期开展“美化环境、清洁校园”专项行动，让“美化环境、人人有责”成为学生的自觉行动。

在开展校园清洁行动中，学校可组织学生参加教室卫生集体清扫、义务除雪、环境卫生大整治、义务植树、拔草除废等义务劳动；也可组织学生成立义务督查队，分成多个小组定期巡查责任区的卫生和绿化情况，对乱丢垃圾、乱张贴、践踏草坪等不文明行为进行劝阻，主动清理绿化带和马路上的垃圾等，协助学校做好环境保洁和绿化维护工作；安排志愿者们在教学楼轮值，劝导同学不要将餐食带入教室，维护教学楼的良好秩序。通过良好校园环境的营造，使学生养成热爱劳动、尊重劳动的良好习惯，提高学生动手和实践的能力。在培养教育学生过程中发挥潜移默化的塑造规范和陶冶功能，进而促进学生身心健康发展和综合素质全面提高。

2. 宿舍文明建设

宿舍是大学生生活交往、学习交流、思想交汇的重要场所，也是大学生价值观塑造、习惯养成、素质提升的重要园地。宿舍文明作为社会文明的缩影，凝聚着一所高校独特的精神气质，折射出大学生的思想观念和价值取向。宿舍文明建设是大学生校园活动的重要组成部分，它仅次于大学校园课堂教学环节。据文献研究数据统计，有超过47.5% 的大学生平均每天在宿舍的时间为 10~15h。宿舍环境的好坏不仅影响着学生的情绪，还会在无形中改变人们的习惯，优美的宿舍环境会让人感觉坐在里面看书是一种享受，使人心情愉悦，形成讲文明、讲卫生的好习惯。相反，在脏乱的宿舍中久而久之人自然会变得懒散。宿舍环境的美化会潜移默化地影响到学生的成长，是文明宿舍的一个显性的标志。

宿舍环境和个人的生活习惯息息相关，而习惯是需要培养的，所以鼓励和监督是习惯养成的有效手段。著名现代文学家、教育家，曾任国立青岛大学校长的杨振生教授，在当时制定的学生宿舍舍规中，有“寄宿生每晨起床后，应将床铺等重新整理，以壮观瞻”等内容，体现了老一辈教育家对众学子“扫一屋，方能扫天下”的深厚期许。因此，形成细微的、实时的、有效的、可行的宿舍文明建设的规章制度必不可少，规章制度力求做到管理上有章可循、考评上有标准、奖惩上能分明，同时，将文明宿舍建设纳入劳动教育课程学分，定期开展文明宿舍检查，期末统一进行学时认定，从而调动学生义务劳动的积极性和主动性。

（三）勤工助学

1. 勤工助学概述

勤工助学活动是指学生在学校的组织下，利用课余时间，通过劳动取得合法报酬，用于改善学习和生活条件的实践活动。勤工助学是学校学生资助工作的重要组成部分，是提高学生综合素质和资助家庭经济困难学生的有效途径，是实现“三全育人”的有效平台。勤工助学活动坚持“立足校园、服务社会”的宗旨，按照学有余力、自愿申请、信息公开、扶困优先、竞争上岗、遵纪守法的原则，由学校在不影响正常教学秩序和学生正常学习的前提下有组织地开展。

2. 勤工助学发展历程

勤工助学在其发展的历史上，又称之为勤工俭学。在不同的时代，勤工助学的目的、内容及组织形式也各不相同。20 世纪初期，为探求救国之路，中国出版家张元济提出了“教育救国论”，主张工与读相结合、学问和生计相统一的办法，来消灭劳心与劳力的区别，进而改造社会，解救中国。在多年工读的基础上，将“俭学”与“以工俭学”二者相结合，正式提出了“勤工俭学”的口号，这也是我国近代历史上首次提出了“勤工助学”的概念。受到这种思想的影响，我国在20世纪初期掀起了留法勤工俭学的高潮，据统计，1919—1920年间，先后有20批约1600多人到达法国。

新中国成立后，勤工助学以教育与生产劳动相结合为主线，大致经历了以下三个阶段。一是新中国成立初到20世纪70年代末以“无偿劳动，获取精神收获”为主的阶段。这一时期，勤工助学主要以“参加社会主义劳动”的形式体现。二是20世纪80年代初到90年代初以“济困”为主。随着改革开放的深入，教育改革已成历史必然。1985年，高等学校废除“铁饭碗”，实行由“助”改“奖”，通过勤工助学解决生活困难成为家庭贫困学生的现实需要。三是1992年至今的“济困与成才相结合的社会实践”阶段，随着1992年高校首次尝试由免费入学改为缴费入学，为配合缴费制度的改革，勤工助学成为改革的配套措施在高校逐步推广。

3. 勤工助学设岗原则

勤工助学岗位分固定岗位和临时岗位。固定岗位是指持续一个学期以上的长期性岗位和寒暑假期间的连续性岗位；临时岗位是指不具有长期性，通过一次或几次勤工助学活动即完成任务的工作岗位。学校应积极开发校内资源，保证学生参与勤工助学的需要。校内勤工助学岗位设置应以校内教学助理、科研助理、行政管理助理和学校公共服务等为主。按照每个家庭经济困难学生月平均上岗工时原则上不低于20h为标准，测算出学期内全校每月需要的勤工助学总工时数，统筹安排、设置校内勤工助学岗位。勤工助学岗位既要满足学生需求，又要保证学生不因参加勤工助学而影响学习。学生参加勤工助学的时间原则上每周不超过8h，每月不超过40h。寒暑假勤工助学时间可根据学校的具体情况适当延长。

4. 勤工助学注意事项

第一，勤工助学活动中表现突出的学生予以表彰和奖励；对违反勤工助学相关规定的学生，可按照规定停止其勤工助学活动。对在勤工助学活动中违反校纪校规的，按照校纪校规进行教育和处理。

第二，校外用人单位聘用学生勤工助学，须向学校勤工助学管理服务组织提出申请，提供法人资格证书副本和相关的证明文件。经审核同意，学校勤工助学管理服务组织推荐适合工作要求的学生参加勤工助学活动。

第三，在校内开展勤工助学活动的，学生及用人单位须遵守国家及学校勤工助学相关管理规定。学生在校外开展勤工助学活动的，勤工助学管理服务组织必须经学校授权，代表学校与用人单位和学生三方签订具有法律效力的协议书。签订协议书并办理相关聘用手续后，学生方可开展勤工助学活动。协议书必须明确学校、用人单位和学生等各方的权利和义务，开展勤工助学活动的学生如发生意外伤害事故的处理办法以及争议解决方法。

拓展阅读

习近平在全国生态环境保护大会上的讲话
——推动我国生态文明建设迈上新台阶

一、深刻认识加强生态文明建设的重大意义

生态文明建设是关系中华民族永续发展的根本大计。中华民族向来尊重自然、热爱自然，绵延5000多年的中华文明孕育着丰富的生态文化。《易经》中说，“观乎天文，以察时变；观乎人文，以化成天下”，“财成天地之道，辅相天地之宜”。《老子》中说：“人法地，地法天，天法道，道法自然。”《孟子》中说：“不违农时，谷不可胜食也；数罟不入洿池，鱼鳖不可胜食也；斧斤以时入山林，材木不可胜用也。”《荀子》中说：“草木荣华滋硕之时，则斧斤不入山林，不夭其生，不绝其长也。”《齐民要术》中有“顺天时，量地利，则用力少而成功多”的记述。这些观念都强调要把天地人统一起来、把自然生态同人类文明联系起来，按照大自然规律活动，取之有时，用之有度，表达了我们的先人对处理人与自然关系的重要认识。

同时，我国古代很早就把关于自然生态的观念上升为国家管理制度，专门设立掌管山林川泽的机构，制定政策法令，这就是虞衡制度。《周礼》记载，设立“山虞掌山林之政令，物为之厉而为之守禁”，“林衡掌巡林麓之禁令，而平其守”。秦汉时期，虞衡制度分为林官、湖官、陂官、苑官、畴官等。虞衡制度一直延续到清代。我国不少朝代都有保护自然的律令并对违令者重惩，比如，周文王颁布的《伐崇令》规定：“毋坏室，毋填井，毋伐树木，毋动六畜。有不如令者，死无赦。”

生态兴则文明兴，生态衰则文明衰。生态环境是人类生存和发展的根基，生态环境变化直接影响文明兴衰演替。古代埃及、古代巴比伦、古代印度、古代中国四大文明古国均发源于森林茂密、水量丰沛、田野肥沃的地区。奔腾不息的长江、黄河是中华民族的摇篮，哺育了灿烂的中华文明。而生态环境衰退特别是严重的土地荒漠化则导致古代埃及、古代巴比伦衰落。我国古代一些地区也有过惨痛教训。古代一度辉煌的楼兰文明已被埋藏在万顷流沙之下，那里当年曾经是一块水草丰美之地。河西走廊、黄土高原都曾经水丰草茂，由于毁林开荒、乱砍滥伐，致使生态环境遭到严重破坏，加剧了经济衰落。唐代中叶以来，我国经济中心逐步向东、向南转移，很大程度上同西部地区生态环境变迁有关。

2018年5月4日，我们召开了纪念马克思200周年诞辰大会。我在会上特别强调，学习马克思，就要学习和实践马克思主义关于人与自然关系的思想。马克思、恩格斯认为，“人靠自然界生活”，人类在同自然的互动中生产、生活、发展，人类善待自然，自然也会馈赠人类，但“如果说人靠科学和创造性天才征服了自然力，那么自然力也对人进行报复”。恩格斯在《自然辩证法》中写道：美索不达米亚、希腊、小亚细亚以及其他各地的居民，为了得到耕地，毁灭了森林，但是他们做梦也想不到，这些地方今天竟因此而成为不毛之地，因为他们使这些地方失去了森林，也就失去了水分的积聚中心和贮藏库。阿尔卑斯山的意大利人，当他们在山南坡把那些在山北坡得到精心保护的枞树林砍光用尽时，没有预料到，这样一来，他们把本地区的高山畜牧业的根基毁掉了；他们更没有预料到，他们这样做，竟使山泉在一年中的大部分时间内枯竭了，同时在雨季又使更加凶猛的洪水倾泻到平原上。

以史为鉴，可以知兴替。我之所以反复强调要高度重视和正确处理生态文明建设问题，就是因为我国环境容量有限，生态系统脆弱，污染重、损失大、风险高的生态环境状况还没有根本扭转，并且独特的地理环境加剧了地区间的不平衡。“胡焕庸线”东南方 43% 的国土，居住着全国 94% 左右的人口，以平原、水网、低山丘陵和喀斯特地貌为主，生态环境压力巨大；该线西北方 57% 的国土，供养大约全国 6% 的人口，以草原、戈壁沙漠、绿洲和雪域高原为主，生态系统非常脆弱。说基本国情，这就是其中很重要的内容。

党的十八大以来，我们把生态文明建设作为统筹推进“五位一体”总体布局和协调推进“四个全面”战略布局的重要内容，开展一系列根本性、开创性、长远性工作，提出一系列新理念新思想新战略，生态文明理念日益深入人心，污染治理力度之大、制度出台频度之密、监管执法尺度之严、环境质量改善速度之快前所未有，推动生态环境保护发生历史性、转折性、全局性变化。

我对生态环境工作历来看得很重。在正定、厦门、宁德、福建、浙江、上海等地工作期间，都把这项工作作为一项重大工作来抓。党的十八大以来，我分别就严重破坏生态环境事件以及长江经济带“共抓大保护、不搞大开发”作出指示批示，要求严肃查处，扭住不放，一抓到底，不彻底解决绝不松手，确保绿水青山常在、各类自然生态系统安全稳定。

党的十八大以来，我们通过全面深化改革，加快推进生态文明顶层设计和制度体系建设，相继出台《关于加快推进生态文明建设的意见》《生态文明体制改革总体方案》，制定了 40 多项涉及生态文明建设的改革方案，从总体目标、基本理念、主要原则、重点任务、制度保障等方面对生态文明建设进行全面系统部署安排。生态文明建设目标评价考核、自然资源资产离任审计、生态环境损害责任追究等制度出台实施，主体功能区制度逐步健全，省以下环保机构监测监察执法垂直管理、生态环境监测数据质量管理、排污许可、河（湖）长制、禁止洋垃圾入境等环境治理制度加快推进，绿色金融改革、自然资源资产负债表编制、环境保护税开征、生态保护补偿等环境经济政策制定和实施进展顺利。京津冀大气污染治理、长江经济带生态环境保护取得阶段性成效。我们还制定和修改环境保护法、环境保护税法以及大气、水污染防治法和核安全法等法律。全国人大常委会、最高人民法院、最高人民检察院对环境污染和生态破坏界定入罪标准，加大惩治力度，形成高压态势。

特别是中央环境保护督察制度建得好、用得好，敢于动真格，不怕得罪人，咬住问题不放松，成为推动地方党委和政府及其相关部门落实生态环境保护责任的硬招实招。

我们大力推动绿色发展，取得明显成效。国土空间布局得到优化，京津冀、长江经济带省区市和宁夏等15个省区市的生态保护红线已经划定。供给侧结构性改革深入推进，产业结构不断优化，一大批高污染企业有序退出，京津冀及周边地区“散乱污”企业整治力度空前。能源消费结构发生积极变化，我国成为世界利用新能源和可再生能源第一大国。全面节约资源有效推进，资源消耗强度大幅下降。

我们深入实施大气、水、土壤污染防治三大行动计划，我国是世界上第一个大规模开展PM2.5治理的发展中大国，形成全世界最大的污水处理能力。同2013年相比，2017年全国338个地级及以上城市可吸入颗粒物（PM10）平均浓度下降22.7%，京津冀地区PM2.5平均浓度下降39.6%，北京PM2.5平均浓度从89.5微克/立方米降至58微克/立方米。地表水国控断面Ⅰ～Ⅲ类水体比例增加到67.9%，劣Ⅴ类水体比例下降到8.3%。森林覆盖率由本世纪初的16.6%提高到22%左右。

我国率先发布《中国落实2030年可持续发展议程国别方案》，实施《国家应对气候变化规划（2014—2020年）》，向联合国交存《巴黎协定》批准文书。我国消耗臭氧层物质的淘汰量占发展中国家总量的50%以上，成为对全球臭氧层保护贡献最大的国家。2017年，同联合国环境署等国际机构一道发起，建立“一带一路”绿色发展国际联盟。

经过不懈努力，我国生态环境质量持续改善。同时，必须清醒看到，我国生态文明建设挑战重重、压力巨大、矛盾突出，推进生态文明建设还有不少难关要过，还有不少硬骨头要啃，还有不少顽瘴痼疾要治，形势仍然十分严峻。

总体上看，我国生态环境质量持续好转，出现了稳中向好趋势，但成效并不稳固，稍有松懈就有可能出现反复，犹如逆水行舟，不进则退。生态文明建设正处于压力叠加、负重前行的关键期，已进入提供更多优质生态产品以满足人民日益增长的优美生态环境需要的攻坚期，也到了有条件有能力解决生态环境突出问题的窗口期。我国经济已由高速增长阶段转向高质量发展阶段，需要跨越一些常规性和非常规性关口。这是一个凤凰涅槃的过程。如果现在不抓紧，将来解决起来难度会更高、代价会更大、后果会更重。我们必须咬紧牙关，爬过这个坡，迈过这道坎。

到2020年全面建成小康社会，是我们党向人民作出的庄严承诺。不能一边宣布全面建成小康社会，一边生态环境质量仍然很差，这样人民不会认可，也经不起历史检验。不管有多么艰难，都不可犹豫、不能退缩，要以壮士断腕的决心、背水一战的勇气、攻城拔寨的拼劲，坚决打好污染防治攻坚战。各级党委和政府要自觉把经济社会发展同生态文明建设统筹起来，坚持党委领导、政府主导、企业主体、公众参与，坚决摒弃“先污染、后治理”的老路，坚决摒弃损害甚至破坏生态环境的增长模式。要充分发挥党的领导和我国社会主义制度能够集中力量办大事的政治优势，充分利用改革开放40年来积累的坚实物质基础，加大力度推进生态文明建设、解决生态环境问题。

二、加强生态文明建设必须坚持的原则

生态环境是关系党的使命宗旨的重大政治问题，也是关系民生的重大社会问题。我们党历来高度重视生态环境保护，把节约资源和保护环境确立为基本国策，把可持续发展确立为国家战略。随着经济社会发展和实践深入，我们对中国特色社会主义总体布局的认识不断深化，从当年的“两个文明”到“三位一体”“四位一体”，再到今天的“五位一体”，这是重大理论和实践创新，更带来了发展理念和发展方式的深刻转变。

现在，随着我国社会主要矛盾转化为人民日益增长的美好生活需要和不平衡不充分的发展之间的矛盾，人民群众对优美生态环境需要已经成为这一矛盾的重要方面，广大人民群众热切期盼加快提高生态环境质量。人民对美好生活的向往是我们党的奋斗目标，解决人民最关心最直接最现实的利益问题是执政党使命所在。人心是最大的政治。我们要积极回应人民群众所想、所盼、所急，大力推进生态文明建设，提供更多优质生态产品，不断满足人民日益增长的优美生态环境需要。

人类是命运共同体，保护生态环境是全球面临的共同挑战和共同责任。生态文明建设做好了，对中国特色社会主义是加分项，反之就会成为别有用心的势力攻击我们的借口。人类进入工业文明时代以来，传统工业化迅猛发展，在创造巨大物质财富的同时也加速了对自然资源的攫取，打破了地球生态系统原有的循环和平衡，造成人与自然关系紧张。从20世纪30年代开始，一些西方国家相继发生多起环境公害事件，损失巨大，震惊世界，引发了人们对资本主义发展模式的深刻反思。在人类200多年的现代化进程中，实现工业化的国家不超过30个、人口不超过10亿。在我们这个13亿多人口的最大发展中国家推进生态文明建设，建成富强民主文明和谐美丽的社会主义现代化强国，其影响将是世界性的。

党的十八大以来，我们党深刻回答了为什么建设生态文明、建设什么样的生态文明、怎样建设生态文明的重大理论和实践问题，提出了一系列新理念新思想新战略。新时代推进生态文明建设，必须坚持好以下原则。

一是坚持人与自然和谐共生。人与自然是生命共同体。生态环境没有替代品，用之不觉，失之难存。“天地与我并生，而万物与我为一。”“天不言而四时行，地不语而百物生。”当人类合理利用、友好保护自然时，自然的回报常常是慷慨的；当人类无序开发、粗暴掠夺自然时，自然的惩罚必然是无情的。人类对大自然的伤害最终会伤及人类自身，这是无法抗拒的规律。“万物各得其和以生，各得其养以成”。这方面有很多鲜活生动的事例。始建于战国时期的都江堰，距今已有2000多年历史，就是根据岷江的洪涝规律和成都平原悬江的地势特点，因势利导建设的大型生态水利工程，不仅造福当时，而且泽被后世。

在整个发展过程中，我们都要坚持节约优先、保护优先、自然恢复为主的方针，不能只讲索取不讲投入，不能只讲发展不讲保护，不能只讲利用不讲修复，要像保护眼睛一样保护生态环境，像对待生命一样对待生态环境，多谋打基础、利长远的善事，多干保护自然、修复生态的实事，多做治山理水、显山露水的好事，让群众望得见山、看得见水、记得住乡愁，让自然生态美景永驻人间，还自然以宁静、和谐、美丽。

二是绿水青山就是金山银山。这是重要的发展理念，也是推进现代化建设的重大原则。绿水青山就是金山银山，阐述了经济发展和生态环境保护的关系，揭示了保护生态环境就是保护生产力、改善生态环境就是发展生产力的道理，指明了实现发展和保护协同共生的新路径。绿水青山既是自然财富、生态财富，又是社会财富、经济财富。保护生态环境就是保护自然价值和增值自然资本，就是保护经济社会发展潜力和后劲，使绿水青山持续发挥生态效益和经济社会效益。

生态环境问题归根结底是发展方式和生活方式问题，要从根本上解决生态环境问题，必须贯彻创新、协调、绿色、开放、共享的发展理念，加快形成节约资源和保护环境的空间格局、产业结构、生产方式、生活方式，把经济活动、人的行为限制在自然资源和生态环境能够承受的限度内，给自然生态留下休养生息的时间和空间。要加快划定并严守生态保护红线、环境质量底线、资源利用上线三条红线。对突破三条红线、仍然沿用粗放增长模式、吃祖宗饭砸子孙碗的事，绝对不能再干，绝对不允许再干。在生态保护红线方面，要建立严格的管控体系，实现一条红线管控重要生态空间，确保生态功能不降低、面积不减少、性质不改变。在环境质量底线方面，将生态环境质量只能更好、不能变坏作为底线，并在此基础上不断改善，对生态破坏严重、环境质量恶化的区域必须严肃问责。在资源利用上线方面，不仅要考虑人类和当代的需要，也要考虑大自然和后人的需要，把握好自然资源开发利用的度，不要突破自然资源承载能力。

三是良好生态环境是最普惠的民生福祉。民之所好好之，民之所恶恶之。环境就是民生，青山就是美丽，蓝天也是幸福。发展经济是为了民生，保护生态环境同样也是为了民生。既要创造更多的物质财富和精神财富以满足人民日益增长的美好生活需要，也要提供更多优质生态产品以满足人民日益增长的优美生态环境需要。要坚持生态惠民、生态利民、生态为民，重点解决损害群众健康的突出环境问题，加快改善生态环境质量，提供更多优质生态产品，努力实现社会公平正义，不断满足人民日益增长的优美生态环境需要。

生态文明是人民群众共同参与共同建设共同享有的事业，要把建设美丽中国转化为全体人民自觉行动。每个人都是生态环境的保护者、建设者、受益者，没有哪个人是旁观者、局外人、批评家，谁也不能只说不做、置身事外。要增强全民节约意识、环保意识、生态意识，培育生态道德和行为准则，开展全民绿色行动，动员全社会都以实际行动减少能源资源消耗和污染排放，为生态环境保护作出贡献。

四是山水林田湖草是生命共同体。生态是统一的自然系统，是相互依存、紧密联系的有机链条。人的命脉在田，田的命脉在水，水的命脉在山，山的命脉在土，土的命脉在林和草，这个生命共同体是人类生存发展的物质基础。一定要算大账、算长远账、算整体账、算综合账，如果因小失大、顾此失彼，最终必然对生态环境造成系统性、长期性破坏。

要从系统工程和全局角度寻求新的治理之道，不能再是头痛医头、脚痛医脚，各管一摊、相互掣肘，而必须统筹兼顾、整体施策、多措并举，全方位、全地域、全过程开展生态文明建设。比如，治理好水污染、保护好水环境，就需要全面统筹左右岸、上下游、陆上水上、地表地下、河流海洋、水生态水资源、污染防治与生态保护，达到系统治理的最佳效果。要深入实施山水林田湖草一体化生态保护和修复，开展大规模国土绿化行动，加快水土流失和荒漠化石漠化综合治理。推动长江经济带发展，要共抓大保护，不搞大开发，坚持生态优先、绿色发展，涉及长江的一切经济活动都要以不破坏生态环境为前提。

五是用最严格制度最严密法治保护生态环境。保护生态环境必须依靠制度、依靠法治。我国生态环境保护中存在的突出问题大多同体制不健全、制度不严格、法治不严密、执行不到位、惩处不得力有关。要加快制度创新，增加制度供给，完善制度配套，强化制度执行，让制度成为刚性的约束和不可触碰的高压线。要严格用制度管权治吏、护蓝增绿，有权必有责、有责必担当、失责必追究，保证党中央关于生态文明建设决策部署落地生根见效。

奉法者强则国强，奉法者弱则国弱。令在必信，法在必行。制度的生命力在于执行，关键在真抓，靠的是严管。我们已出台一系列改革举措和相关制度，要像抓中央环境保护督察一样抓好落实。制度的刚性和权威必须牢固树立起来，不得做选择、搞变通、打折扣。要落实领导干部生态文明建设责任制，严格考核问责。对那些不顾生态环境盲目决策、造成严重后果的人，必须追究其责任，而且应该终身追责。对破坏生态环境的行为不能手软，不能下不为例。要下大气力抓住破坏生态环境的反面典型，释放出严加惩处的强烈信号。对任何地方、任何时候、任何人，凡是需要追责的，必须一追到底，决不能让制度规定成为“没有牙齿的老虎”。

六是共谋全球生态文明建设。生态文明建设关乎人类未来，建设绿色家园是人类的共同梦想，保护生态环境、应对气候变化需要世界各国同舟共济、共同努力，任何一国都无法置身事外、独善其身。我国已成为全球生态文明建设的重要参与者、贡献者、引领者，主张加快构筑尊崇自然、绿色发展的生态体系，共建清洁美丽的世界。要深度参与全球环境治理，增强我国在全球环境治理体系中的话语权和影响力，积极引导国际秩序变革方向，形成世界环境保护和可持续发展的解决方案。要坚持环境友好，引导应对气候变化国际合作。要推进“一带一路”建设，让生态文明的理念和实践造福沿线各国人民。

三、坚决打好污染防治攻坚战

在党的十九大报告中，我强调要突出抓重点、补短板、强弱项，特别是要坚决打好防范化解重大风险、精准脱贫、污染防治的攻坚战，使全面建成小康社会得到人民认可、经得起历史检验。现在，我们就要集中优势兵力，采取更有效的政策举措，打好这场攻坚战。

第一，加快构建生态文明体系。加快解决历史交汇期的生态环境问题，必须加快建立健全以生态价值观念为准则的生态文化体系，以产业生态化和生态产业化为主体的生态经济体系，以改善生态环境质量为核心的目标责任体系，以治理体系和治理能力现代化为保障的生态文明制度体系，以生态系统良性循环和环境风险有效防控为重点的生态安全体系。

要通过加快构建生态文明体系，使我国经济发展质量和效益显著提升，确保到2035年节约资源和保护环境的空间格局、产业结构、生产方式、生活方式总体形成，生态环境质量实现根本好转，生态环境领域国家治理体系和治理能力现代化基本实现，美丽中国目标基本实现。到21世纪中叶，建成富强民主文明和谐美丽的社会主义现代化强国，物质文明、政治文明、精神文明、社会文明、生态文明全面提升，绿色发展方式和生活方式全面形成，人与自然和谐共生，生态环境领域国家治理体系和治理能力现代化全面实现，建成美丽中国。

第二，全面推动绿色发展。绿色是生命的象征、大自然的底色，更是美好生活的基础、人民群众的期盼。绿色发展是新发展理念的重要组成部分，与创新发展、协调发展、开放发展、共享发展相辅相成、相互作用，是全方位变革，是构建高质量现代化经济体系的必然要求，目的是改变传统的“大量生产、大量消耗、大量排放”的生产模式和消费模式，使资源、生产、消费等要素相匹配相适应，实现经济社会发展和生态环境保护协调统一、人与自然和谐共处。

加快形成绿色发展方式，是解决污染问题的根本之策。只有从源头上使污染物排放大幅降下来，生态环境质量才能明显好上去。重点是调结构、优布局、强产业、全链条。调整经济结构和能源结构，既提升经济发展水平，又降低污染排放负荷。对重大经济政策和产业布局开展规划环评，优化国土空间开发布局，调整区域流域产业布局。培育壮大节能环保产业、清洁生产产业、清洁能源产业，发展高效农业、先进制造业、现代服务业。推进资源全面节约和循环利用，实现生产系统和生活系统循环链接。

绿色生活方式涉及老百姓的衣食住行。要倡导简约适度、绿色低碳的生活方式，反对奢侈浪费和不合理消费。广泛开展节约型机关、绿色家庭、绿色学校、绿色社区创建活动，推广绿色出行，通过生活方式绿色革命，倒逼生产方式绿色转型。

第三，把解决突出生态环境问题作为民生优先领域。有利于百姓的事再小也要做，危害百姓的事再小也要除。打好污染防治攻坚战，就要打几场标志性的重大战役，集中力量攻克老百姓身边的突出生态环境问题。当前，重污染天气、黑臭水体、垃圾围城、农村环境已成为民心之痛、民生之患，严重影响人民群众生产生活，老百姓意见大、怨言多，甚至成为诱发社会不稳定的重要因素，必须下大气力解决好这些问题。要集中优势兵力，动员各方力量，群策群力，群防群治，一个战役一个战役打，打一场污染防治攻坚的人民战争。

坚决打赢蓝天保卫战是重中之重。这既是国内民众的迫切期盼，也是我们就办好北京冬奥会向国际社会作出的承诺。要以京津冀及周边、长三角、汾渭平原等为主战场，以北京为重点，以空气质量明显改善为刚性要求，强化联防联控，基本消除重污染天气，还老百姓蓝天白云、繁星闪烁。要调整产业结构，减少过剩和落后产能，增加新的增长动能。要推进达标排放，降低重点行业污染物排放，实施火电、钢铁等重点行业超低排放改造。要在全国推开“散乱污”企业治理，坚决关停取缔一批，整改提升一批，搬迁入园一批。要调整能源结构，减少煤炭消费比重，加快清洁能源发展。要坚持因地制宜、多措并举，宜电则电、宜气则气，坚定不移推进北方地区冬季清洁取暖，加快天然气产供储销体系建设，优化天然气来源布局，加强管网互联互通，保障气源供应。要提供补贴政策和价格支持，确保“煤改气”“煤改电”后老百姓用得上、用得起。要加大燃煤小锅炉淘汰力度，暂停一部分污染重的煤电机组，加快升级改造。要调整运输结构，减少公路运输量，增加铁路运输量。要抓紧治理柴油货车污染，推动货运经营整合升级、提质增效，加快规模化发展、连锁化经营。

要深入实施水污染防治行动计划，打好水源地保护、城市黑臭水体治理、渤海综合治理、长江保护修复攻坚战，保障饮用水安全，基本消灭城市黑臭水体，还给老百姓清水绿岸、鱼翔浅底的景象。在治水上有不少问题要解决，其中有一个问题非常迫切，就是要加快补齐城镇污水收集和处理设施短板。这方面欠账太多。根据中央环境保护督察提供的情况，甚至一些直辖市、沿海发达省份、经济特区都有大量污水直排。要定个硬目标，全力攻克，尽快实现污水管网全覆盖、全收集、全处理。否则，一边治，一边排，效果就会事倍功半。

要全面落实土壤污染防治行动计划，推动制定和实施土壤污染防治法。突出重点区域、行业和污染物，强化土壤污染管控和修复，有效防范风险，让老百姓吃得放心、住得安心。要全面禁止洋垃圾入境，大幅减少进口固体废物种类和数量，严厉打击危险废物破坏环境违法行为，坚决遏制住危险废物非法转移、倾倒、利用和处理处置。

农村环境直接影响米袋子、菜篮子、水缸子、城镇后花园。要调整农业投入结构，减少化肥农药使用量，增加有机肥使用比重，完善废旧地膜回收处理制度。要持续开展农村人居环境整治行动，实现全国行政村环境整治全覆盖，基本解决农村的垃圾、污水、厕所问题，打造美丽乡村，为老百姓留住鸟语花香田园风光。

生态保护和污染防治密不可分、相互作用。其中，污染防治好比是分子，生态保护好比是分母，要对分子做好减法降低污染物排放量，对分母做好加法扩大环境容量，协同发力。要严格管控生态保护红线，实现山水林田湖草系统监管和事前事中事后的全过程监管。要推进城镇留白增绿，使老百姓享有惬意生活休闲空间。

第四，有效防范生态环境风险。生态环境安全是国家安全的重要组成部分，是经济社会持续健康发展的重要保障。“图之于未萌，虑之于未有。”要始终保持高度警觉，防止各类生态环境风险积聚扩散，做好应对任何形式生态环境风险挑战的准备。

要把生态环境风险纳入常态化管理，系统构建全过程、多层级生态环境风险防范体系，严密防控垃圾焚烧、对二甲苯（PX）等重点领域生态环境风险，推进“邻避”问题防范化解，破解涉环保项目“邻避”问题，着力提升突发环境事件应急处置能力。要加强核与辐射安全监管，健全监管体系，完善监管机制，提升监管能力，确保万无一失。

第五，加快推进生态文明体制改革落地见效。生态文明体制改革是全面深化改革的重要领域，要以解决生态环境领域突出问题为导向，抓好已出台改革举措的落地，及时制定新的改革方案。对涉及生态文明体制改革的一些重要举措要尽快到位、发挥作用。中央环境保护督察要强化权威，加强力量配备，向纵深发展。要探索政府主导、企业和社会各界参与、市场化运作、可持续的生态产品价值实现路径，开展试点，积累经验。要健全环保信用评价、信息强制性披露、严惩重罚等制度。

这次深化党和国家机构改革，党中央决定组建生态环境部。主要考虑有两点：一是在污染防治上改变九龙治水的状况，整合职能，为打好污染防治攻坚战提供支撑。二是在生态保护修复上强化统一监管，坚决守住生态保护红线。要打通地上和地下、岸上和水里、陆地和海洋、城市和农村、一氧化碳和二氧化碳，贯通污染防治和生态保护，加强生态环境保护统一监管。生态环境部门要履行好职责，统一政策规划标准制定，统一监测评估，统一监督执法，统一督察问责。要整合组建生态环境保护综合执法队伍，按照减少层次、整合队伍、提高效率的原则，优化职能配置，统一实行生态环境保护执法。要健全区域流域海域生态环境管理体制，推进跨地区环保机构试点，整合相关部门和地方政府大气环境管理职责；加快组建流域环境监管执法机构，增强流域环境监管和行政执法合力。要完善海域生态环境管理体制，按海域设置监管机构。

第六，提高环境治理水平。环境治理是系统工程，需要综合运用行政、市场、法治、科技等多种手段。要充分运用市场化手段，推进生态环境保护市场化进程，撬动更多社会资本进入生态环境保护领域。要完善资源环境价格机制，将生态环境成本纳入经济运行成本。要采取多种方式支持政府和社会资本合作项目。生态环境保护该花的钱必须花，该投的钱决不能省。要坚持资金投入同污染防治攻坚任务相匹配。要加强大气重污染成因研究和治理、京津冀环境综合治理重大项目等科技攻关，对臭氧、挥发性有机物以及新的污染物治理开展专项研究和前瞻研究，对涉及经济社会发展的重大生态环境问题开展对策性研究，加快成果转化与应用，为科学决策、环境管理、精准治污、便民服务提供支撑。要实施积极应对气候变化国家战略，推动和引导建立公平合理、合作共赢的全球气候治理体系，彰显我国负责任大国形象，推动构建人类命运共同体。

四、加强党对生态文明建设的领导

打好污染防治攻坚战时间紧、任务重、难度大，是一场大仗、硬仗、苦仗，必须加强党的领导。党中央、国务院印发《关于全面加强生态环境保护坚决打好污染防治攻坚战的意见》，对打好污染防治攻坚战作出全面部署。各地区各部门要增强“四个意识”，坚决维护党中央权威和集中统一领导，坚决担负起生态文明建设的政治责任，全面贯彻落实党中央决策部署。

地方各级党委和政府主要领导是本行政区域生态环境保护第一责任人，对本行政区域的生态环境质量负总责，要做到重要工作亲自部署、重大问题亲自过问、重要环节亲自协调、重要案件亲自督办，压实各级责任，层层抓落实。各相关部门要履行好生态环境保护职责，谁的孩子谁抱，管发展的、管生产的、管行业的部门必须按“一岗双责”的要求抓好工作。要抓紧出台中央和国家机关相关部门生态环境保护责任清单，使各部门守土有责、守土尽责，分工协作、共同发力。各级人大及其常委会要把生态文明建设作为重点工作领域，开展执法检查，定期听取并审议同级政府工作情况报告。

要建立科学合理的考核评价体系，考核结果作为各级领导班子和领导干部奖惩和提拔使用的重要依据。要实施最严格的考核问责。“刑赏之本，在乎劝善而惩恶。”对那些损害生态环境的领导干部，只有真追责、敢追责、严追责，做到终身追责，制度才不会成为“稻草人”“纸老虎”“橡皮筋”。有些地方生态环境问题多发频发，被约谈、被曝光，当地党政负责人不但没受处罚，反倒升迁了、重用了，真是咄咄怪事！这种事情决不允许再发生！要狠抓一批反面典型，特别是要抓住破坏生态环境的典型案例不放，严肃查处，以正视听，以儆效尤。

要建设一支生态环境保护铁军，政治强、本领高、作风硬、敢担当，特别能吃苦、特别能战斗、特别能奉献。打好污染防治攻坚战，是得罪人的事。各级党委和政府要关心、支持生态环境保护队伍建设，主动为敢干事、能干事的干部撑腰打气。

建设生态文明的时代责任已经落在了我们这代人的肩上。全党全国各族人民要紧密团结在党中央周围，齐心协力，攻坚克难，大力推进生态文明建设，为全面建成小康社会、开创美丽中国建设新局面而努力奋斗！

（来源：《求是》2019 年第 3 期。）

第四节　社会劳动教育实践

一、社会劳动教育实践概述

（一）社会劳动教育实践的内涵

社会劳动教育实践是在社会环境中开展以劳动观念、劳动技能、劳动实践和劳模精神等为主要内容的理论和实践教育，促进新时代大学生德智体美劳等全面发展，培养出更适应社会的新时代德智体美劳全面发展的新型劳动人才。托马斯·莫尔最早提出并实施教育与生产劳动相结合的教学方式，在他幻想的乌托邦中，劳动教育建立在没有剥削、人人劳动的基础上，“几乎所有人都必须从事农业和手工业这类普遍的生产劳动以及接受劳动教育。”在我国古代虽然没有明确出现“劳动教育”一词，但劳动教育早在我国的耕读文化中得以充分体现。白天从事农业劳动和晚上挑灯读书相结合的耕读文化与实践和学习相统一的劳动教育在一定程度上是不谋而合的。可以看出，社会劳动教育实践助益于促进学生劳动智慧、创新思维和创造能力的发展，以满足其未来生活和职业发展的需要，更重要的是通过劳动这一自由自觉的活动，能够培养学生正确的劳动价值观念及热爱劳动和劳动人民的积极情感，促使他们不断成长为“拥有自由个性的全面发展的人”。

（二）社会劳动教育实践的意义

1. 提升学生的综合素质

教育的目的是培养对社会有用的人才，学生在校学习的最终目的是要学以致用，为以后的社会生活积累必要的知识储备。社会劳动教育实践活动具有实践性、开放性、自主性等特点，为学生综合素质的提升，特别是实践能力和创新精神的培养，提供了广阔的舞台，是全面实施素质教育的良好载体。学生在实践的过程中，通过策划、参与、思考、解决问题等过程，将所学的书本知识转化为自身能力，全面提升学生的思想觉悟、求真精神和务实的品质，同时也培养了学生积极向上、珍爱美好生活的优良心理素质。

2. 增强学生的社会适应能力

社会劳动教育实践是学生个人走向社会的一个重要锻炼环节，也是教育与实践相结合的具体体现。实践是劳动教育教学内容的首要组成部分，主要以学生个人主动参与及体验为主，是巩固所学知识、消化新知识、发展智能的重要途径，它不受教学大纲内容的限制，在这个校外课堂里，学生可以自由驰骋，发挥自己的才能。学生可以充分利用在校期间的以学习为主、充分掌握科技知识的有利条件，在社会这个大熔炉中磨炼自己，真正锻炼和提高自己的适应能力。同时，通过必要的社会实践来获取学分，也是劳动教育课程的要求。

3. 激发学生对社会问题的思考

组织学生参加社会劳动教育实践活动，有助于学生接触社会大众、了解社会。学生在实践过程中，需要走出校门、离开书本、踏入社会，通过融入社会、贴近自然、感触生活，增强对社会现象的认识与理解、体验与感悟，经过个人归纳总结，发展思考能力，从而增强社会责任意识，这是一个长期积累、沉淀的过程。

4. 促进学生全面协调发展

新世纪的社会发展表明：世界各国所需要的人才，仍然是素质全面发展的现代人。这就要求我们的教育必须从根本上摆脱“应试教育”思想的影响，全力转移到全面提高国民素质的轨道上来。培养全面素质的人才，加强社会劳动教育实践是十分重要的一环。正是基于这样的认识，我们要主动激发学生走出校园和书本，不再关起门来读书，积极参加劳动，接触社会实践，深入工厂、企业和农村，深入了解工人、农民们的所思所想，主动培养和增进与劳动人民的感情。学校、社区、居委会（街道）和家庭，要把社会劳动实践教育作为当前推进素质教育的重要环节和突破口，作为促进青年学生在新时代、新形势下“五育并举”育人模式的重要手段。

5. 推动素质教育实施全面化

加强社会劳动教育实践，是新的历史条件下全面推进素质教育的重大课题。作为新时代的大学生应该具备以下素质：一是道德层面，应培养学生爱祖国、爱人民、爱集体、爱劳动、爱科学的崇高情感，应培养学生成为社会主义现代化建设事业的“四有”新人；二是知识层面，要让学生掌握科学文化知识，要坚定不移地抓好学科建设和教学工作；三是能力层面，对学生来讲，主要能力就是学习能力、实践能力、动手能力和创新精神。社会劳动教育实践是校内教育和校外教育有机结合的重要载体，是课堂教育有益的延伸和补充，是全面实施素质教育的重要途径。

6. 促进社会和谐

在互联网飞速发展的今天，学生面临诸多诱惑和困惑，对人生意义和价值的探寻显得更为必要。一方面，受不良信息的侵袭，人们的心态越来越浮躁，许多年轻人被一夜暴富、一日成名鼓噪着，梦想快速成功、成名、发财，不劳而获的现象日益严重，追求“短、平、快”的功利主义思想大为流行。另一方面，一些人基于自身能力和条件、社会环境、工作压力等原因，逐渐失去了追逐梦想的动力。通过社会劳动教育实践，可以让人回归本心，在简单平实的实践活动中，找回踏实、安宁、幸福的氛围，再造社会根基，助力社会和谐。

二、社会劳动教育实践的主要形式

（一）创新创业教育

1. 创新创业教育的内涵

创新创业教育是以培养具有创业基本素质和开创型个性的人才为目标，不仅仅是以培育在校学生的创业意识、创新精神、创新创业能力为主的教育，而是要面向全社会，针对那些打算创业、已经创业、成功创业的创业群体，分阶段、分层次进行创新思维培养和创业能力锻炼的教育。创新创业教育本质上是一种实用教育，作为教育现代化的重要组成部分，关系到人才培养的质量与学生职业生涯的发展。哈佛大学拉克教授曾说：“如果一个梦想成功的人在创业时能具体策划、拥有技术与创意，他离成功就只有咫尺之遥。”高校青年学子若想创新创业取得成功，除争取获得政府政策扶持外，具备创业思维也是一个重要影响因素。创新创业教育作为专业教育和通识教育的有力补充，应将塑造高校青年学子创业思维作为高校创新创业教育的核心内容。

2. 创新创业教育的意义

（1）有利于推动我国经济结构调整

推进大众创业、万众创新，是发展的动力之源，也是富民之道、公平之计、强国之策。2015 年，中央经济工作会议明确提出，坚持深入实施创新驱动发展战略，推进大众创业、万众创新，依靠改革创新加快新动能成长和传统动能改造提升。“大众创业、万众创新”有助于推动我国经济结构调整、打造发展新引擎、增强发展新动力、走创新驱动发展道路。推进“大众创业、万众创新”，既可以在最大范围内推动人、财、物等各种市场要素自由流动，更可以促进不合理的体制实现改革突破，最终提升整个经济的运行效率。因此，我们为越来越多的大学生愿意赴基层实现梦想而喝彩，为大量城市“白领”“金领”有勇气从头创业而叫好，为已经取得成功却再起航的二次创业者而鼓掌，更期待着政府部门能够与创业创新者良性互动，使我们的经济社会发展充满动力与活力。

（2）有利于使人力资源转化为人力资本

我国高校人才培养模式过于单一化、简单化、模式化，教育内容偏重于通识教育，学科专业特点不足，导致大学生就业竞争力不强。创建创新型国家需要高校培养更多具有创新精神、勇于实践、善于经营的创新型人才。“大众创业、万众创新”可以促使众多的“点子”变为现实，从而涌现出更多各方面的“专业人士”，让人力资源转化为人力资本，更好地发挥我国人力资源雄厚的优势。

（3）有利于增强我国的总体竞争力

随着经济国际化、全球化的发展，世界各国的竞争日益突出，经济的竞争就是科技的竞争，其直接表现为人才的竞争。创新创业教育旨在培养学生的思维灵活性、敏捷性和创造性，培养出具有独创能力，能够提出问题、解决问题、有积极进取开拓精神的人才，使其在面向现代化、面向世界、面向未来的经济开放型社会中立于不败之地。培养综合素质高、创新创业能力强的高素质人才是提高我国国际综合竞争实力的迫切要求。

3. 创新创业实践的内容

（1）意识培养

在具体实践中，要启蒙学生的创新意识和创业精神，使学生了解创新型人才的素质能力要求，了解创业的概念、要素与特征等，使学生掌握开展创新创业活动所需要的基本知识。注重创新创业意识的培养，首先，要将创业精神提升到为社会创造财富、为社会做贡献和自我价值实现的高度；其次，要从观念上改变单纯为准备创业的学生、少数人进行创业教育的做法，真正把创业教育作为促进大学生素质全面提升的推进器，从而将创业教育的思想融会贯通到高校教育的全过程；最后，要建立长效、合理、易操作的评价制度和激励机制，激发广大师生参与创新创业的热情。

（2）能力提升

创新创业能力教育包括让大学生掌握创新创业所具备的基本技能、职业技术能力、经营管理能力、社会实践能力等。培养大学生创新创业能力，实践是关键。只有把课堂所学的知识通过形式多样的课外活动，尤其是广泛的社会实践活动，才能使学生的创新创业能力真正得以提高。一是要通过各种新闻媒介广泛宣传成功企业家和自主创业的先进典型，通过他们的事迹鼓励大学生树立创新创业的信心；二是社会和学校要开展各类大学生创新创业大赛，为大学生打造创新创业平台；三是借助一切资源，鼓励、扶植更多具备自主创业素养的大学生凭借知识、智慧和胆识去开创能发挥一己之长的事业；四是形成以项目为载体、以团队或社团为组织形式的“创业教育”实践群体，让大学生的创业动力在具体实践中找到恰当的结合点。

（3）环境认知

创新创业实践的开展能够引导学生认知当今企业及行业环境，了解创业机会，把握创业风险，掌握商业模式开发的过程，设计策略及技巧等。创业环境是一种各种制度集合的环境，由文化的制度、认知的制度和法规的制度三个方面组成。文化的制度反映社会对创业者和创业活动的尊重和理解程度，与文化道德、社会规范有关；认知的制度与人们的知识、技能和信息获取有关；而法制的制度则包括法律、法规、规定和政府政策等促进和限制行为的方面。所以我们可以从资金条件、政府政策、市场变化、教育和培训、文化和社会规范等描述一个地区的创业环境。

（4）实践模拟

通过创业计划书撰写、模拟实践活动开展等，鼓励学生体验创业准备的各个环节，包括创业市场评估、创业融资、创办企业流程与风险管理等。通常创业计划是结合了市场营销、财务、生产、人力资源等职能计划的综合。通过创新创业实践能够帮助创业者整理思路，也可以使创业者严格地、客观地、全面地从整体角度观察自己的创业思路，明确经营理念，以避免因企业破产或失败而可能导致的巨大损失。另外，在研究和编写创业计划的过程中，经常会发现经营机会并不完全与所期望的一样，此时，创业者会根据实际情况采用不同的策略使创业活动更加可行。因此，创新创业实践过程中各个环节过程就是创业者进一步明确自己的创业思路和经营理念的过程，也就是创业者从直观感受向理性运作过渡的过程。

（二）社会实践

1. 社会实践的内涵

广义的社会实践，是指人类能动地改造自然和改变社会的全部活动。大学生社会实践活动是指教学计划以外学生参与社会中的各种实践活动，是大学生在高等学校结合其培养目标的引导下以大学为依托，以社会为舞台，开展的接触社会、了解社会、服务社会，并从中接受教育、培养综合素质的一系列有组织，有计划活动的总称。大学生社会实践是培养学生创新精神和实践能力、提升学生综合素质的良好载体，是实施素质教育的一种良好形式。大学生参加社会实践活动，是课堂教育的延伸，主要以学生本人主动参与及体验为主，是巩固所学知识、吸收新知识、发展智能的重要途径。

党的十八大以来，习近平总书记多次在重要会议中提及立德树人，他认为，立德树人是教育之本，离不开各类社会实践活动，新时代的大学教育，更要践行“教育与生产实践相结合”的教育方针，开展当代大学生喜闻乐见的社会实践活动，发挥实践育人的功效。1997 年，大学生“三下乡”暑期社会实践活动拉开帷幕以来，社会实践活动作为当代大学生成长成才的重要载体，越来越被国家和社会高度重视。现在，各学校提前规划，在寒假、暑假期间，指导学生开展形式多样、内容丰富的实践活动，带领大学生走出校门、融入社会、体验民情、提升自我。随着时间的推移，社会实践活动的育人成效日益显著，尤其在塑造大学生个性品质方面发挥着明显作用。

2. 社会实践的意义

（1）增强大学生的社会责任感和历史使命感

国家在绝大多数学生心目中是遥远而神圣的，他们热爱祖国，热爱人民，但是对国家的整体认知却相对模糊。在实地考察城市和农村的建设状况、目睹城市的发展变化、亲眼看到企业生产流水线、体味山区农村的艰辛后，学生才明白，原来国家就在身边。他们能够真切地感知国家发展的脉动，享受社会发展带来的便利，也认清国家在前进中的不足，在此基础上反思社会现象，提高批评思考能力，从而增强建设国家的使命感和社会责任意识，这是一个长期积累的过程。

（2）帮助大学生树立正确的人生观和价值观

当代大学生大多是独生子女，从小备受呵护，身上难免有娇生惯养、自以为是、抗挫折能力差等毛病。通过参加社会实践活动，他们能够暂时脱离父母和老师的“手心”，他们重走红色革命圣地，缅怀先烈，了解烈士们的艰苦奋斗岁月；他们在希望小学打地铺，自己动手煮饭，过程中的艰辛与感动使他们明白什么是艰苦，什么才叫奋斗。这些实践中学到的锲而不舍、吃苦耐劳、勇往直前的优秀品质，不断指导和激励着他们的学习和生活，这是新时代大学生成长成才道路上不可或缺的教育经历。

（3）提高大学生的综合能力

社会实践是在校大学生利用课余时间，步入社会，接触社会，触发灵感，完成研究，以求发挥自己的聪明才智，提升自身能力，进而奉献社会的活动。在这个过程中，会遇到一些问题和困难，如活动的时间安排、教师的跟踪指导、活动经费等问题。但只要用心发掘、合理统筹，一定能够找到合适的解决途径，也一定能够对大学生的发展起到积极的促进作用。

（4）培养大学生的团结协作精神

社会实践具有培养大学生团队协助能力和启迪创新思维的作用，以内容丰富、形式多样的活动为载体进行开展。活动开始前，学生首先要根据自己的交际圈组建团队，队友一般来自不同学院、年级、专业；在实践方案制定时，大家通过不断地思考、讨论、辩论，学生统筹兼顾、沟通协调的能力无形中得到锻炼，深层的探索精神得以升华；最后大家齐心协力、共同完成实践任务。在社会实践实施过程中，突发事件的出现又不断促进学生应变能力的提升。因此，大学生参加社会实践，可以有效培养团结协作精神，提升他们的社会竞争力。

综上所述，大学生社会实践的总体要求是以习近平新时代中国特色社会主义思想为指导，认真贯彻以人为本、全面协调可持续的科学发展观，全面贯彻党的教育方针，遵循大学生成长规律和教育规律，以了解社会、服务社会为主要内容，以形式多样的活动为载体，以稳定的实践基地为依托，以建立长效机制为保障，引导大学生走出校门、深入基层、深入群众、深入实际，开展教学实践、专业实习、社会调查等，在实践中受教育、长才干、做贡献，树立正确的世界观、人生观和价值观，努力成长为中国特色社会主义事业的合格建设者和可靠接班人。

3. 社会实践的组织形式和活动类型

（1）组织形式

第一种，个人分散活动。社会实践内容丰富多彩，涉及社会方方面面。从区域划分，有农村的、城市的、内地的、沿海的等；从内容划分，有政策宣讲的、科技扶贫的、爱心公益的、专业实习的、支教扶贫的等。第二种，团队集体组织。以团队的形式组成社会实践小分队，分赴各地开展内容丰富的社会实践活动。

（2）大学生社会实践的类型

第一种，理论政策普及宣讲型。深入农村乡镇、城市社区等，重点围绕习近平新时代中国特色社会主义思想和党的十九大精神，开展宣讲报告、学习座谈、调查研究等形式的社会实践活动。开展专项行动，通过演讲、座谈、专题咨询会等多种方式向基层干部群众宣传新政策。第二种，历史成就观察型。重点围绕新中国成立以来尤其是党的十八大以来国家的发展开展参观考察、国情调研、学习体验等形式的社会实践活动，使学生在实践寻访活动中走向社会、接触社会、了解社会，感受经济社会发展取得的巨大成就，树立“劳动创造财富，奋斗成就人生”的价值观念。

（3）大学生社会实践的具体形式

第一种形式，校友走访。组织学生分赴各地，寻访事业成功的校友，分享优秀校友的成功经验，寻找人生坐标，谋划个人生涯；深入了解学校的办学历程，通过考察和实践激发学生学习的积极性和主动性。

第二种形式，文化宣传服务。以弘扬时代精神、倡导文明新风为目标，组织学生文艺演出队，精心编排基层人民群众喜闻乐见、贴近生活实际，以反映新时代、新生活、新风尚为内容的文艺节目，到乡村巡回演出，传播科学知识，倡导健康生活方式，丰富基层群众文化生活，促进农村精神文明建设。

第三种形式，创新创业实践。走进各类创业园、软件园、高新开发区，走访创新创业领军人物，通过调查、座谈、访谈等方式，学习创新创业典型的成长故事，了解有关专业毕业生的就业状况，掌握社会就业岗位和行业人才需求信息，培养学生的职业素养和创新素质，提升创新创业能力。

第四种形式，教育关爱帮扶。组织学生深入基础教育薄弱、教育资源匮乏、学龄前儿童相对集中的山区、乡村学校开展陪护、支教活动。为当地学龄前儿童提供文化兴趣引导、亲情陪伴、心理辅导、文体活动、爱心捐赠等志愿服务；开展与当地幼儿教师的交流分享活动，促进基层师资水平的提升；建立社会实践基地，探索高校与落后地区幼儿学校“一对一”帮扶的长效机制。

第五种形式，创新理论实践。重点发挥“青年马克思主义者培养工程”学员和学生骨干的思想引领作用，深入社区、农村从事挂职助管工作，开展基层群众公共需求调研，依托相关学科，面向基层工作人员开展社会管理知识培训，为建立健全基层社会管理机制和服务体系，减少和化解基层社会矛盾做一些力所能及的贡献。

第六种形式，美丽中国实践。重点围绕美丽中国建设，开展环境治理、水资源保护、环保知识普及等形式的社会实践活动。组织学校相关学科专业的学生，特别是学生环保类社团，到农村基层、县域城镇和城市社区，围绕水资源保护、垃圾处理、环境污染、气候异常、资源开发、自然灾害预防、节能排放等，开展科普知识宣讲、社会调查研究、建言献策等活动，普及生态环保理念，引导健康生活方式，推动社会基层科学发展。

4. 社会实践实施过程

大学生社会实践活动的筹划、实施、完成是一个完整、系统的过程，对于同一活动主题，由于方法、时机、对象、目标的不同，其效果也截然不同。

第一阶段，心理建设。应该对社会实践过程中碰到的各种问题、难题，从心理上、思想上、能力上、知识上进行必要的储备。参加社会实践的过程，既是接触工农商、了解社会、认识国情、提高觉悟的过程，也是运用知识、理论联系实际、服务社会的过程，因此，团队个人知识结构的合理性，直接影响社会实践活动的效果。所谓知识结构，是指一个人知识体系的构成状况与组合方式。对学生个体而言，无论在知识容量上，还是在知识构成上都是有限的，因此要求按照社会实践的需要调节知识结构，从实际出发、从社会需要出发，坚持缺什么补什么的原则。更重要的是，在社会实践活动中最关键、最能起作用的能力是社会适应能力、实践动手能力、言语表达能力、组织管理能力和分析观察能力等，一旦走向社会，许多难题就会摆在大家面前。一是生活，衣、食、住、行都要自理，这对自理能力较差的学生而言是一大难关。二是活动，在校外开展活动与校内不同，时间有限，人生地不熟，若没有必要的心理准备，过分理想化，一旦碰到难题，就会无所适从，进退两难。

第二阶段，过程优化。在选择活动目标时应注意目标不宜太低，但也不宜太高。社会实践活动内容多种多样，要定好活动内容，必须选好活动的主题，鲜明的主题可以容纳丰富的活动内涵。主题提出后，必须具有可行性，要让人看得见，摸得着，只有这样，才能引起人们心理的共鸣。学生在校时间是有限的，在社会实践活动的时间安排上，应根据学习的松紧程度合理安排，规模较大、完成难度高、任务重的活动，一般在假期安排为宜，并要坚持就近、就便的原则。

第三阶段，策划实施。社会实践策划不同于实践活动计划，计划是为达成具体目标所制定的实施步骤与方法，而策划则是针对所需实现的目标，根据实际情况，确定实施的目标、内容和方法，是目标与内容的统一、内容与方法的统一、理论知识与实践实际情况的统一。实施过程注意根据策划确定的组织机构、流程、人员、注意事项等具体要求逐一落实，实施后要及时总结，注重思想觉悟、知识能力等诸方面在社会实践中得到提高和精炼。

（三）志愿服务

1. 志愿服务的内涵

志愿服务，是志愿者组织、志愿者服务社会公众生产生活和促进社会发展进步的行为。或者说，志愿服务泛指利用自己的时间、技能、资源、善心为邻居、社区、社会提供非营利、无偿、非职业化援助的行为，志愿服务是指任何人志愿贡献个人的时间及精力，在不取任何物质报酬的情况下，为改善社会，促进社会进步而提供的服务。志愿服务的范围主要包括：扶贫、环保、济困、扶老、救孤、恤病、助残、救灾、助医、助学、应急救援、大型赛会等领域。志愿服务具有社会动员、社会保障、社会整合、社会教化、促进社会和谐、促进社会进步的功能。

2017 年 12 月 1 日，国务院颁布的《志愿服务条例》（以下简称《条例》）正式实施，这是我国第一部关于志愿服务的专门性法规。《条例》明确指出：志愿服务是指志愿者、志愿服务组织和其他组织自愿、无偿向社会或者他人提供的公益服务。同时，完整阐释了志愿服务主要包含以下三个方面的含义：

（1）志愿服务是一种由内在的精神动力所支持的活动

志愿服务是志愿者在志愿精神的感召下，主动、自觉、自发地开展的社会服务工作。按照联合国志愿人员组织对志愿者精神的理解，可以对志愿精神进行如下解读：志愿精神是在自愿的、不计报酬或收入的条件下参与推动人类发展、促进社会进步和完善社区工作的精神。志愿精神的核心是服务、团结的理想和共同使这个世界变得更加美好的信念。正是在这种强大的内在精神动力的支撑下，志愿者们志愿奉献个人的时间、精力等，在不谋求任何物质报酬的情况下，从事社会公益与社会服务事业，传递爱心，传播文明，给社会以温暖。

（2）志愿服务是一种非营利的活动

志愿服务不是一种用以谋生或营利的职业，而是个体处于奉献社会的意愿开展的社会服务，是一种非营利性的活动。虽然志愿服务不追求经济报酬，但并不意味着组织的运转不需要资金方面的支持。事实上，现代志愿服务组织和机构要实现发展和维持运转，离不开充足的经费支持。但志愿服务组织和机构不能违背志愿精神的本质，不能以营利为目的，更不能从自己的服务对象中收取经济方面的回报。

（3）志愿服务是一种有组织的社会公益服务

志愿服务不仅仅是一种做好事和助人为乐的简单活动，而是一种系统地、有组织地、自愿地开展的社会公益服务。它作为社会建设和社会管理的重要组成部分，弥补了政府、市场和个人力量的短板，起到了加强国家和个人相互联系的桥梁作用。

2. 志愿服务的意义

（1）提升精神境界

大学生是作为特殊的青年群体，总体素质较高，有很强的责任心和使命感。大多数大学生都认为参与志愿服务是自己应尽的社会责任和义务，并希望能做一些有意义的事情来回报社会的培育，积极推动社会文明。志愿服务活动倡导的“奉献、友爱、互助、进步”的精神符合广大大学生的特点，满足了他们的心理需求，人生的价值得到体现，精神境界得以升华，这也是许多大学生加入志愿者行列的最直接原因。

（2）丰富社会经验

志愿者利用空暇时间，参与不同形式的、有意义的志愿服务工作和活动。在开展各项志愿服务活动的同时，可认识更多的来自不同的领域、不同年龄的志愿者，通过参与活动，彼此可以成为志同道合的朋友，不但扩大了自己的社交生活圈子，亦可以让自己接触更多的新事物、新观念。同时，志愿者更可通过服务活动，亲身体验和接触社会不同层次和领域的人和事，加深对社会的认识，这对志愿者自身的成长和提高具有重要意义。

（3）学习知识技能

随着志愿者行动的不断深化，志愿服务活动项目的专业化、知识化特点愈发明显。大学生开展志愿服务活动，能够充分运用所学业务知识，并在服务中巩固知识，提高分析和解决问题的能力。大学生特别注重对自己各方面能力和特长的培养，而在活动中获得专业培训，掌握实用技能，就成为大学生从事志愿者工作可期待的直接回报。总之，大学生通过参加志愿者行动，可以将自己与社会融为一体，把服务他人与教育自我有机结合起来，一方面可以增强大学生的社会责任感、奉献精神和公民意识；另一方面也可以开阔视野，丰富人生经验，锻炼和增强参与社会事务和公共事务的能力，提高专业知识水平和技能。

（4）促进社会进步

志愿者服务活动在不取任何物质报酬的情况下，志愿贡献个人的时间、精力、金钱等，秉持“无私奉献、友爱互助、共同进步”的精神，去从事社会公益和社会服务事业，能够为推动社会进步提供能量。在当前社会主义市场经济蓬勃发展，讲求竞争、效率、效能的时期，我们同样要注重公平、道义和爱心，需要一种新的时代精神的支撑，需要道德准则的规范，需要人与社会的协调。志愿者服务活动既继承和发扬了中华民族的传统美德，又树立了时代新风正气，成为新时期群众性精神文明创建活动的有效载体。

3. 志愿服务的原则

《条例》明确指出，开展志愿服务，应当遵循自愿、无偿、平等、诚信、合法的原则，不得违背社会公德，损害社会公共利益和他人合法权益，不得危害国家安全。而开展青年志愿者行动，一定要坚持自愿参加、量力而行、讲求实效、持之以恒的原则。

（1）自愿参加

主要是强调参加志愿服务的自觉性。自愿参加是青年志愿者行动的主要特征之一，也是开展青年志愿服务活动的前提。只有“自愿”才能称其为“志愿者”，只有“自愿”才能持久。对于参加者而言，青年志愿者行动的魅力就在于它变“要我参加”为“我要参加”，充分尊重青年的主体地位，注重调动青年自身的积极性、主动性。

（2）量力而行

就是要根据自己人力、物力、财力条件允许的程度来开展工作。首先，要研究服务客体，也就是要研究服务对象，搞清楚服务需求。现实生活中服务需求是多方面和多层次的，志愿服务一定要从实际出发，从各地、各条战线、各个行业的实际出发，从社会需求的实际出发，把主观愿望和客观实际结合起来，把社会需求和服务能力结合起来，实事求是，量力而行，不搞一刀切。要分清什么是现在能做到的，什么是下一步才能做到的，什么是将来才能做到的，还有什么是我们做不到的。我们既不能无所作为，也不可包打天下。要循序渐进，逐步发展，切不可操之过急，否则欲速则不达。

（3）讲求实效

志愿者行动的出发点和立足点，就是要上为政府分忧，下为群众解难，为社会、为群众办实事。其次是要抓落实，面上的示范性的活动要搞，但工作重点是狠抓在基层的落实。志愿服务只有落实到基层，落实到具体人、具体事，真正成为基层广大青年的经常行为，才有生命力和发展前途。再次是求实效，求实效的集中表现就是在实践中使社会和群众体验和享受到志愿服务的成效。办实事、抓落实、求实效三者缺一不可。

（4）持之以恒

志愿服务要做到经常化、长期化。志愿者行动是一项跨世纪事业，必须以办事业的精神和方法来推进。开展志愿服务活动必须与建立多层次社会保障体系结合起来，必须着眼于建立有中国特色的志愿服务体系，必须建立必要的机制以保障志愿者行动经常化、长期化、规范化、制度化。要健全组织，稳定队伍，建立基金，制定规章，形成机制，坚持长久。要保持工作和人员的相对稳定性和连续性。

4. 志愿服务的要求

（1）志愿者的基本条件

2013 年 11 月，共青团中央、中国青年志愿者协会颁布新修订的《中国注册志愿者管理办法》。其中，对注册志愿者的基本条件做了如下规定：年满十八周岁或十六至十八周岁，以自己劳动收入为主要生活来源者；十六至十八周岁者，须经其法定代理人同意；未满十八周岁的在籍学生申请注册的，按所在学校有关规定办理，具备参加志愿服务相应的基本能力和身体素质；遵守国家法律法规和注册机构的相关规定。

（2）志愿者的权利

参加志愿服务活动；接受相关志愿服务培训，获得志愿服务活动真实、必要的信息；获得从事志愿服务的必需条件和必要保障；优先获得志愿服务组织和其他志愿者提供的帮助；对志愿服务工作提出意见和建议；相关法律、法规、政策所赋予的权利；可申请取消注册的志愿者身份。

（3）志愿者的义务

遵守国家法律法规及团体组织、志愿者组织的相关规定；每名注册志愿者根据个人意愿至少选择参加一个志愿服务项目或活动，每年参加志愿服务时间累计不少于二十小时；履行志愿服务承诺，完成志愿服务任务，传播志愿服务理念；自觉维护团组织、志愿者组织和志愿者的形象；在志愿者职责范围内，自觉维护服务对象的合法权益；自觉抵制任何以志愿者身份从事的赢利活动或其他违背社会公德的活动（行为）；依法应当承担的其他义务。

（4）志愿服务的技能与技巧

随着社会的进步，人们对志愿服务的形式、内容、质量都提出了更高的要求。在针对志愿者的调查中，研究结果有超过半数的志愿者认为“自身知识水平以及社会实践能力的欠缺”制约了志愿服务的进一步开展，越来越多的志愿者也已经开始注意从事志愿服务所需技能的问题。深入农村的志愿者必须参加组织培训与学习，了解农村的有关法律、法规、习俗和农业知识；到边远地区支教的志愿者必须学习教学方法、沟通技巧，掌握除专业之外的广泛的知识和技能；走入社区提供社区服务的志愿者，不能将自己的服务定格在具体的形式和具体的内容上，必须创造出丰富多彩的服务以满足社区不同人员的需求；向社会弱势群体伸出援手的志愿者，必须了解并熟悉当地的孤儿院、敬老院的情况；到伤残人士、军烈家属、生活有困难的人家中去，必须想其所想，运用自己所掌握的服务技能提供最贴心的服务。可见，无论从事哪一种志愿服务，都必须掌握一定的专业技能。只有认识到这一点，志愿服务工作做起来才能得心应手。

拓展阅读

进一步做好疫情防控志愿服务的若干思考

在这次全国人民万众一心抗击新冠肺炎疫情的斗争中，广大志愿者积极响应党的号召，不辞辛劳、奋勇参战、真情奉献，谱写了壮丽的新时代志愿者之歌，赢得了党和人民的高度赞誉。

疫情防控志愿服务在参与人数、持续时间、服务时长等方面都创造了历史性的新纪录，“据不完全统计，截至 2020 年 5 月 31 日，全国参与疫情防控的注册志愿者达到 881 万人，志愿服务项目超过 46 万个，记录志愿服务时间超过 2.9 亿小时。”对于广大志愿者、志愿服务工作者和志愿服务组织来说，这是一次大考，也是一次检阅，集中反映了党的十八大以来，中国特色志愿者事业取得的重大进步，对全球志愿服务的发展也有重大意义。

我们打了一场几乎没有先例可循的志愿服务遭遇战和持久战，它以严苛的标准检验了我们的专业积累，以巨大的挑战激发了我们的战斗能力，以持久的考验磨炼了我们的组织和队伍。艰难困苦，玉汝于成，经此一役，广大志愿者获得了新的成长，中国特色志愿者事业也必将进入新的发展阶段。

当前，疫情仍在全球蔓延，世界各国普遍面临抗疫情、稳经济、保民生的巨大挑战。我们必须未雨绸缪，主动作为，努力在统筹推进疫情防控和经济社会发展中进一步发挥志愿服务的积极作用。

要切实建立统一高效的宏观动员体系。总体来说，疫情防控志愿服务是具有较大人身风险、较高专业要求的应急志愿服务，必须完全服从防疫的统一领导、统一指挥、统一协调、统一调度。基于此，必须以组织化动员方式为主，主要依靠各级文明办、民政和共青团组织，构建各负其责、协调配合、上下协同、运行高效的动员体系。同时，要充分发挥各级志愿服务联合会、青年志愿者协会的枢纽型功能，实现对各类志愿服务组织和团队的社会化动员。

要以社区为主场景，建设疫情防控应急志愿服务的微观生态。从武汉的经验来看，社区是联防联控、群防群控主战场、最前线。社区存在数量巨大、种类繁多的志愿服务需求，也蕴藏着最广大的志愿者资源。但长期以来，社区是志愿服务最大的短板，多数社区缺乏志愿服务组织、队伍、项目和阵地。社区党组织要切实发挥党建引领作用，充分利用党员团员回社区报到等工作机制，着力发现和培养一批骨干志愿者；充分激发社区物业和业主委员会的主人翁意识，培育和孵化业主志愿者组织，以常态化的志愿服务活动和项目，引领志愿者主动参与社区治理和社区韧性建设，逐渐形成富有活力的社区志愿服务微观生态。

要围绕疫情防控实际需求，做好应急志愿服务项目建设和队伍储备。志愿服务要坚持需求导向、项目驱动。从数据统计看，疫情防控志愿服务项目主要包括社区联防联控、交通要道体温检测及登记、防疫宣传和科普、支援一线医护人员及家属、滞留人员及居家隔离人员关怀、在线心理疏导和医疗咨询、协助防疫物资生产、支持复工复产复学等类型，要针对这些需求和类别，鼓励各类专业志愿服务组织进行项目化设计，或者承接具体服务项目，以此提升服务质量。要围绕实际需求和具体项目，有规划、分专业、常态化做好志愿者骨干队伍的建设和储备，努力打造适应多个领域和需求的应急志愿者队伍。

要进一步完善保障机制，依法维护志愿者合法权益。中国青年志愿者协会发布的工作指引曾明确要求，要坚持“安全第一”原则，坚决做到防护措施不到位的绝不上岗、防护培训不合格的绝不上岗；科学设置志愿者岗位，严格控制志愿者数量，合理设置志愿服务时长。在疫情最严重、防护物资最匮乏的时候，中国青年志愿者协会依靠共青团的组织体系和“特殊团费”，为基层一线志愿者筹措资金、采购防护物资。维护志愿者基本权益是志愿服务组织者的法定义务，有关职能部门应该带头依法履责，着眼疫情防控常态化的长期需求，尽快建立能够满足志愿服务应急响应的保障机制和保障标准。

要从满足疫情防控实战需求出发，努力提升志愿服务信息化水平。我们是在5G时代开展疫情防控志愿服务，充分运用网络新媒体开展志愿者的动员招募培训管理，开展多种形式的线上志愿服务，协助做好舆论引导和氛围营造工作，似乎都应该是题中应有之义。但从实际效果来看，几个在全国具有较大影响的志愿服务信息管理系统都乏善可陈，其保有的庞大的注册志愿者数量和实际参与抗疫的志愿者数量之间相差甚远，强大的系统并没有发挥大数据对志愿服务的支撑功能，仅仅实现了数据统计的功能。这从实战的角度证明，既有的志愿服务信息系统与丰富的志愿服务实践、志愿服务事业发展的需求之间存在较大的不匹配，应该站在充分尊重志愿者主体地位、服务基层、服务一线、服务实战的角度，重新论证，重新建构。

这是一场全人类与病毒的战争。当此大疫，我辈不为，更待何人；此时不为，更待何时。从汶川到玉树、到雅安，志愿者无役不与，旗帜高扬。愿心手相牵、合力致远，一起走过最难忘的日子。

（来源：中国青年报 2020 年 09 月 03 日 06 版　作者：张朝晖，系中国青年志愿者行动指导中心主任、中国青年志愿者协会副会长兼秘书长。）

参考文献

[1] 兰娟 . 论劳动概念的科学内涵 [M] . 西安：西北大学，2013 ：4.

[2] 曾天山，顾建军 . 劳动教育论 [M] . 北京：教育科学出版社，2020 ：1-213.

[3] 潘维琴，王忠诚 . 劳动教育与实践 [M] . 北京：机械工业出版社，2021 ：1-315.

[4] B.A. 苏霍姆林斯基 . 苏霍姆林斯基论劳动教育 [M] . 北京：教育科学出版社，2019 ：7-280.

[5] 徐海娇 . 危机重构：劳动教育价值研 [M] . 北京：中国社会科学出版社，2020 ：34-336.

[6] 郭明义，巨晓林，高凤林 . 劳动教育箴言 [M] . 北京：中国工人出版社，2020 ：23-399.

[7] 刘永佶 . 劳动历史观 [M] . 北京：中国经济出版社，2004 ：45-485.

[8] 王文臣 . 论马克思哲学的劳动概念与历史唯物主义 [M] . 上海：上海社会科学院出版社，2013 ：55-430.

[9] 劳文（Lorwin）著，黄卓译 . 国际劳动运动史 [M] . 上海：上海社会科学院出版社，2016 ：74-266.

[10] 檀传宝 . 劳动教育论要：现实畸变与起点回归 [M] . 北京：北京师范大学出版社，2020 ：55-105.

[11] 袁帅 . 育改革视域下的劳动教育思想及实践研究 [M] . 北京：知识产权出版社，2020 ：37-198.

[12] 刘向兵 . 新时代高校劳动教育论纲 [M] . 北京：社会科学文献出版社，2019 ：27-248.

[13] 徐辉 . 从生产性到育人性：西方劳动教育思想的历史演变及启示 [J] . 教育科学学报，2020，36（05）：27-34.

[14] 米楠 . 高校思想政治教育视域下劳动教育存在问题及对策研究 [J] . 辽宁师范大学，2021，06 ：1-44.

[15] 周光礼 . 劳动教育高水平人才培养体系的重要一环 [N] . 光明日报，2020-07-28.

[16] 赵晶，秦华 . 习近平在同全国劳动模范代表座谈时的讲话 [N/OL] . 人民日报，2013-04-28.

[17] 陆信礼 . 劳动教育应汲取传统智慧 [N] . 中国教育报，2019-04-25（第 6 版）.

[18] 胡君进 . 檀传宝 . 马克思主义的劳动价值观与劳动教育观 . 经典文献的研析 [J]：教育研究，2018 ：9-15.

[19] 郝文武 . 马克思主义劳动教育的本体论和时代性意义 [J] . 山西大学学报：哲学社会科学版，2020，43（03）：103-111.

[20] 郭忠华 . 马克思的历史观与“创造历史” [J] . 马克思主义研究，2009（12）：88-95.

[21] 张严 .“劳动创造人本身”命题的再考察——重读恩格斯《劳动在从猿到人转变过程中的作用》[J] . 理论视野，2020（12）：69-74.

[22] 高明 .《马克思如何看待劳动的价值》[OL] . 光明网，2020-09-08.https ：//m.gmw.cn/baijia/2020-09/08/34165339.html.

[23] 孙明增 .《马克思主义劳动观的当代价值》[OL] . 求是网，2020-04-30.

[24] 国家主席习近平发表二〇一九年新年贺词 [J] . 党建，2019（01）：1+33.

[25]《“平语”近人——习近平的“劳动观”》[OL] . 中国经济网，2017-05-01.

[26] 习近平 . 在全国劳动模范和先进工作者表彰大会上的讲话 . 新华网，2020-11-24.

[27] 刘余莉 . 劳动精神成就时代新人［ N ］. 学习时报，2020-08-07.
[28] 杨晓辉 .《以人的全面发展理论引领推动“五育并举”》[OL] . 北京日报，2021-04-20. http : //ie.bjd.com.cn/5b165687a010550e5ddc0e6a/contentApp/5b7d3488e4b08630d8af4077/AP607eb0c9e4b054f0ea73650f.html.
[29] 翟博 .《新时代教育工作的根本方针》[OL] . 中国教育报，2019-09-16. http : //www.moe.gov.cn/jyb_xwfb/moe_2082/zl_2019n/2019_zl69/201909/t20190916_399243.html.
[30] 田鹏颖 .《推进劳动教育与德智体美的“五育”融合》[OL] . 中国社会科学网，2020-04-20. http : //ex.cssn.cn/mkszy/yc/202004/t20200420_5116135.shtml.
[31] 邹子文 . 苏霍姆林斯基论劳动教育［ J ］. 吉林教育科学：勤工俭学研究，2001（3）：33-34.
[32] 扈中平 .《“人的全面发展”的基本内涵》[OL] . 教育研究，2005-08-15. https : //wenku.baidu.com/view/ff7f6f7da26925c52cc5bfc4.html.
[33] 梁启超 . 饮冰室合集 · 文集（第五册）[M] . 北京：中华书局，1989 :（39）.
[34] 决胜全面建成小康社会 夺取新时代中国特色社会主义伟大胜利［ N ］. 人民日报，2017-10-19（2）.
[35] 习近平 . 习近平在中国科学院第十九次院士大会、中国工程院第十四次院士大会上的讲话［ N ］. 人民日报，2018-05-29（2）.
[36] 习近平 . 用干劲、闯劲、钻劲鼓舞更多人争做新时代的奋斗者——习近平给中国劳动关系学院劳模本科班学员重要回信学习研讨会发言摘登［ N ］. 光明日报，2018-05-10（5）.
[37] 袁隆平 . 袁隆平回应落选中科院院士［ J ］. 北京农业，2008（11）：34.
[38] 龚群 . 工匠精神及其当代意义［ N ］. 光明日报，2021-01-18（15）.
[39] 郑大发 . 什么是新时代的工匠精神［ N ］. 人民政协报，2018-08-30 .
[40] 杨冬梅 . 观察思考工匠精神的内涵及时代意义［ N ］. 工人日报，2017-03-14.
[41] 张润君，张晓蓉 . 弘扬工匠精神的时代意义［ N ］. 中国社会科学网 - 中国社会科学报，2018-09-13.
[42] 王海亮，当代中国劳模精神研究［ D ］. 哈尔滨：哈尔滨理工大学，2019 : 31.
[43] 张志京，等 . 劳动法学［ M ］. 4 版 . 上海：复旦大学出版社，2017 : 32-38.
[44] 周永平，等 . 劳动法学［ M ］. 北京：高等教育出版社，2017 : 1-5.
[45] 刘俊 . 劳动与社会保障法学［ M ］. 北京：高等教育出版社，2017 : 6-12.
[46] 黄越钦 . 劳动法新论［ M ］. 北京：中国政法大学出版社，2003 : 17-23.
[47] 董保华 . 劳动法论［ M ］. 北京：世界图书出版公司，1999 : 36-38.
[48] 立法及司法实务部门 . 中华人民共和国劳动法注解与配套［ M ］.5 版 . 北京：中国法制出版社，2020 : 1-3.
[49] 关怀，林嘉 . 劳动法［ M ］. 北京：中国人民大学出版社，2006 : 392.
[50] 万志前，廖震峡 . 劳动法与社会保障法［ M ］. 北京：清华大学出版社，2014 : 276.
[51] 中国法制出版社 . 中华人民共和国劳动合同法［ M ］. 北京：中国法制出版社，2007 : 30.
[52] 毛清芳 . 劳动法与社会保障法［ M ］. 2 版 . 北京：经济科学出版社，2011 : 426.
[53] 刘明辉 . 女性平等就业权保障的回顾与展望［ N ］. 中国妇女报，2019-03-05（006）.
[54] 郭立场 . “隐性就业”或成就业新常态［ N ］. 中国教育报，2014-12-30（2）.
[55] 万晴瑶 . 劳动力市场变革挑战社会保障［ J ］. 中国社会保障，2015（06）：38-39.
[56] 中国宏观经济研究院课题组，杨宜勇，吴香雪，张强 . 我国劳动就业新趋势新特征［ N ］. 经济日

报，2016-12-15（13）.

[57] 郑功成．中国社会福利改革与发展战略：从照顾弱者到普惠全民［J］．中国人民大学学报，2011，25（02）：47-60.

[58] 王民华．关于人力资源和社会保障基层公共服务平台建设的思考［J］．劳动保障世界，2018（27）：

[59] 赵红梅．新时代和谐劳动关系构建——基于劳动行政法规视角的研究［J］．中国劳动关系学院学报，2019，33（04）：31-38.

[60] 关博．加快完善适应新就业形态的用工和社保制度［J］．宏观经济管理，2019（04）：30-35.

[61] 郭林．中国养老服务 70 年（1949—2019）：演变脉络、政策评估、未来思路［J］．社会保障评论，2019，3（03）：48-64.

[62] 孙家学，耿艳丽，邵珠平．新时代高校劳动教育通论［M］．第 1 版．北京：高等教育出版社，2021：220-229.

[63] 王官成，徐飙．劳动教育和职业素养训练［M］．第 1 版．北京：中国人民大学出版社，2020：47-59.

[64] 张荣钢．当前家庭劳动教育存在的问题及改进建议［J］．湖南师范大学 2011（11）.

[65] 陈为峰，张存玉，敖娟．源于家庭劳动：农村学生的综合素质及其评价困境探析［J］．中国考试．2020（08）.

[66] 中共中央国务院关于全面加强新时代大中小学劳动教育的意见［N］．人民日报．2020（001）.

[67] 班建武．新时代家庭劳动教育的理论与实践［J］．中华家教．2021（02）.

[68] 班建武．物质丰裕时代家庭劳动教育的价值取向［J］．中华家教．2021（02）.

[69] 员志慧．家庭教育中劳动的摒弃与回归［J］．潍坊工程职业学院学报．2016（02）.

[70] 李世仿，魏毅．高校加强“劳动光荣”价值观教育的必要性及途径探析［J］．黑河学刊．2011(02）.

[71] 赵小瑜．新时代大学生劳动精神培育研究［D］．西华师范大学．2020.

[72] 曹敏．民间剪纸艺术的文化传承与创新研究［J］．中国文艺家．2020（09）.

[73] 郭娟．中国饮食文化中的地域性研究［J］．中国食品，2021（19）.

[74] 段立彬．中国饮食文化中的思政元素探究与教育创新［J］．食品研究与开发．2020（05）.

[75] 李田田，秦奎伟．创新性实践活动在高校大学生党员培养教育中的应用探索——以北京理工大学睿信书院为例［J］．中国多媒体与网络教学学报（上旬刊）．2020（12）.

[76] 尚大军，王建磊．基于“互联网 +”的高校创新创业教育改革与探索［J］．中国大学生就业．2020（23）.

[77] 徐松美，文雅，齐文娟．新常态下融入“互联网 +”的大学生创新创业［J］．中国青年社会科学．2015（05）.

[78] 李路瑶，王晓先，刘风萍．大学生社会实践助力脱贫攻坚的常态化路径研究——以西安工程大学为例［J］．科技资讯．2020（31）.

[79] 宣王威．大学生社会实践长效机制的探索与研究［J］．国际公关．2020（06）.

[80] 黎新宏．新时代高校青年志愿服务的“四维向度”［J］．长春工程学院学报：社会科学版．2021(01）.